2015~2017
BEIJINGDIQU
ZICHANPINGGUZHIYEZHILIANGJIANCHAANLIJI

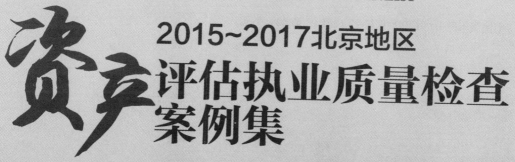

资产

2015~2017北京地区
评估执业质量检查
案例集

北京资产评估协会 编

经济管理出版社
ECONOMY & MANAGEMENT PUBLISHING HOUSE

图书在版编目（CIP）数据

2015~2017北京地区资产评估执业质量检查案例集/北京资产评估协会编. —北京：经济管理出版社，2019.1
ISBN 978-7-5096-6321-9

Ⅰ.①2…　Ⅱ.①北…　Ⅲ.①资产评估行业—质量检查—案例—北京—2015~2017
Ⅳ.①F123.7

中国版本图书馆 CIP 数据核字（2019）第 008446 号

组稿编辑：杨国强
责任编辑：杨国强　张瑞军
责任印制：黄章平
责任校对：王淑卿

出版发行：经济管理出版社
　　　　　（北京市海淀区北蜂窝 8 号中雅大厦 A 座 11 层　　100038）
网　　址：www. E—mp. com. cn
电　　话：(010) 51915602
印　　刷：三河市延风印装有限公司
经　　销：新华书店
开　　本：720mm×1000mm/16
印　　张：16.5
字　　数：291 千字
版　　次：2019 年 9 月第 1 版　　2019 年 9 月第 1 次印刷
书　　号：ISBN 978-7-5096-6321-9
定　　价：58.00 元

编写说明

为加强对北京地区资产评估行业的监督管理，提高执业人员专业能力和职业道德素养，我会按照中国资产评估协会检查办公室的要求，具体组织实施了对北京地区非证券业资格资产评估机构的执业质量检查工作。为进一步深化检查成果，我会根据检查情况选取了部分有代表性的检查案例汇编成册，供从业人员交流使用。本案例汇编共收录了2015~2017年被查机构的26个具有代表性的案例，其中包括11个企业价值评估案例、4个无形资产评估案例、9个单项资产评估案例和2个其他资产评估案例。

为保证检查案例的规范性和专业性，本案例汇编由北京评协汪宁秘书长担任总审，逄俊副秘书长、龙湘华（北京天圆开资产评估有限公司）、高艳华（中瑞世联资产评估（北京）有限公司）、张增红（北京中海盛资产评估有限公司）、吕浩（北京中林资产评估有限公司）、评估二部魏培莉副主任等对26个案例进行了编辑审核。

本案例汇编工作得到了王守成、朱玉倩、李青山、李楠、马新民、孙鹤鸣、张瓒、靳松、李昌义、赵敏君、王丽丽、吴云玲、刘彦芳、蒋东勇、郑卓清、王鸿远、贺梅英、尹建强等检查人员的大力支持，在此深表谢意！由于时间和水平有限，案例汇编中如有疏漏和不当之处，敬请广大读者批评指正。

目　录

第一部分　企业价值评估案例

CJ 公司拟转让所持有的 HT 公司 48.84% 股东权益项目评估案例

一、案例要点

本案例中评估机构对 HT 公司 48.84% 股东权益采用资产基础法进行了评估。经查阅评估报告、评估说明、工作底稿，并与评估机构和评估师沟通，该项目以下方面还值得商榷：

（1）评估对象是 HT 公司股东全部权益价值，价值类型确定为非市场价值。选择非市场价值的原因是由于 HT 公司在建工程按照《X 路道路 BT 工程合同》及其补充协议的价款已经约定了回购价格。选择非市场价值的依据是《国际评估准则》中描述的"第三类：指法律法规或合同协议中规定的价值"。该项目的委托方、被评估单位、评估对象均为中国境内的法人企业，以《国际评估准则》作为评估依据的做法值得商榷。

（2）评估人员在对在建工程的评定估算过程中，仅对委托方及被评估单位提供的《X 路道路 BT 工程合同》《X 路道路 BT 工程项目回购补充协议》《X 路道路 BT 工程最终结账单》《交工结账单》和《回购款账单》有关回购款的内容进行了复原型的叙述，未核实在建工程项目的可行性研究报告、初步设计、建设用地规划许可证、建设工程规划许可证、建筑工程施工许可证等合规性文件，也未分析在建工程的施工合同、形象进度、工程款支付情况，采用相关合同中的约定内容作为在建工程评估值，在建工程的评估程序值得完善。

（3）评估方法的适用性分析值得商榷。

（4）在建工程评估值是以项目工程发包方、承包方、监理单位及管理公司各方认定该项目竣工结算产值、资本金回报金及融资费用之和作为评估值，并未考虑项目转让过程中的税费因素对评估结果的影响。

二、案例背景

该项目委托方为 CJ 公司，被评估单位为 HT 公司，CJ 公司转让其持有的 HT 公司 48.84%股权，需要对 HT 公司股权进行评估，评估对象为 HT 公司股东全部权益，评估基准日为 2014 年 6 月 30 日。

三、案例内容

以下内容根据相关评估报告、评估说明和工作底稿进行了编辑、处理。

（一）委托方、被评估单位和委托方以外的其他报告使用者

委托方为 CJ 公司，被评估单位为 HT 公司。

（二）评估目的

确定 HT 公司股东全部权益的公允价值，为 CJ 公司转让其持有的 HT 公司 48.84%股东权益提供价值参考。

（三）评估对象及范围

评估对象为 HT 公司股东全部权益价值。评估范围为经 C 会计师事务所有限责任公司审计的 HT 公司截至 2014 年 6 月 30 日整体资产、负债。

（四）价值类型及定义

本次评估选用的价值类型为非市场价值，本报告之所以选择非市场价值，是因为评估范围内的在建工程按照《X 路道路 BT 工程合同》及其补充协议的价款已经约定了回购价格。

市场价值以外的价值也称非市场价值或其他价值。

关于市场价值以外的价值，《国际评估准则》认为其产生的价值基础主要分成三类：

第一类，反映特定主体从资产所有权中获得的收益。资产对于特定主体来说具有特定价值。尽管在某些情况下，其等同于资产销售时实现的价值，它从本质上反映了持有该资产所获得的收益。因此，没有必要假定交易。投资价值即属于这一类。某项资产对于特定主体的特定价值与其市场价值的不同促使买方和卖方进入市场交易。

第二类，指的是特定双方达成的交换某项资产合理的协议价格。尽管交易各方没有关联、公平协商，但资产没有必要在更大范围的市场上交易，所达成的价格可能反映涉及的交易方而非整个市场范围内的特定好处（或坏处）。

第三类，指法律法规或合同协议中规定的价值。

根据本次评估的范围及目的，本次评估的价值类型符合非市场价值中的第三类。

（五）评估基准日

2014 年 6 月 30 日。

（六）评估方法：资产基础法

由于评估对象涉及的主要资产——X 路道路 BT 项目，按照《X 路道路 BT 工程合同》及其补充协议的要求，在建成后移交给特定的运营单位，被评估单位不享有运营权，故不适用收益法。并且，目前市场上无同类可比交易案例，故亦无法采用市场法。然而，该 X 道路 BT 项目有完整的建设资料，因此可采用资产基础法进行评估。

1. 流动资产

流动资产为货币资金。

对现金进行了现场盘点，倒推出评估基准日的现金实有数，按核对无误后的账面值确定评估值。

对银行存款账面价值进行核实，并结合银行对账单金额和余额调节表，以核实无误后的金额确认为评估值。

2. 非流动资产

纳入此次评估范围的非流动资产为在建工程——X 路道路 BT 工程。

本次评估范围内在建工程的评估方法采用重置成本法。对正常施工的在建工程，企业按工程进度和合同规定支付工程款，在调查和核实工程形象进度的基础上，以及在确认工程预算合理性的前提下，评估以核实后的账面值加上合理的资金确定评估值。

由于 2012 年 9 月合同双方签订了《X 路道路 BT 工程项目回购补充协议》，约定回购款的构成及回购方式。按照该协议，经项目工程发包方（C 公司）、承包方（CJ 公司）、监理单位及管理公司各方达成一致：签字盖章确认了《X 路道路 BT 工程最终结账单》《交工结账单》和《回购款账单》。即，各方认定该 BT 项目竣工结算产值为 1,314,362,833.00 元，加上资本金回报金额 70,485,575.00 元和融资费用 86,277,766.00 元，回购款总额初步确定为 1,471,126,174.00 元（最终以工程决算审计金额为准）。本次评估范围内的在建工程系合同中已确认并载明回购金额的项目，其合同价即为评估值。

3. 负债

对企业负债的评估，主要是进行审查核实，以将来应由评估目的实现后的被评估单位实际承担的负债金额作为负债的评估值，对于将来并非应由评估目的实现后的被评估单位实际承担的负债项目，按零值计算。

对于流动负债项目中的应付账款和其他应付款的评估，根据企业提供的各项明细表，以被评估单位实际承担的债务作为其评估值。

对于非流动负债项目中长期借款评估，评估人员核对借款合同和相关记账凭证，核实借款金额、借款日期、到期日和利率后确认债务金额作为评估值。

四、案例点评

（一）以《国际评估准则》为依据，确定价值类型为非市场价值的处理方式值得商榷

该项目价值类型选择"非市场价值"，评估报告披露"之所以选择非市场价值，因为评估范围内的在建工程按照《X 路道路 BT 工程合同》及其补充协议的价款已经约定了价格。根据本次评估范围及评估目的，本次评估的价值类型符合《国际评估准则》非市场价值第三类，即，指法律法规或合同协议中规定的价值"。

该评估项目的委托方、被评估单位、主要资产均在我国境内，我国《资产评估价值类型指导意见》于 2008 年 7 月 1 日起正式施行，该《指导意见》对评估价值类型的定义、含义、选择方式做出了比较详细的规定。同一项资产、同一个评估基准日，如果评估目的不同，对应的价值类型可能完全不同。可以看出，价值类型是评估目的决定的，评估人员应该在评估报告中正确地披露价值类型。

我国《资产评估价值类型指导意见》第二条"本指导意见所称资产评估价值类型包括市场价值和市场价值以外的价值类型"、第十二条"注册资产评估师执行资产评估业务，应当合理考虑本指导意见与其他相关准则的协调。采用本指导意见规定之外的价值类型时，应当确信其符合本指导意见的基本要求，并在评估报告中披露"，可以看出我国《资产评估价值类型指导意见》对于市场价值以外的价值类型的定义很宽广，但前提是"确信其符合本指导意见的基本要求"，选择非市场价值类型至少应该符合《资产评估价值类型指导意见》第十四条"注册资产评估师执行资产评估业务，选择和使用价值类型，应当充分考虑评估目的、市场条件、评估对象自身条件等因素"的规定。该项目评估对象是股东全部权益价值，评估目的是股权转让，根据评估对象、经济行为的具体情况，结合我国现行

法律法规及评估准则的规定，从以下几个方面原因判断，该项目选择非市场价值是值得商榷的：

1. 评估对象并没有"合同协议中约定的价值"

该项目评估对象是 HT 公司股东全部权益价值，被评估单位股东全部权益价值并没有合同协议约定，不满足评估报告中描述的"法律法规或合同协议中规定的价值"。

2. 经济行为不允许采用"合同协议中约定的价值"

经济行为是 CJ 公司转让其持有的 HT 公司 48.84% 股东权益，CJ 公司是国有企业，其产权转让应该遵守国有资产转让过程中的相关规定，根据《企业国有资产评估管理暂行办法》（国务院国有资产监督管理委员会令第 12 号）第六条"企业有下列行为之一的，应当对相关资产进行评估（五）产权转让"，该经济行为中的国有产权转让应该经过资产评估，而不是仅仅依据"合同协议约定的价值"。

3. 选择非市场价值的原因不能满足评估准则的要求

该评估项目的委托方、被评估单位、委评资产均在我国境内，我国资产评估准则也是充分借鉴了《国际评估准则》的内容，结合我国的具体情况制订了《资产评估价值类型指导意见》，事实上我国的《资产评估价值类型指导意见》对于非市场价值的定义更加宽泛，《国际评估准则》对非市场价值分为三类，而我国的《资产评估价值类型指导意见》没有规定具体类型，这为评估人员提供了更广阔的执业自由度，但是，《资产评估价值类型指导意见》也要求评估人员在选择非市场价值类型时要符合准则的基本要求，评估人员在选择价值类型时要结合评估对象、经济行为，进行合理选择。

根据以上分析，该项目在选择"非市场价值"确定价值类型值得商榷。

（二）在建工程的评估程序

评估人员根据 C 公司和 CJ 公司于 2012 年 5 月 8 日签署的《X 路道路 BT 工程合同》《X 路道路 BT 工程项目回购补充协议》和项目工程发包方、承包方、监理单位及管理公司各方签字盖章的《梅市口路道路 BT 工程最终结账单》《交工结账单》和《回购款账单》，将其合同价值确认为评估值。

评估人员在对在建工程的评定估算过程中，仅对委托方及被评估单位提供的《X 路道路 BT 工程合同》《X 路道路 BT 工程项目回购补充协议》《X 路道路 BT 工程最终结账单》《交工结账单》和《回购款账单》有关回购款的内容进行了复原型的叙述，未核实在建工程项目的可行性研究报告、初步设计、建设用地规划许可证、建设工程规划许可证、建筑工程施工许可证等合规性文件，也未分析在建工程的施工合同、形象进度、工程款支付情况，采用相关合同中的约定内容作为在建工程评估值，在建工程的评估程序值得完善。

（三）评估方法的适用性分析值得商榷

评估报告中描述"由于评估对象涉及的主要资产 X 道路 BT 项目，按照《X 道路 BT 工程合同》及其补充协议的要求，在建成后移交给特定的运营单位，被评估单位不享有运营权，故不适用收益法"。被评估单位是通过项目建设获利，并不是享有运营权获利。同时，在完成 X 道路 BT 项目后还可以通过建设其他项目而获利，评估报告中不适用收益法的理由值得商榷。

（四）处理方式值得完善

评估报告中对于在建工程评估值是以项目工程发包方、承包方、监理单位及管理公司各方认定该项目竣工结算产值、资本金回报金及融资费用之和作为评估值。在实际转让 X 道路 BT 项目时会产生相应的税费，在评估过程中未考虑项目转让过程中的税费因素对评估结果的影响，这样的处理方式值得完善。

五、总结与启示

价值类型的选择应该充分考虑评估目的、市场条件、评估对象自身条件等影响因素，我国《资产评估价值类型指导意见》对价值类型的选择有详细描述，评估人员应该深刻理解准则的内容，这样才能准确选择相应的价值类型。

在建工程是一项比较常见的资产，评估人员对于在建工程的理解程度、操作方式都有一定的差异，所以评估操作的具体程序、收集资料的范围也有一定的差异，无论采用何种方式对在建工程进行评估，都应该对在建工程的合规性文件、工程施工合同的签订情况、工程形象进度、工程款支付情况进行调查了解，收集相应的评估资料，通过履行以上程序对在建工程有一个比较全面的了解，进行后续评估操作也会有更大的把握。

LS 农村信用合作联社资产评估案例

一、案例要点

本案例中评估机构对 LS 农村信用合作联社的全部资产、负债采用资产基础法进行了评估。经查阅评估报告、评估说明、工作底稿，并与评估机构和评估师沟通，该项目有以下几方面值得商榷：

（1）评估报告标题的描述值得完善。

（2）选择的价值类型——市场价值与评估结果的内涵是否一致值得商榷。

（3）对于固定资产、无形资产——土地使用权的评估方法及评估结果的选取值得商榷。

（4）评估对象阐述不清晰。

二、案例背景

该评估报告是 LS 农村信用合作联社拟组建 LS 农村商业银行股份有限公司，而对所涉及的全部资产、负债及所有者权益进行评估。评估对象为 LS 农村信用合作联社的全部资产、负债和所有者权益。评估基准日为 2013 年 12 月 31 日。

三、案例内容

以下内容根据相关评估报告、评估说明和工作底稿进行了编辑、处理。

（一）委托方、被评估单位和业务约定书约定的其他评估报告使用者概况

委托方为 LS 农村信用合作联社筹建工作小组，被评估单位为 LS 农村信用合作联社，其他评估报告使用者为中国银行业监督管理委员会、中国银行业监督管理委员会 SD 监管局、中国银行业监督管理委员会 F 监管分局和法律法规明确的报告使用者为其他评估报告使用者。

（二）评估目的

本次评估目的是通过对 LS 农村信用合作联社在 2013 年 12 月 31 日资产负债表列示的全部资产、负债及所有者权益进行评估，反映 LS 农村信用合作联社在 2013 年 12 月 31 日的净资产市场价值，为 LS 农村商业银行股份有限公司筹建事宜提供价值参考。

（三）评估对象和评估范围

本次评估对象为 LS 农村信用合作联社的全部资产、负债和所有者权益，评估范围为 LS 农村信用合作联社截至 2013 年 12 月 31 日经清产核资后的全部资产、负债和所有者权益。

评估基准日申报评估的全部资产、负债和所有者权益以 F 会计师事务所（特殊普通合伙）清产核资审计后的报表为基础。F 会计师事务所（特殊普通合伙）出具了《清产核资报告书》（F 京专字［2014］***）。

（四）价值类型

资产评估的价值类型取决于评估特定的目的、市场条件和评估对象的使用状况。

根据经济行为和评估目的等相关条件，本次评估采用持续经营前提下的市场价值作为选定的价值类型，具体定义如下：

市场价值是指自愿买方和自愿卖方在各自理性行事且未受任何强迫的情况下，评估对象在评估基准日进行正常公平交易的价值估计数额。

选用市场价值作为本次评估的价值类型是因为本次评估是以改制为目的的清产核资评估，倾向于资产的清查、认定和风险评估，不适合投资价值、在用价值、清算价值和残余价值等市场价值以外的价值类型。

（五）评估基准日

根据本次经济行为的需要，确定评估基准日为 2013 年 12 月 31 日。

（六）固定资产评估方法

1. 固定资产——房屋建（构）筑物

委托评估的房屋建（构）筑物主要包括 LS 农村信用合作联社的营业用房、办公用房和其他房产等。根据《中国银行业监督管理委员会合作部关于印发〈农村商业银行、农村合作银行组建审批工作指引〉及〈农村商业银行、农村合作银行组建中清产核资工作指引〉的通知》（银监会［2004］61 号）"（十一）固定资产。对固定资产清查评估可以按账面值评估也可以采取重估法。在此次清产核资中根据当地实际情况，对固定资产可以采取审计后按账面值评估的原则"的总体要求，结合《LS 农村信用合作联社清产核资、资产评估及净资产分配工作方案》要求，针对评估对象的具体情况分别采用不同的评估方法进行评估。具体如下：对明确拥有所有权的固定资产，按重置成本法进行重估；所有权未落实的固定资产不予重估增值，但重估价值低于账面价值的，应重估减值。

2. 固定资产——设备类

对于设备类资产主要采用成本法进行评估。根据《LS 农村信用合作联社清产核资、资产评估及净资产分配工作方案》要求，对设备类固定资产，按清产核资后账面价值确定评估价值，不予评估增值，但重估价值低于清产核资后账面价值的，予以重估减值。

（七）评估结果

账面净资产 671,171,664.04 元，清查确认值 748,202,370.46 元，评估 748,202,370.46 元，评估值与清查确认值比较，评估增值 0.00 元，增值率为 0%。

四、案例点评

（一）该评估报告的标题描述值得完善

该评估报告的标题描述为"LS 农村信用合作联社资产评估报告"，根据《金融企业国有资产评估报告指南》第七条规定"评估报告标题应当简明清晰"，一般采用"企业名称+经济行为关键词+评估对象+评估报告"的形式，该评估报告标题缺少经济行为关键词和评估对象。

（二）选择的价值类型——市场价值与评估结果的内涵是否一致值得商榷

市场价值的定义为"自愿买方和自愿卖方在各自理性行事且未受任何强迫的情况下，评估对象在评估基准日进行正常公平交易的价值估计数额"，而对评估结果的选择是按照"固定资产可以采取审计后按账面值评估"原则操作的，选取的市场价值与评估结果的内涵是否一致值得商榷。

（三）该评估报告固定资产评估结果的选择依据值得商榷

对评估结果的选择是按照"固定资产可以采取审计后按账面值评估"原则操作的，所以造成了净资产评估值与清查确认值完全相同的评估结果。

评估报告中描述"根据《中国银行业监督管理委员会合作部关于印发〈农村商业银行、农村合作银行组建审批工作指引〉及〈农村商业银行、农村合作银行组建中清产核资工作指引〉的通知》（银监合〔2004〕61 号）第十一条：固定资产。对固定资产清查评估可以按账面值评估也可以采取重估法。在此次清产核资中根据当地实际情况，对固定资产可以采取审计后按账面值评估的原则"。

根据评估案例 LS 农联社营业办公楼的评估测算过程，评估报告中描述"经重置成本法评估，LS 农联社营业办公楼评估净值为 55,649,737.00 元，较清产核资后账面净值 41,958,044.40 元增值 13,691,692.60 元。根据《中国银行业监督管理委员会合作部关于印发〈农村商业银行、农村合作银行组建审批工作指引〉及〈农村商业银行、农村合作银行组建中清产核资工作指引〉的通知》（银监合〔2004〕61 号）'对固定资产清查评估可以按账面值评估也可以采取重估法。在此次清产核资中根据当地实际情况，对固定资产可以采取审计后按账面值评估的原则'的总体要求，该营业办公楼不予重估增值，故以清产核资后的账面净值作为该营业楼的评估价值，即 41,958,044.40 元"。

房屋建筑物属于不动产，应该按照《资产评估准则——不动产》进行评估操作，评估人员采用《中国银行业监督管理委员会合作部关于印发〈农村商业银行、农村合作银行组建审批工作指引〉及〈农村商业银行、农村合作银行组建中清产核资工作指引〉的通知》（银监会〔2004〕61 号）作为估值依据，银监会的文件适用于农村合作银行组建中清产核资环节，不适用于资产评估环节，这样的处理方式值得研究。

（四）评估对象阐述不清晰

评估对象阐述为"LS 农村信用合作联社的全部资产、负债和所有者权益"，评估对象包含所有者权益值得商榷。

五、总结与启示

随着社会经济的快速发展，以及人们对货币存储的认识，信用合作社正面临转型，在此基础上产生的各类信用合作社改制业务随之增加，该项目在评估操作过程中对于价值类型的理解还值得考虑，对于评估方法的选择还值得商榷。

评估目的是影响价值类型的重要因素，在选择价值类型过程中需要考虑到价值类型与评估目的之间的匹配程度，相同的资产、同一个评估基准日，如果评估目的不同，对应的价值类型可能完全不同，所以要根据评估目的所对应的经济行为来选择价值类型，让评估报告能够更好地为经济行为服务。另外，评估报告价值类型选择为市场价值，但评估结果无法体现出市场价值的内涵，价值类型与评估结果不一致。

固定资产评估方法及评估结果的合理选择直接影响到评估报告的合理性，在选择法律、法规时应该选择符合评估项目情况的法律、法规，如果选择的法律、法规与评估目的不一致，得到的评估结果与价值类型就会不一致，评估结果是否准确值得研究。

HW 有限公司拟股权转让评估项目案例

股权转让是企业价值评估业务中的一种传统评估业务，评估理论相对成熟、评估操作程序有比较固定的模式，也是一种比较简单常见的评估业务。但仍有一些机构对《资产评估准则——企业价值》的理解还不够全面，下面通过案例进行说明。

一、案例要点

通过对该股权转让项目评估报告、工作底稿的通读、分析和判断，根据评估准则的要求，该报告中以下几方面的处理方式与评估准则的要求还有一定差距。

（1）该项目属企业价值评估项目，评估目的是股权转让，但本评估报告未充分介绍被评估企业的股权结构及股权性质。

（2）评估报告未阐述三种评估方法的适用性分析。

（3）对于在建工程的估价，未对在建工程项目的合规性文件核实情况、合同签订情况、已支付工程款和应付（未付）工程款情况进行介绍；工程进度、开工日期前后阐述不一致；在建工程以账面值确认为评估值值得商榷。

（4）本项目选择的价值类型为市场价值，但评估假设内容欠缺市场价值的关键性假设——公开市场假设及公平交易假设。

二、案例背景

该项目委托方、被评估单位为 HW 有限公司，委托方拟转让其部分股权，评估基准日为 2015 年 10 月 31 日，采用资产基础法（成本法）进行评估，评估值为 75.39 万元。

三、案例内容

以下内容根据相关评估报告、评估说明和工作底稿进行了编辑、处理。

（一）委托方、资产占有方简介

本次资产评估项目的委托方及被评估单位为 HW 有限公司。

（二）评估目的

HW 有限公司拟股权转让，评估机构受 HW 有限公司的委托，对上述经济行为所涉及的 HW 有限公司的股东全部权益在评估基准日的市场价值进行了评估，为上述股权转让行为提供价值参考。

（三）评估对象及范围

评估对象：HW 有限公司股东全部权益。

评估范围：企业申报的 HW 有限公司全部资产及负债。评估基准日 2015 年 10 月 31 日的账面资产总额为 4,132.56 万元，负债总额为 4,129.93 万元，净资产为 2.63 万元。

（四）评估基准日

评估基准日为 2015 年 10 月 31 日。

（五）评估方法

1. 评估方法的选择

依据资产评估准则的规定，企业价值评估可以采用收益法、市场法、资产基础法三种方法。收益法是企业整体资产预期获利能力的量化与现值化，强调的是企业的整体预期盈利能力。市场法是以现实市场上的参照物来评价估值对象的现行公平市场价值，具有估值数据直接取材于市场，估值结果说服力强的特点。资产基础法是在合理评估企业各项资产价值和负债的基础上确定评估对象价值的思路。

本次评估目的是转让股权，资产基础法从企业购建角度反映了企业的价值，为经济行为实现后企业的经营管理及考核提供了依据，因此本次评估选择资产基础法进行评估。

2. 资产基础法中各类资产和负债的具体评估方法应用

（1）关于流动资产评估。

1）货币资金：为银行存款。评估人员对银行存款账面值同银行对账单进行了核对，全部存款平衡相符，未发现影响净资产的事宜。同时，评估人员向银行进行了询证，函证结果与对账单记录相符。以账面价值确定评估价值。

2）其他应收款：评估人员通过审核相关账簿及原始凭证，未发现债务人破产、倒闭、死亡、失踪或其他不可抗力而导致的坏账，又因为上述其他应收款账龄均在 1 年以内，本次按其账面值确定评估值。

3）其他流动资产：评估人员通过审核相关账簿及原始凭证，以核实后的账面值作为评估值。

（2）关于非流动资产评估。

1）设备类资产。根据本次评估目的，按照持续使用原则，以市场价格为依据，结合委估设备的特点和收集资料情况，本次评估主要采用重置成本法进行评估。

设备评估值 = 重置全价 × 综合成新率

第一，重置全价的确定。由于本次委估电子及办公设备均为供方送货上门，负责安装调试。重置全价只由设备的购置价组成。通过查阅合同、发票，向厂家及商家电话咨询，以及上网查询、系数调整等方式确定目前同型设备的市场购置价，在此基础上确定其评估基准日重置全价（不含税）。

第二，成新率的确定。电子设备的成新率采用现场勘察调整和年限法来综合确定。综合成新率 = 年限法成新率 × 40% + 现场勘察法成新率 × 60%。

2）在建工程的评估。由于工程开工时间距评估基准日较近，工程费及其他费用变化不大，且无不合理费用，工程费及其他费按账面值确定，项目工程开工时间距评估基准日不超过半年，不考虑项目资金成本。

3）无形资产土地使用权的评估。根据《城镇土地估价规程》（以下简称《规程》），估价方法有市场比较法、收益还原法、剩余法、成本逼近法、基准地价系数修正法等。估价方法的选择应按照《规程》的要求，根据当地地产市场情况并结合估价对象的具体特点及估价目的等，选择适当的估价方法。

考虑到委估宗地的具体情况、用地性质及评估目的，结合估价师收集的有关资料，本次评估的估价对象为工业用地。依据该地区地产市场发育情况，考虑到地块的最佳利用方式，为使评估结果更接近市场价值，本次评估采用市场比较法进行评估作价。采用主要出于以下考虑：估价对象所在区域土地出让实例较多，与估价对象比较具有相关性和替代性，故可以采用市场比较法。

市场比较法主要用于土地市场较发达、有充足的具有替代性的土地交易实例的地区。将估价对象与在估价基准日近期具有同一性质，在同一供需圈内类似交易土地进行比较，对这些类似土地的已知价格作适当的修正，求取估价对象土地的比准价格。

基本公式：宗地价格＝比较案例宗地价格×交易情况修正系数×交易日期修正系数×交易方式修正系数×土地使用年限修正系数×土地用途修正系数×区域因素修正系数×个别因素修正系数

（3）关于负债的评估方法。

关于负债项目中的流动负债项目的评估，根据企业提供的各项目明细表，对各项负债进行核实后，确定各笔债务是否为被评估单位基准日实际承担的，债权人是否存在而确定评估值。

（六）评估假设

（1）国家现行的有关法律、法规及方针政策无重大变化；本次交易各方所处的地区政治、经济和社会环境无重大变化。

（2）国家现行的银行利率、汇率、税收政策等除已知的以外无重大改变。

（3）假设评估的资产现有用途不变并继续使用，被评估企业保持持续经营状态。

（4）被评估企业及相关责任方提供的有关本次评估资料是真实、完整、合法、有效的。

（5）假定被评估企业管理当局对企业经营负责任地履行义务，并称职地对有关资产实行了有效的管理。被评估企业在经营过程中没有任何违反国家法律、法规的行为。

（6）没有考虑评估基准日及将来可能承担的抵押、担保事宜，以及特殊的交易方式可能追加付出的价格等对评估结论的影响。

（7）企业会计政策与核算方法无重大变化。

（8）无其他不可预测和不可抗力因素造成的重大不利影响。

（9）企业管理团队无重大变化，并尽职尽责按照目前的经营方式和经营计划持续经营。

（10）在执行本次评估程序过程中，对资产的法律权属，评估师进行了必要的、独立的核实工作，但并不表示评估师对评估对象法律权属进行了确认或发表了意见。评估师执行资产评估业务的目的只是对评估对象价值进行估算并发表专业意见。

（11）本报告评估结果的计算是以评估对象在评估基准日的状况和评估报告

对评估对象的假设及限制条件为依据进行，如企业状况或评估报告中对评估对象的假设和限制条件发生变化，评估结果应作相应调整。

（七）评估过程

在评估基准日 2015 年 10 月 30 日持续经营前提下，HW 公司评估前（经审计后）账面资产总额为 4,132.56 万元，负债总额为 4,129.93 万元，净资产为 2.63 万元；评估后资产总额为 4,205.32 万元，负债总额为 4,129.93 万元，净资产价值为 75.39 万元，评估增值 72.75 万元，增值率为 2,766.16%，具体见评估结果如表 1 所示。

表 1　资产评估结果汇总

评估基准日：2015 年 10 月 31 日　　　　　　　　　　　　单位：万元

	项目	账面价值	评估价值	增减值	增值率（%）
		A	B	C = B - A	D = C/A × 100%
1	流动资产	155.50	155.50	—	—
2	非流动资产	3,977.06	4,049.82	72.75	1.83
3	固定资产	1.10	1.08	−0.02	−1.82
4	在建工程	2,877.29	2,877.29	—	—
5	无形资产	1,098.68	1,171.45	72.77	6.62
6	资产总计	4,132.56	4,205.32	72.75	1.76
7	流动负债	509.00	509.00	—	—
8	非流动负债	3,620.93	3,620.93	—	—
9	负债合计	4,129.93	4,129.93	—	—
10	净资产（所有者权益）	2.63	75.39	72.75	2,766.16

（八）评估结论

经评估，于评估基准日 2015 年 10 月 31 日，HW 公司企业股东全部权益价值为 75.39 万元人民币。

四、案例分析

通过对该股权转让项目评估报告、评估说明和工作底稿的通读、分析和判断，根据评估准则的要求，该报告中以下几方面与评估准则的要求存在一定差距。

（1）该项目属企业价值评估项目，评估目的是股权转让，但本评估报告未完整介绍被评估企业的股权结构及股权性质，只简单描述如下："HW 有限公司成立于 2014 年 4 月 28 日，其母公司为 B 有限公司，所属的集团总部（最终母公司）为 C 有限公司"。不符合《资产评估准则——企业价值》的相关要求。

（2）本项目评估采用资产基础法（成本法）进行评估，"本次评估目的是转让股权，资产基础法从企业购建角度反映了企业的价值，为经济行为实现后企业的经营管理及考核提供了依据，因此本次评估选择资产基础法进行评估"，这一选择资产基础法的理由表述不够充分，且未说明本次评估不宜采用收益法及市场法的理由，不符合《资产评估准则——评估报告》《资产评估准则——企业价值》的相关要求。

（3）对于在建工程的估价：未对在建工程项目的合规性文件核实情况进行介绍；工程进度评估明细表介绍为"主体结构 50%"与评估报告介绍为"工程进度 90%"二者不一致，付款比例评估明细表介绍为 32.6%，开工日期评估说明介绍为 2013 年 10 月开始建设，评估明细表介绍为 2015 年 6 月 12 日，二者不一致；未见对于合同签订情况、已支付工程款和应付（未付）工程款情况进行分析介绍；未说明上述情况对评估价值的影响；如果确认为 2013 年开工，未考虑资金成本的影响，简单以账面值确认为评估值值得商榷。

（4）本项目选择的价值类型为市场价值，但评估假设内容欠缺市场价值的关键性假设：公开市场假设及公平交易假设。

五、总结与启示

上述问题存在的原因在于被检查评估机构业务量较少，对于企业价值评估中各类资产的具体评估方法的运用不够准确、熟练。本次检查的评估项目，从项目启动、现场勘察到出具报告的间隔时间较长。评估机构对于企业价值评估的相关准则、指南要求又缺乏了解。

评估机构应重视评估工作底稿资料的收集、分析、整理、归档工作，加强企业价值评估业务的培训；加强评估业务市场的开拓；加强与评估监管部门的有效沟通，强化各项评估准则、评估指南等内容的学习和风险教育，提高执业质量。

‖案例四‖
GM 房地产开发有限责任公司股东全部权益评估项目案例

一、案例要点

通过对该项目的评估报告、评估说明、工作底稿的通读、分析和判断，根据评估准则的要求，该报告以下几方面与评估准则的要求存在一定差距。

（1）报告编写及审核不严谨。在报告中出现披露内容前后矛盾、具体评估方法披露不全、有失效的准则等情况。

（2）评估人员对存货、房屋建筑物、车辆等测算过程存在明显失误。

二、案例背景

本案例的委托方是 GM 房地产开发有限责任公司，该公司是 MD 公司下属企业，根据《MD 电力公司集体企业改制专项审计工作实施方案》需进行社会化改制；评估对象是 GM 房地产开发有限责任公司的股东全部权益价值；评估基准日为 2015 年 6 月 30 日。采用了资产基础法进行评估。评估值为 4,880.73 万元，增值额 1,210.78 万元，增值率为 32.99%。主要增值资产为开发产品。

三、案例内容

以下内容根据相关评估报告、评估说明和工作底稿进行了编辑、处理。

（一）委托方、被评估单位和业务约定书约定的其他评估报告使用者概况

委托方和被评估单位均为 GM 房地产开发有限责任公司。业务约定书未约定其他评估报告使用者。

（二）评估目的

根据《DW 公司关于开展集体企业改革改制工作的指导意见》和 MD 电力有限

公司制定的《MD电力公司集体企业改制专项审计工作实施方案》，GM房地产开发有限责任公司需进行社会化改制，需对该经济行为所涉及GM房地产开发有限责任公司的企业股东全部权益价值进行评估。本次资产评估目的是公允反映GM房地产开发有限责任公司于评估基准日企业股东全部权益价值的公允价值，为社会化改制提供价值参考依据。

（三）评估对象和评估范围

本次委托评估对象和评估范围与经济行为涉及的评估对象和评估范围一致，且经过审计。

本次评估对象为GM房地产开发有限责任公司于评估基准日的企业股东全部权益价值。

本次评估范围为社会化改制之目的所涉及、经过LX会计师事务所（特殊普通合伙）审计的GM房地产开发有限责任公司资产负债表中列示的所有资产和相关负债。截至评估基准日2015年6月30日，GM房地产开发有限责任公司纳入评估范围内净资产账面价值为3,669.95万元。

本次评估对企业价值影响较大的单项资产为：在建房产项目。

（四）价值类型及其定义

根据评估目的、市场条件、评估对象自身条件等因素，同时考虑价值类型与评估假设的相关性等，确定本次资产评估的价值类型为：市场价值。

市场价值的定义：市场价值是指自愿买方与自愿卖方在各自理性行事且未受任何强迫的情况下，评估对象在评估基准日进行正常公平交易的价值估计数额。

（五）评估基准日

本项目资产评估基准日是2015年6月30日。

（六）评估依据

在本次资产评估工作中我们所遵循的国家、地方政府和有关部门的法律法规，以及在评估中参考的文件资料主要有：

1. 行为依据

（略）

2. 法律依据

（1）国务院1991年11月第91号令《国有资产评估管理办法》；

（2）原国家国有资产管理局1992年7月印发《国有资产评估管理办法施行细则》；

（3）《关于调整汽车报废标准若干规定的通知》国经贸资源〔2000〕1202 号；

（4）《中华人民共和国车辆购置税暂行条例》；

（5）《中华人民共和国增值税暂行条例》（国务院令第 538 号）和《中华人民共和国增值税暂行条例实施细则》（财政部　国家税务总局令第 50 号）；

（6）当地政府及有关部门颁布的法律、法规、规章制度；

（7）其他与资产评估有关的法律法规。

3. 准则依据

（1）《资产评估准则——基本准则》；

（2）《资产评估职业道德准则——基本准则》；

（3）《资产评估准则——评估报告》；

（4）《资产评估准则——评估程序》；

（5）《资产评估准则——业务约定书》；

（6）《资产评估准则——工作底稿》；

（7）《资产评估准则——机器设备》；

（8）《注册资产评估师关注评估对象法律权属指导意见》；

（9）《企业价值评估指导意见（试行）》；

（10）《企业国有资产评估报告指南》；

（11）《资产评估价值类型指导意见》。

4. 权属依据

（略）

5. 取价依据

（略）

（七）评估方法

本次评估根据评估对象、价值类型、资料收集情况等相关条件，分析收益法、市场法和资产基础法三种资产评估基本方法的适用性。

1. 评估方法的选择

资产评估的基本方法包括市场法、收益法和资产基础法。资产评估师应该根据评估对象、价值类型、资料收集情况等相关条件，分析三种基本方法的适用性，恰当选择一种或多种资产评估基本方法。

收益法是指将被评估企业资产的预期未来收益用一定折现率资本化或折成现值以确定其价值的评估方法。收益法以决定企业内在价值的根本依据——未来盈利能力为基础评价企业价值，反映了企业对于所有者具有价值的本质方面。但预测企业未来收益和选取折现率难度较大，采用收益法需要一定的基础条件。

市场法是指将被评估企业资产与可比较的参考企业即在市场上交易过的可比企业、股权、证券等权益性资产进行比较，以参考企业的交易价格为基础，加以调整修正后确定其价值的评估方法。常用的两种市场法是参考企业比较法和并购案例比较法。市场法以市场实际交易为参照来评价评估对象的现行公允市场价值，具有评估过程直观、评估数据取材于市场的特点。但运用市场法需要获得合适的市场交易参照物。

资产基础法是指在合理评估企业各项资产价值和负债的基础上确定评估对象价值的思路。

本次评估未采用市场法的主要原因：我们考虑到目前中国类似资产交易不多，而且信息的公开程度比较低，可比交易案例很少，不适合采用市场法。

本次评估被评估单位提供了资产清单，并且配合评估人员对现场进行了调查，适合采用资产基础法评估。

本次评估由于被评估单位 GM 房地产开发有限责任公司历史收益情况不稳定，加之近几年来我国的房地产市场和建筑市场波动幅度较大，市场竞争激烈，企业预期收入情况不稳定，以及企业没有项目储备和土地储备，使得对企业未来的销售收入、成本预测以及永续期的测算，均存在较大的不确定因素，因此收益法评估结果具有一定的不确定性。无法合理地对企业预期经营情况，进行预测，经过分析，我们认为本次评估不具备采用收益法的条件。

综上所述，本次评估最终选择资产基础法进行评估。

最后，评估人员对不同评估方法形成的初步价值结论进行分析，在综合考虑不同评估方法和初步价值结论的合理性及所使用数据的质量和数量的基础上，形成合理评估结论。

2. 资产基础法

本次评估采用资产基础法对 GM 房地产开发有限责任公司的企业股东全部权益价值进行了评估，即首先采用适当的方法对各类资产的公允价值进行评估，然后加总并扣除公司应当承担的负债，得出企业全部权益价值的评估值。

具体各类资产和负债的评估方法如下。

（1）货币资金。对评估基准日现金、人民币银行存款的账面金额进行核实，在核实的基础上，以清查核实后的账面价值确定评估价值。

（2）债权性资产。主要是应收账款、其他应收款、预付账款，对大额款项进行函证，同时分析其业务内容、账龄、还款情况，并对主要债务人的资金使用、经营状况作重点调查了解，在核实的基础上，以可收回金额作为评估值。

（3）长期股权投资。评估人员首先对长期投资形成的历史、账面值和实际状况进行了取证核实，并查阅了投资协议、股东会决议、章程和有关会计记录等，以确定长期股权投资的真实性和完整性。在此基础上，在不考虑控股权和少数股权等因素产生的溢价或折价的情况下，以确定的被投资单位整体评估后的净资产与持股比例的乘积确定各项长期投资的股权价值。

其评估公式为：

评估值 = 子公司评估后净资产 × 持股比例

（4）机器设备。本次设备类资产评估主要采用重置成本法，重置成本法的计算公式为：

评估值 = 重置全价 × 成新率

1）重置全价的计算。机器设备重置全价 = 设备购置价 + 运杂费 + 安装调试费 + 基础费 + 其他费用 + 资金成本

电子设备重置全价 = 设备购置价 + 运杂费（需安装调试的设备考虑安装调试费）

2）成新率的确定。对于机器设备，成新率采用综合成新率的计算方法。

3）评估值计算。

评估值 = 重置全价 × 成新率

（5）无形资产。无形资产全部为软件类无形资产，对于各类型软件，经过清查核实软件类型、功能以及版本型号，对于能够取得现行市场价格的按照现行市场价格进行评估；对于无法取得市场价值的在核实摊销准确性的基础上按照摊余金额作为评估值，对于没有预期超额收益或现金流入的无形资产，评估价值为 0。

（6）固定资产清理。对于固定资产清理以可变现净值作为评估值。

（7）长期待摊费用。评估人员通过了解其合法性、合理性、真实性和准确性，了解费用支出和摊余情况，在核对待摊费用申报明细表和总账、分类账一致的基础上，对长期待摊费用的发生内容进行了解，按尚存受益月数及月摊销额确认其摊销额。

（8）各项负债的评估。GM 房地产开发有限责任公司的负债主要包括应付账款、其他应付款评估人员对公司的负债进行了逐项审查核实，在核实的基础上，

以评估基准日清查核实后的账面价值作为评估价值。

（八）评估结论

1. 资产基础法的初步价值结论

本着独立、公正、科学、客观的原则，经过实施资产评估的法定程序，采用资产基础法形成的初步价值结论：

截至评估基准日 2015 年 6 月 30 日，GM 房地产开发有限责任公司纳入评估范围内的总资产账面价值为 5,230.92 万元，评估值 6,523.80 万元，增值 1,292.88 万元，增值率为 24.72%；负债账面价值为 1,560.97 万元，评估值 1,643.07 万元，差异主要为考虑 ZLT 综合楼项目待付未入账款项；净资产账面值为 3,669.95 万元，在保持现有用途持续经营前提下净资产的评估值为 4,880.73 万元，增值额 1,210.78 万元，增值率为 32.99%。具体各类资产的评估结果如表 1 所示。

表 1　评估结果

单位：万元

项目	账面价值	评估价值	增减值	增值率（%）
流动资产	4,148.30	5,303.63	1,155.33	27.85
非流动资产	1,082.62	1,220.17	137.55	12.71
其中：长期股权投资	—	—	—	—
固定资产	1,072.41	1,220.17	147.76	13.78
固定资产清理	—	—	—	—
无形资产	5.66	—	−5.66	−100.00
长期待摊费用	4.56	—	−4.56	−100.00
资产总计	5,230.92	6,523.80	1,292.88	24.72
流动负债	1,560.97	1,643.07	82.10	5.26
负债总计	1,560.97	1,643.07	82.10	5.26
净资产	3,669.95	4,880.73	1,210.78	32.99

（评估结论的详细情况见评估明细表）。

2. 评估结论

资产基础法评估的股东全部权益价值 4,880.73 万元。

理论上，各种评估方法所得结果均能合理反映评估对象于评估基准日的市场价值；收益法是从企业未来盈利能力的角度衡量被评估企业权益价值的大小，然而收益法也有自身的局限性，就是对企业未来的收益预测具有一定的主观性，特别是对处于周期性行业中的被评估对象来说更是如此。

资产基础法是从投入的角度估算企业价值的一种基本方法，虽然不能反映被评估企业所拥有的商誉、品牌、市场和客户资源、人力资源、特殊的管理模式和管理方式等无形资产的价值，但能比较直观地反映企业价值的大小。

在本次收益法评估过程中，由于被评估单位 GM 房地产开发有限责任公司历史收益情况不稳定，加之近几年来我国的房地产市场和建筑市场波动幅度较大，市场竞争激烈，企业预期收入情况不稳定，以及企业没有项目储备和土地储备，使得对企业未来的销售收入、成本预测以及永续期的测算，均存在较大的不确定因素，因此收益法评估结果具有一定的不确定性。而资产基础法是从投入的角度估算企业价值的一种基本方法，能比较直观地反映企业权益价值的大小。

考虑到本次收益法评估的结果，受限于以上不确定性因素，不能客观反映企业权益真实价值，而资产基础法可以比较直观地反映企业权益价值的大小，为客观反映股权收购的真实价值，为本次评估目的服务，本次评估采用资产基础法的评估结果作为本次评估的最终评估结论。

评估结论根据以上评估工作得出：截至评估基准日 2015 年 6 月 30 日，GM 房地产开发有限责任公司纳入评估范围内的总资产账面价值为 5,230.92 万元，评估值 6,523.80 万元，增值 1,292.88 万元，增值率为 24.72%；负债账面价值为 1,560.97 万元，评估值 1,643.07 万元，差异主要为考虑 ZLT 综合楼项目待付未入账款项；净资产账面值为 3,669.95 万元，在保持现有用途持续经营前提下净资产的评估值为 4,880.73 万元，增值额 1,210.78 万元，增值率为 32.99%。

（九）库存商品（开发产品）评估技术说明

纳入评估范围的库存商品（开发产品）账面价值为 19,686,725.88 元，主要是持有待售的和谐家园、物流综合楼等项目部分资产及未正式对外销售的 ZLT 电业局综合楼项目。

评估人员首先核实总账、明细账与评估申报表金额，确定明细账中有无遗漏、重复及错入账情况。要求企业提供产权的证明性文件及相关的工程图纸、预决算资料等技术档案，认真核对产权归属，核实建筑物工程量，为评估计算找到准确依据。

对企业申报评估的建筑物依其特征进行分类，并对典型建筑物进行解剖与技术性分析，找出差异，采取区别对待，粗评与细评相结合的方式评估。

在做好上述工作基础上，与基建技术人员一起逐项进行实地勘验鉴定、测量记录，并向有关人员详细了解库存商品（开发产品）的修缮维护情况。同时，由工程技术人员根据库存商品（开发产品）目前的实体质量及使用情况进行技术分析。收集资料，进行市场调查，选择适宜方法，计算评估价值。

库存商品（开发产品）评估案例：

ZLT 电业局综合楼项目

1. 项目概况

该项目由 HLBE 市发展和改革委员会核准，同意 GM 房地产开发有限责任公司以资金自筹的方式建设此项目，批复建设面积 6,403.49 平方米。该工程土建部分由 HLJ 省 JA 公路工程有限公司以包工包料的方式负责，建成面积约 6,683.18 平方米。项目已经完工，预售许可证尚未办理。

2. 评估过程

经询价，ZLT 地区房屋销售价格约 4,000 元/平方米，售价合计 26,732,720.00 元，土地成本 3,495,000.00 元，建筑安装费用 14,131,337.58 元，其他待付费用 821,000.00 元，营业税金及附加 1,497,165.98 元，因此项目为 GM 房地产开发有限责任公司以自有资金建设，资金成本可以在土地增值税前扣除金额为 1,762,633.76 元，加计扣除金额 3,525,267.52 元，应缴纳土地增值税 450,094.55 元，在不考虑其他因素情况下，此项目需缴纳企业所得税 1,584,530.47 元。

相关计算过程如下：

（1）房地产企业转让商品房适用于 5% 营业税率，城建税 7%，教育费附加 3%，地方教育附加 1%，水利建设基金 1%，印花税 0.0005%。

ZLT 电业局综合楼项目应交营业税金及附加（含印花税）= 26,732,720.00 × 5% ×（1 + 7% + 3% + 1% + 1%）+ 26,732,720.00 × 0.0005% = 1,497,165.98（元）

（2）土地增值税计算过程。

房产增值金额 = 26,732,720.00（可变现金额）- 3,495,000.00（土地取得成本）- 14,131,337.58（建筑安装费用）- 821,000.00（其他费用）- 1,497,165.98（各项税费）- 3,525,267.52（可加计扣除金额）- 1,762,633.76（资金成本）= 1,500,315.16（元）

增值率 = 1,500,315.16/（3,495,000.00 + 14,131,337.58 + 821,000.00 + 1,497,165.98 + 3,525,267.52 + 1,762,633.76）= 5.95%（适用税率 30%）

应缴纳土地增值税 = $1,500,315.16 \times 30\%$ = 450,094.55（元）

（3）企业所得税计算过程。

不考虑其他因素，该项资产应纳税所得额 = $26,732,720.00 - 3,495,000.00$（土地取得成本）$- 14,131,337.58$（建筑安装费用）$- 821,000.00$（其他费用）$- 1,497,165.98$（各项税费）$- 450,094.55$（土地增值税）$= 6,338,121.89$ 元，适用税率25%。

应缴纳企业所得税 = $6,338,121.89 \times 25\%$ = 1,584,530.47（元）

3. 评估结果

由于结算不及时或其他原因，ZLT电业局综合楼项目所需要支付的款项或已经支付的款项并未能转入库存商品核算。在评估过程中，已经考虑此因素，将预付款等与之相关的款项评估值为0，其价值全部在库存商品体现。经上所述，ZLT电业局综合楼项目评估价格为 23,200,929.00 元（$= 26,732,720.00 - 1,584,530.47 - 450,094.55 - 1,497,165.98$）。

经上述评估程序，库存商品（开发产品）的评估值为 32,416,179.00 元。

（十）办公用房类固定资产评估方法

委估房屋建筑物系办公用房，其所在宗地为出让地，委估房屋建筑物所在地的房地产市场上同类成交案例较多，所以本次对委估的房地产采用市场法进行评估。

根据评估目的及委估房屋建筑物类资产的实际用途、状况，采用市场法进行评估。其评估公式为：

评估值 = 重置成本 × 成新率

重置成本 = 购买成本

（1）重置成本计算。

直接在相关房地产交易网上取得价格数据。

（2）成新率的确定。

房屋建筑物采用综合成新率的方法。

成新率 = 理论成新率 × 40% + 勘察成新率 × 60%

其中：理论成新率 =（耐用年限 − 已使用年限）/耐用年限

勘察成新率：勘察成新率按结构、装修、配套设施的使用功能及维护情况采用计分法确定。

（十一）交通工具成新率计算

根据《关于发布〈汽车报废标准〉的通知》（国经贸经［1997］456 号）及《关于调整汽车报废标准若干规定的通知》（国经贸资源［2000］1202 号）的有关规定，按车辆使用年限、行驶里程两种方法根据孰低原则，即：

使用年限成新率＝（1 − 已使用年限/规定使用年限）× 100%

行驶里程成新率＝（1 − 已行驶里程/规定行驶里程）× 100%

在此基础上，结合现场勘查情况，按孰低原则确定成新率。

四、案例点评

根据评估准则的要求，该报告中以下几方面的处理方式与评估准则的要求存在一定差距。

（一）该报告编写及审核不严谨

（1）本报告仅使用了资产基础法一种评估方法。但在摘要中披露使用了资产基础法、收益法两种评估方法；而且在评估结论中对收益法结果进行分析，披露"在本次收益法评估过程中，由于被评估单位 GM 房地产开发有限责任公司历史收益情况不稳定，此外近几年来我国的房地产市场和建筑市场波动幅度较大，市场竞争激烈，企业预期收入情况不稳定，加之企业没有项目储备和土地储备，使得对企业未来的销售收入、成本预测以及永续期的测算，均存在较大的不确定因素，因此收益法评估结果具有一定的不确定性。而资产基础法是从投入的角度估算企业价值的一种基本方法，能比较直观地反映企业权益价值的大小。摘要和评估结论的披露与评估方法不一致"。

（2）在资产基础法的具体评估方法介绍时，对不涉及的长期股权投资、固定资产清理的评估方法进行了介绍，但对本次造成评估结果增值较大的开发产品却没有介绍具体的评估方法。

（3）在报告的准则依据和法规依据中出现了失效的法规和准则，《关于调整汽车报废标准若干规定的通知》《企业价值评估指导意见（试行）》评估基准日时已废止。

（二）评估人员知识更新不足，对部分评估方法存在概念不清的情况

（1）该报告在房屋建筑物具体评估方法使用中存在概念不清的情况。说明中披露是采用市场法评估，但其使用的公式如下：

评估值＝重置成本×成新率

重置成本 = 购买成本

成新率 = 理论成新率 × 40% + 勘察成新率 × 60%

上述公式混淆了重置成本法和市场法的概念。

（2）评估人员对新法规的学习不足，该报告在车辆成新率评估时，仍然使用规定年限进行计算使用年限成新率，而新法规中对小型客车已没有规定报废年限。

（3）开发产品的测算过程过于简单。开发产品案例中未考虑销售费用，对资金成本没有计算过程，扣减的土地增值税和企业所得税等计算过程过于简单。

五、总结与启示

上述问题存在的原因是评估人员编写报告时不严谨，对于各类资产的具体评估方法运用不够准确熟练，对相关准则、法律法规的学习不够。

建议评估人员在今后的工作中认真负责，合理分析和选取测算相关参数。加强准则和法律法规的学习，提高评估的胜任能力。

YGCM 公司拟将持有的 YGJTHN 公司
股权对外投资项目评估案例

一、案例要点

YGCM 公司拟将持有的 YGJTHN 公司股权对外投资，采用资产基础法评估，该案例主要存在以下问题：

（1）工作底稿不完整。工作底稿中无评估人员与企业的现场访谈记录、无主要资产的询价记录或市场调查记录。

（2）评估报告内容不完整，不符合资产评估准则之处：评估报告的企业概况没有披露近年来的资产、财务、经营状况，准则依据中有部分准则未采用最新颁布的文件，存档的评估报告未加盖评估机构公章、资产评估师未在评估报告上签字。

（3）商标存在权属瑕疵，为股东的商标权，在未取得授权使用权的情况下，纳入本次评估范围，评估范围及法律权属存在瑕疵。

（4）评估假设、特别事项均未披露权属瑕疵事项的影响。

二、案例背景

YGCM 公司拟使用其持有的 YGJTHN 公司的 60%股权对外投资，因此对 YGJTHN 公司股东全部权益价值进行评估，为该经济行为提供价值参考依据。

三、案例内容

以下内容根据相关评估报告和工作底稿进行了编辑、处理。

（一）委托方简介

YGCM 公司。

（二）评估目的

YGCM 公司拟使用其持有的 YGJTHN 公司的 60%股权对外投资，本次评估的目的是对该经济行为所涉及的 YGJTHN 公司股东全部权益价值进行评估，为该经济行为提供价值参考依据。

（三）评估对象

评估对象为 YGJTHN 公司股东全部权益价值。

（四）评估范围

截至 2015 年 6 月 30 日申报的资产及负债。

（五）价值类型

市场价值。

（六）评估基准日

2015 年 6 月 30 日。

（七）评估依据

1. 经济行为依据

《资产评估业务约定书》。

2. 法律法规依据

（1）《国有资产评估管理办法》（国务院 1991 年 11 月 16 日发布的第 91 号令）；

（2）《企业国有资产监督管理暂行条例》（国务院第［2003］378 号令）；

（3）《中华人民共和国企业国有资产法》（中华人民共和国第十一届全国人民代表大会常务委员会第五次会议于 2008 年 10 月 28 日通过）；

（4）《企业国有资产评估管理暂行办法》（国务院国有资产监督管理委员会令第 12 号）；

（5）《国务院办公厅转发财政部关于改革国有资产评估行政管理方式加强资产评估监督管理工作意见的通知》（国务院办公厅文件国办发［2001］102 号）；

（6）《关于加强企业国有资产评估管理工作有关问题的通知》（国资发产权［2006］274 号）；

（7）《企业国有产权转让管理暂行办法》（国资委、财政部令第 3 号）；

（8）《关于企业国有产权转让有关事项的通知》（国资发产权［2006］306 号）；

（9）《中华人民共和国公司法》（2005 年 10 月 27 日第十届全国人民代表大会常务委员会第十八次会议通过）；

（10）《企业会计准则——基本准则》（财政部令第 33 号，2006 年）；

（11）《中华人民共和国企业所得税法》（2007 年 3 月 16 日第十届全国人民代表大会第五次会议通过）；

（12）其他相关的法律法规文件。

3. 准则依据

（1）《资产评估准则——基本准则》（财企〔2004〕20 号）；

（2）《资产评估职业道德准则——基本准则》（财企〔2004〕20 号）；

（3）《资产评估准则——评估报告》（中评协〔2007〕189 号）；

（4）《资产评估准则——评估程序》（中评协〔2007〕189 号）；

（5）《资产评估准则——业务约定书》（中评协〔2007〕189 号）；

（6）《资产评估准则——工作底稿》（中评协〔2007〕189 号）；

（7）《资产评估准则——机器设备》（中评协〔2007〕189 号）；

（8）《资产评估准则——无形资产》（中评协〔2008〕218 号）；

（9）《资产评估价值类型指导意见》（中评协〔2007〕189 号）；

（10）中国注册会计师协会关于印发《注册资产评估师关注评估对象法律权属指导意见》的通知（会协〔2003〕18 号）；

（11）《企业国有资产评估报告指南》（中评协〔2008〕218 号）；

（12）《资产评估准则——企业价值》（中评协〔2011〕227 号）；

（13）《评估机构业务质量控制指南》（中评协〔2010〕214 号）；

（14）《资产评估职业道德准则——独立性》（中评协〔2012〕248 号）。

4. 权属依据

（1）机器设备购买合同或发票；

（2）"YG"商标注册证；

（3）委托方及被评估单位承诺函；

（4）被评估单位提供的其他相关产权证明资料。

5. 取价依据

（1）《机电产品报价手册》2015 版；

（2）《资产评估报告常用数据与参数手册》；

（3）市场信息以及互联网调查资料；

（4）评估基准日银行贷款利率；

（5）企业提供的以前年度的财务报表；

（6）评估人员现场勘察记录及收集的其他相关估价信息资料；

（7）被评估单位提供的其他评估相关资料。

（八）评估方法：资产基础法

待估企业成立于 2014 年 12 月末，成立半年来企业经营正常但尚处于亏损阶段，且实际净经营活动现金流为负值，在企业未来中期规划中未来三年基本处于市场开拓和逐步实现网络覆盖阶段，三年内计划可逐步实现盈亏平衡，2017 年可实现盈利，但其规模的扩大和收入的取得需依靠 HN 高速公路管理部门关于高速广播发射等相关大型设施的按期投入与运营，其网络覆盖受外部因素影响很大，经营收入取得不确定性较大。截至本次评估基准日尚无法准确预测该设施是否可按计划投入、无法合理预测待估企业未来现金流入情况，故本次评估未采用收益法。

因国内产权交易市场交易信息的获取途径有限，且本次评估企业处于较成熟行业，待估企业处于初创期成立仅半年，与同类企业在企业生命周期阶段、业务增长方式、财务指标考核体系等方面均差异较大，选取同类型市场参照物的难度极大，故本次评估未采用市场法。

结合本次资产评估对象、价值类型和评估师所收集的资料，确定采用资产基础法进行评估。

资产基础法即成本加和法，是以在评估基准日重新建造一个与评估对象相同的企业或独立获利实体所需的投资额作为判断整体资产价值的依据，具体是指将构成企业的各种要素资产的评估价值加总减去负债评估价值求得企业价值的方法。

1. 流动资产

流动资产评估范围包括货币资金、预付款项、其他应收款等。

（1）货币资金：对货币资金中的现金、银行存款的账面金额进行核实，人民币资金以核实后的账面价值确定评估价值。

（2）应收款项：包括预付款项、其他应收款。对预付款项具体分析了形成的原因，根据所能收回的相应货物形成的资产或权利或核实后的账面价值确定评估价值；对其他应收款，评估人员在核实其价值构成及债务人情况的基础上，具体分析欠款数额、时间和原因、款项回收情况、债务人资金、信用、经营管理现状等因素，以每笔款项的可收回金额或核实后的账面价值确定评估价值。

2. 非流动资产

非流动资产评估范围为固定资产及无形资产。

（1）固定资产。固定资产主要包括机器设备和电子设备等。

采用重置成本法进行评估，即：

评估价值＝重置价值×成新率

1）重置价值。

机器设备重置价值。

重置价值＝购置价格＋运杂费＋安装调试费＋资金成本

电子设备重置价值。重置价值参照市场购价并结合具体情况，酌情予以估算。部分电子设备直接以市场二手设备价格进行评估。

2）成新率。机器设备的成新率主要依据设备的经济使用年限的40%，且在评估人员现场勘查的基础上，考虑设备的使用状况、维护状况、工作环境等因素评分的60%，加权综合确定；电子设备的成新率与机器设备相同。

（2）无形资产。无形资产为商标许可使用权1项。

采用收益法进行评估，即：

$$P = \sum_{t=1}^{n} F_t/(1+i)^t$$

式中，P为无形资产评估价值；F_t为被评估无形资产的第t年的超额收益额；i为折现率；t为序列年期；n为收益期限。

3. 负债

对企业负债的评估，主要是进行审查核实，评估人员对相关的文件、合同、账本及相关凭证进行核实，确认其真实性后，以核实后的账面值或根据其实际应承担的负债确定评估值。

（九）评估假设

1. 宏观及外部环境的假设

（1）假设国家宏观经济形势及现行的有关法律、法规、政策，无重大变化；本次交易双方所处地区的政治、经济和社会环境无重大变化。

（2）假设被评估单位所在的行业保持稳定发展态势，行业政策、管理制度及相关规定无重大变化。

（3）假设国家有关信贷利率、汇率、赋税基准及税率、政策性征收费用等不发生重大变化。

（4）假设无其他人力不可抗拒因素及不可预见因素，造成对企业重大不利影响。

（5）假设本次评估测算的各项参数取值是按照现时价格体系确定的，未考虑基准日后通货膨胀因素的影响。

2. 交易假设

（1）交易原则假设，即假设所有待评资产已经处在交易过程中，评估师根据待估资产的交易条件等模拟市场进行估价。

（2）公开市场及公平交易假设，即假设在市场上交易的资产或拟在市场上交易的资产，资产交易双方彼此地位平等，彼此都有获取足够市场信息的机会和时间，资产交易双方的交易行为都是在自愿的、理智的而非强制或不受限制的条件下进行的。

（3）假设评估范围内的资产和负债真实、完整，不存在产权瑕疵，不涉及任何抵押权、留置权或担保事宜，不存在其他限制交易事项。

3. 特定假设

（1）假设被评估单位的生产经营业务可以按其现状持续经营下去，并在可预见的经营期内，其经营状况不发生重大变化。

（2）假设企业未来的经营管理人员尽职，企业继续保持现有的经营管理模式持续经营。

（3）资产持续使用假设，即假设被评估资产按照其目前的用途和使用的方式、规模、频度、环境等条件合法、有效地持续使用下去，并在可预见的使用期内，不发生重大变化。

（4）假设委托方及被评估单位所提供的有关企业经营的一般资料、产权资料、政策文件等相关材料真实、有效。

（5）假设评估对象所涉及资产的购置、取得、建造过程均符合国家有关法律法规规定。

（6）假设评估对象所涉及的实物资产无影响其持续使用的重大技术故障，假设其关键部件和材料无潜在的重大质量缺陷。

（7）假设评估范围内的商标许可使用权按照国家相关规定按期缴纳年费并定期续展。

（8）假设与商标使用单位经营业务相关的国家、地方社会经济环境不产生大的变化，所遵循的国家现行的有关法律、法规、制度及社会经济政策无重大变化。

（9）假设有关信贷利率、汇率、税负基准、税率、政策性征收费用项目和标准等条件不发生重大变化。

（10）假设商标所有权人在商标使用单位存续期内对其商标名称使用的授权不发生变化，商标使用单位能够保持持续经营，并在经营范围、方式和决策程序上与现行政策保持一致。

（11）假设无形资产所依托的产品社会需求将保持一定幅度增长。

（十）评估结论

经评估人员评定估算，在公开市场和企业持续经营前提下，在本报告所列的特别事项说明限制下，经资产基础法评估，本次评估范围内的资产与负债于评估基准日 2015 年 6 月 30 日的评估结果为：YGJTHN 公司资产总额账面价值 968.36 万元，评估价值 1,104.66 万元，增值 136.30 万元，增值率 14.08%；负债总额账面价值 44.88 万元，评估价值 44.88 万元，无增减值变化；净资产账面价值923.48 万元，评估价值 1,059.78 万元，增值 136.30 万元，增值率 14.76%。

四、案例点评

（1）评估工作底稿中无评估人员与企业相关人员的访谈记录，无询价记录，特别是无固定资产的现场调查及询价记录，工作底稿中未见该评估机构的函证。

（2）对于企业价值评估报告，本评估报告的企业概况没有介绍企业的财务状况，不符合《企业国有资产评估报告指南》中关于"需披露近三年资产、财务、经营状况"的要求。

（3）报告采用的准则依据中的《资产评估准则——评估报告》（中评协〔2007〕189 号）、《资产评估准则——评估业务约定书》（中评协〔2007〕189 号）有新修订版本，该准则在评估基准日已失效，没有采用最新适用的评估准则。

（4）评估机构存档的评估报告签字页未加盖评估机构公章、资产评估师未签字，不符合《中评协关于修改评估报告等准则中有关签章条款的通知》的相关要求，说明该机构档案管理存在一些不规范情况。

（5）评估说明中有"在公司注册前 YGCM 公司授权委托 HNSS 建设开发有限公司办理新公司注册事宜，并明确表示 YGCM 公司是'YG'商标的注册权利人，同意在新公司工商注册的企业名称中使用'YG'字样。但在新公司成立后，YGCM 公司与被评估单位并未签署商标许可使用协议，亦未约定关于商标许可使用费及使用期限。由于本次评估目的是 YGCM 公司拟将其持有的 YGJTHN 公司股权对外投资，委托方及被评估单位认为 YGJTHN 公司实际拥有'YG'商标在其公司名称中的使用权．且'YG'商标在广告设计、广播电视制作等领域均具有较高的知名度，能够为企业带来一定的超额收益，具有一定的经济价值，应列入本次评估范围，因此作为一项账外资产进行了评估申报"。

本次评估范围包括账外商标许可使用权，但未签署授权使用协议，同时在特别事项说明中也未进行披露。

（6）评估假设的披露：评估报告中"假设评估范围内的资产和负债真实、完整，不存在产权瑕疵，不涉及任何抵押权、留置权或担保事宜，不存在其他限制交易事项""假设评估对象所涉及的实物资产无影响其持续使用的重大技术故障，假设其关键部件和材料无潜在的重大质量缺陷""假设评估范围内的商标许可使用权按照国家相关规定按期缴纳年费并定期续展"，等等，对资产负债的真实性及产权瑕疵等均为评估师核实工作过程，在未说明核实结果的情况下，上述假设不合理，且没有对评估假设对评估结论的影响进行说明，不符合《资产评估准则——企业价值》第八条"注册资产评估师执行企业价值评估业务，应当根据评估目的，明确评估对象，选择适当的价值类型，合理使用评估假设，恰当运用评估方法，形成合理的评估结论"、第二十四条"评估报告应当披露评估假设及其对评估结论的影响"。

五、总结与启示

（1）评估机构及资产评估师在承接业务后，确定资产评估范围是评估工作的基础工作。根据资产评估准则的要求，评估机构在决定承接评估业务后，应当与委托方签订业务约定书，约定评估范围、应要求委托方提供涉及评估对象和评估范围的详细资料、应该关注评估范围内资产的法律权属及瑕疵事项并充分披露。

本次检查中发现的主要问题：对于将被评估企业的母公司所享有的商标权，在未取得授权使用权的情况下，将其纳入本次评估范围，评估范围及法律权属存在瑕疵事项。

委托方和相关当事方委托资产评估业务，应提供评估对象法律权属等资料，并对所提供评估对象法律权属资料的真实性、合法性和完整性承担责任。但资产评估师应知晓评估对象法律权属对评估结论有重大影响。

资产评估师执行资产评估业务，应关注评估对象法律权属并予以恰当披露。

委托方委托资产评估师对其不具有所有权的资产进行评估，资产评估师应对评估对象法律权属予以特别关注，要求委托方和相关当事方提供承诺函或说明函予以充分说明。资产评估师应根据前述法律权属状况可能对资产评估结论和资产评估目的所对应经济行为造成的影响，考虑是否承接评估业务。

该报告存在的问题是委托方将不具有所有权也未取得授权使用权的资产纳入评估范围，而资产评估师虽然进行了核实分析，但仍对权属不清、权属依据不充分的资产进行了评估，且未对法律权属对评估结论的影响予以恰当披露，也未对由于产权依据不充分的瑕疵事项可能给评估报告使用者和评估机构带来的风险充分评估并披露。

（2）评估报告披露不充分。通过检查发现的资产产权瑕疵问题对评估结论可能产生重要影响，如评估假设、评估特别说明事项均披露不恰当、不充分。评估机构及资产评估师对产权瑕疵问题认识不准确、理解不到位、披露不充分，准则的学习和执行不到位。建议强化评估机构和资产评估师的风险意识、责任意识，在工作中提高，在学习中进步。

CQT 公司持有的 ZZ 公司股权评估项目案例

一、案例要点

CQT 公司拟了解其持有的 ZZ 公司股权价值，ZZ 公司主要资产为持有的两家公司股权，委托评估机构评估。根据对该项目的评估报告、评估说明、工作底稿的检查，发现以下问题有待完善：

（1）对持有的 HCN 股份有限公司 843.507 万股股权的价值，采用《框架协议》约定的回购时间和回购价格确定评估值，第一次回购时间距评估基准日 9 个月，第二次回购时间距评估基准日 1.5 年，未考虑回购方的回购能力、时间因素对评估值的影响，缺乏必要的谨慎。

（2）对持有的 MJD 公司 14.45% 股权采用收益法评估，直接预测净利润，对净利润采用 CAPM 折现率折现，乘以持股比例得出此笔长期股权投资的评估值。净利润的预测缺少支持依据分析，折现率与预期收益口径不一致。

（3）被评估单位为有限合伙企业，委托方为被评估单位的普通合伙人，合伙期限为 2011 年 1 月 24 日至 2018 年 1 月 20 日，评估长期投资单位 MJD 公司股权价值，采用永续年期折现模型，未考虑合伙期限的影响，也未在报告中披露。

（4）计算委托方持有的被评估单位股权价值，不是将被评估单位净资产评估值作为计算基数，而是以被评估单位各项资产为基数分别计算，计算方式不同，未在报告中充分披露计算依据。

二、案例背景

CQT 公司拟了解其持有的 ZZ 公司股权价值。

三、案例内容

以下内容根据相关评估报告和工作底稿进行了编辑、处理。

（一）委托方简介（略）

（二）被评估单位简介（略）

（三）评估目的

CQT 公司拟了解其持有的 ZZ 公司股权价值。

（四）评估对象

本项目评估对象为 CQT 公司持有的 ZZ 公司的股权价值。

（五）评估范围

评估范围是评估基准日 ZZ 公司的全部资产和负债。

（六）价值类型

市场价值。

（七）评估基准日

2014 年 9 月 30 日。

（八）评估依据

本次评估是在遵守国家现有的有关资产评估的法律、法规以及其他公允的评估依据、计价标准、评估参考资料的前提下进行的。

1. 行为依据

资产评估业务约定书。

2. 法律、法规依据

（1）《中华人民共和国企业国有资产法》；

（2）《国有资产评估管理办法》（国务院令第 91 号，1991 年）；

（3）《国有资产评估管理办法施行细则》（国资办发［1992］第 36 号）；

（4）《国有资产评估管理若干问题的规定》（财政部 14 号令，2001 年）；

（5）《国务院办公厅转财政部关于改革国有资产评估行政管理方式加强资产评估监督管理工作意见的通知》文件及其配套文件（国办发［2001］102 号）；

（6）国务院颁布的《企业国有资产监督管理暂行条例》（国务院令第 378 号，2003 年）；

（7）《企业国有资产评估管理暂行办法》（国务院国有资产监督管理委员会第 12 号令，2005 年）；

（8）关于印发《北京市企业国有资产评估管理暂行办法》的通知（京国资发［2008］5 号）；

（9）《评估机构内部治理指引》（中评协［2010］121 号）；

（10）《资产评估机构审批和监督管理办法》（财政部［2011］64 号令）；

（11）《国有股东转让所持上市公司股份管理暂行办法》（国务院国有资产监督管理委员会、中国证券监督管理委员会［2007］第 19 号令）。

3. 资产评估准则依据

（1）《资产评估职业道德准则——基本准则》（财政部财企［2004］20 号）；

（2）《资产评估准则——基本准则》（财政部财企［2004］20 号）；

（3）《资产评估准则——业务约定书》（中评协［2007］189 号）；

（4）《资产评估准则——评估程序》（中评协［2007］189 号）；

（5）《资产评估准则——评估报告》（中评协［2007］189 号）；

（6）《资产评估准则——工作底稿》（中评协［2007］189 号）；

（7）《资产评估准则——机器设备》（中评协［2007］189 号）；

（8）《资产评估准则——企业价值》（中评协［2011］227 号）；

（9）《评估机构业务质量控制指南》（中评协［2010］214 号）；

（10）《注册资产评估师关注评估对象法律权属指导意见》（会协［2003］18 号）。

4. 权属依据

（1）股权转让协议；

（2）其他权属证明文件等。

5. 取价依据

（1）ZZ 公司与 A 现代农业股份有限公司签订的股权回购协议书；

（2）合伙协议；

（3）《最新资产评估常用数据和参数手册》；

（4）相关上市公司公开信息资料；

（5）CCER 中国证券市场数据库；

（6）中国人民银行公布的金融机构存、贷款利率；

（7）中国债券信息网（www.chinabond.com.cn）公布的债券交易资料其他有关资料；

（8）评估人员掌握的有关信息及现场勘察记录等资料；

（9）其他询价资料及有关资产评估的参考资料。

（九）评估方法：资产基础法

对股权价值的评估有收益法、成本法、市场法三种基本评估方法，进行企业价值评估，要根据评估对象、价值类型、资料收集情况等相关条件，分析三种资产评估基本方法的适用性，恰当选择一种或多种资产评估基本方法。

收益法，收益法的应用要满足两个前提条件：一是被评估资产必须是能用货币衡量其未来期望收益的单项或整体资产；二是资产所有者所承担的风险也必须是能用货币衡量的；ZZ公司为投资管理公司，近几年几乎无主营经营收入，经营利润呈现亏损，故不宜采用收益法评估。

成本法，指在合理评估企业各项资产价值和负债的基础上确定评估对象价值的评估思路。本次评估对审计后的各项资产和负债价值按照基准日的市场价值进行了评估。

市场法，指将评估对象与参考企业、在市场上已有交易案例的企业、股东权益、证券等权益性资产进行比较以确定评估对象价值的评估思路。市场法中常用的两种方法是参考企业比较法和并购案例比较法。经评估人员市场调查，与本次股权收购行为类似的股权交易案例较少，难以获取足够量的案例样本，故本次评估不适宜用市场法。

对被评估单位采用成本法评估情况。

对各项资产的价值应当根据其具体情况选用适当的具体评估方法得出。具体报告如下：

1. 流动资产

流动资产包括：货币资金。

货币资金包括现金、银行存款。

现金：对库存现金采用盘点日倒推到评估基准日的方法按核对无误后的清查调整后账面值作为评估值。

银行存款：主要通过核查银行对账单、余额调节表以及通过向银行函证等手段，核实银行存款的真实性及准确性，对于人民币账户以核实无误的账面值确认评估值。

2. 长期股权投资

评估人员首先对长期投资形成的原因、账面值和实际状况进行了取证核实，并查阅了投资协议、股东会决议、章程和有关会计记录等，以确定长期投资的真实性和完整性，并在此基础上依据不同的长期投资和被投资单位的情况，采取如下评估方法：本次评估的长期投资为 ZZ 公司持有的 HCN 股份有限公司及 MJD 公司股权。具体的评估方法：对 HCN 股份有限公司的股权根据 ZZ 公司与 HCN 股份有限公司签订的股权回购协议分析确定；对 MJD 公司采用收益法评估，假设 MJD 公司以后年度实现的利润全部用于股东分配，以 ZZ 公司所占股份确定应分的收益，将收益折现后确定其股权价值。

3. 负债

负债包括流动负债。流动负债包括其他应付款。

评估人员主要是依据企业财务会计制度，对其账面价值进行审查核实，并根据资产评估的有关规定，对照负债科目所形成的内容，以构成企业实质性负债的金额作为评估值。

对被评估单位 ZZ 公司中的各资产评估后，根据 ZZ 公司合伙协议（修正案）中关于合伙企业的利润分配方式：合伙企业经营期间，投资公司变现、分红、利息等收入不得用于再投资，并遵循下列原则和顺序项对有限合伙人和普通合伙人进行分配：投资收益的 20% 分配给普通合伙人，在普通合伙人之间按出资比例进行分配；剩余 80% 按合伙人在本合伙企业中的出资比例进行分配。ZZ 公司有两个普通合伙人，其中 CQT 公司为普通合伙人之一，与另一个普通合伙人的出资比例关系为 51%：49%。根据上述原则将 ZZ 公司的投资收益进行分配，计算得出 CQT 公司持有的 ZZ 公司股权价值。

（十）评估假设

（1）本评估报告的结论是在产权明确的情况下，以企业持续经营为前提条件；

（2）公司所在地及中国的社会经济环境不产生大的变更，所遵循的国家现行法律、法规、制度及社会政治和经济政策与现时无重大变化；

（3）假设公司的经营者是负责的，且公司管理层有能力担当其职务；

（4）除非另有说明，假设公司完全遵守所有有关的法律和法规；

（5）假设公司提供的历年财务资料所采取的会计政策和编写此份报告时所采用的会计政策在重要方面基本一致；

（6）有关信贷利率、汇率、赋税基准及税率，政策性征收费用等不发生重大变化；

（7）无其他人力不可抗拒因素及不可预见因素对企业造成重大不利影响；

（8）假设 MJD 有限公司以后年度实现的利润全部用于股东分配。评估人员根据资产评估的要求，认定这些前提条件在评估基准日时成立，当未来经济环境发生较大变化时，评估人员将不承担由于前提条件改变而推导出不同评估结果的责任。

本评估结论是以上述评估假设为前提得出的，在上述评估假设变化时，本评估结论无效。

（十一）评估结论

根据成本法评估结果，ZZ 公司在评估基准日 2014 年 9 月 30 日净资产价值为 13，333.28 万元。CQT 公司对 ZZ 公司的股权在评估基准日 2014 年 9 月 30 日的评估值为 1,312.24 万元。

对 CQT 公司持有 ZZ 公司股权价值计算如下：

根据 ZZ 公司合伙协议（修正案）中关于合伙企业的利润分配方式：合伙企业经营期间，投资公司变现、分红、利息等收入不得用于再投资。并遵循下列原则和顺序项对有限合伙人和普通合伙人进行分配：投资收益的 20% 分配给普通合伙人，在普通合伙人之间按出资比例进行分配；剩余 80% 按合伙人在本合伙企业中的出资比例进行分配。ZZ 公司有两个普通合伙人，其中 CQT 公司为普通合伙人之一，与另一个普通合伙人的出资比例关系为 51%：49%。

故 CQT 公司持有 ZZ 公司股权价值为：

$$9,245.73 \times 20\% \times 51\% + 9,245.73 \times 80\% \times 1.7\% + (4,080.3582 - 2,316.25) \times 20\% \times 51\% + (4,080.3582 - 2,316.25) \times 80\% \times 1.7\% + 2,316.25 \times 1.7\% + (7.75 - 0.5516) \times 1.7\% = 1,312.24（万元）$$

（十二）长期投资评估技术说明

1. 概况

长期股权投资的账面值为 43,162,500.00 元，为持有 HCN 股份有限公司、MJD 公司股权，具体情况如表 1 所示：

表 1　概况

单位：元

序号	被投资单位名称	投资日期	持股股数	投资比例	账面价值
1	HCN 股份有限公司	2011 年 7 月	843.507 万股	—	23,162,500.00
2	MJD 公司	2011 年 3 月	—	14.45%	20,000,000.00
合计	—	—	—	—	43,162,500.00

被投资单位基本情况（略）。

2. 评估过程

（1）对 HCN 股份有限公司。根据 CQT 公司与自然人（实际控制人）、ECT 公司签署的关于 HCN 股份有限公司投资及增资协议之《框架协议》中约定由自然人（实际控制人）、ECT 公司在 2015 年 6 月 30 日以每股 4.6 元价格回购 CQT 公司持有的 176.087 万股普通股；在 2015 年 12 月 31 日以每股 4.9 元的价格收购剩余的 667.42 万股普通股。

本次评估按照协议规定的价格，确定 CQT 公司对 HCN 股份有限公司长期投资的价值。本次评估未考虑时间价值对评估值的影响。经计算 CQT 公司对 HCN 股份有限公司的股权的价值为 4,080.3582 万元。

（2）对 MJD 公司。MJD 公司前三年及一期的经营成果如表 2 所示。

表 2 经营成果

单位：万元，%

项目	2011 年	2012 年	2013 年	2014 年 1~9 月
净利润	705.42	1,198.14	1,852.8	3,001.37
增长率	—	70	55	—

MJD 公司经营情况良好，且主要从事餐饮服务，其资产主要是机器设备等，属于轻资产的单位，若采用成本法评估，不能完全体现其股东权益价值。本次评估采用收益法进行评估。

因本次评估 CQT 公司持有 MJD 公司 14.45% 的股权，MJD 公司未提供其以后年度的预测，本次评估根据以前年度的经营情况、净利润的增长率预测 MJD 公司以后年度的净利润情况，并假设其净利润全部用于分配，从而计算 CQT 公司应分得的收益，确定其长期股权的价值。

1）净利润的确定。MJD 公司主要经营各企事业单位及学校的食堂等餐饮服务，自成立以来，效益逐年上升，近年的增幅平均在 60% 以上，根据 MJD 公司以前年度净利润的增长率，考虑目前的经济状况，本次预测其以后年度的净利润按照 20% 增长率增长，具体情况如表 3 所示。

2）股东权益资金成本（CAPM）的确定。按照收益额与折现率口径一致的原则，本次评估收益额口径为净利润，则折现率 r 选取股东权益资本成本（CAPM），即股东的权益报酬率。计算公式为：

表 3　增长情况

单位：万元，%

项目	2014 年 10~12 月	2015 年	2016 年	2017 年	2018 年	2019 年	永续
净利润	750.34	4,502.06	5,402.47	6,482.96	7,779.55	9,335.46	9,335.46
增长率	—	—	20	20	20	20	—

$$Ke = Rf + \beta \times Rpm + A$$

式中，Rf 为无风险报酬率；β 为行业风险系数；Rpm 为市场风险溢价；A 为个别风险调整。

第一，无风险报酬率（Rf）。国债收益率通常被认为是无风险的，因为持有该债权到期不能兑付的风险很小。所以我们选择当前中、长期国债利率作为无风险收益率。

具体选取的数据为自评估基准日起距到期时间为 5 年以上的国债的到期收益率（复利）。经查询同花顺 iFinD，距到期日为 5 年以上的国债的到期收益率（复利）如表 4 所示。

表 4　收益率

证券代码	证券名称	起息日期	到期日期	票面利率（发行时）	收盘价（元）	剩余期限（年）	到期收益率（%）
010011.IB	01 国债 11	2001 年 10 月 23 日	2021 年 10 月 23 日	3.8500	103.9642	7.0685	3.5129
020005.IB	02 国债 05	2002 年 5 月 24 日	2032 年 5 月 24 日	2.9000	86.3423	17.6603	4.1152
050004.IB	05 国债 04	2005年5月15日	2025 年 5 月 15 日	4.1100	97.4402	10.6301	4.6547
050012.IB	05 国债 12	2005年11月15日	2020年11月15日	3.6500	98.4005	6.1315	4.2483
060009.IB	06 国债 09	2006年6月26日	2026年6月26日	3.7000	96.1136	11.7452	4.2734
060019.IB	06 国债 19	2006年11月15日	2021年11月15日	3.2700	96.7339	7.1315	4.0404
0700002.IB	07 特别国债 02	2007年9月18日	2022年9月18日	4.6800	102.9419	7.9726	4.3089
0700004.IB	07 特别国债 04	2007年9月29日	2022年9月29日	4.5500	102.3233	8.0027	4.2509
0700006.IB	07 特别国债 06	2007年11月19日	2022年11月19日	4.6900	104.6823	8.1425	4.2982
070006.IB	07 国债 06	2007年5月17日	2037年5月17日	4.2700	103.0319	22.6438	4.2133
070013.IB	07 国债 13	2007年8月16日	2027年8月16日	4.5200	103.6523	12.8849	4.2496
080002.IB	08 国债 02	2008年2月28日	2023年2月28日	4.1600	101.2197	8.4192	4.0806
080006.IB	08 国债 06	2008年5月8日	2038年5月8日	4.5000	106.7481	23.6192	4.2100
080013.IB	08 国债 13	2008年8月11日	2028年8月11日	4.9400	112.4110	13.8740	3.8765
080020.IB	08 国债 20	2008年10月23日	2038年10月23日	3.9100	85.5858	24.0795	5.1426

续表

证券代码	证券名称	起息日期	到期日期	票面利率（发行时）	收盘价（元）	剩余期限（年）	到期收益率（%）
080023.IB	08 国债 23	2008年11月27日	2023年11月27日	3.6200	94.4502	9.1644	4.5850
090002.IB	09 国债 02	2009年2月19日	2029年2月19日	3.8600	90.1279	14.4000	4.9239
090005.IB	09 附息国债 05	2009年4月9日	2039年4月9日	4.0200	99.4080	24.5397	4.2279
090011.IB	09 附息国债 11	2009年6月11日	2024年6月11日	3.6900	96.4943	9.7041	4.3228
090020.IB	09 附息国债 20	2009年8月27日	2029年8月27日	4.0000	95.2527	14.9178	4.5237
090025.IB	09 附息国债 25	2009年10月15日	2039年10月15日	4.1800	102.5727	25.0575	4.1805
090027.IB	09 附息国债 27	2009年11月5日	2019年11月5日	3.6800	105.3824	5.1014	2.8719
090030.IB	09 附息国债 30	2009年11月30日	2059年11月30日	4.3000	101.4372	45.1973	4.3459
100002.IB	10 附息国债 02	2010年2月4日	2020年2月4日	3.4300	98.0836	5.3507	3.9804
100003.IB	10 附息国债 03	2010年3月1日	2040年3月1日	4.0800	98.2324	25.4356	4.2593
100007.IB	10 附息国债 07	2010年3月25日	2020年3月25日	3.3600	93.9595	5.4877	4.6825
100009.IB	10 附息国债 09	2010年4月15日	2030年4月15日	3.9600	91.7343	15.5507	4.9538
100012.IB	10 附息国债 12	2010年5月13日	2020年5月13日	3.2500	96.2167	5.6219	4.3087
100014.IB	10 附息国债 14	2010年5月24日	2060年5月24日	4.0300	96.3232	45.6795	4.3305
100018.IB	10 附息国债 18	2010年6月21日	2040年6月21日	4.0300	90.7087	25.7425	4.7892
100019.IB	10 附息国债 19	2010年6月24日	2020年6月24日	3.4100	96.6302	5.7370	4.3044
100023.IB	10 附息国债 23	2010年7月29日	2040年7月29日	3.9600	98.5480	25.8466	4.1360
100024.IB	10 附息国债 24	2010年8月5日	2020年8月5日	3.2800	100.0496	5.8521	3.3931
100026.IB	10 附息国债 26	2010年8月16日	2040年8月16日	3.9600	90.7853	25.8959	4.6580
100029.IB	10 附息国债 29	2010年9月2日	2030年9月2日	3.8200	100.1955	15.9342	3.8648
100031.IB	10 附息国债 31	2010年9月16日	2020年9月16日	3.2900	94.7251	5.9671	4.3744
100034.IB	10 附息国债 34	2010年10月28日	2020年10月28日	3.6700	101.5269	6.0822	3.7085
100037.IB	10 附息国债 37	2010年11月18日	2060年11月18日	4.4000	103.2309	46.1671	4.3652
100040.IB	10 附息国债 40	2010年12月9日	2040年12月9日	4.2300	101.6259	26.2110	4.2537
100041.IB	10 附息国债 41	2010年12月16日	2020年12月16日	3.7700	97.4430	6.2164	4.4975
110002.IB	11 附息国债 02	2011年1月20日	2021年1月20日	3.9400	100.5929	6.3123	4.0108
110005.IB	11 附息国债 05	2011年2月24日	2041年2月24日	4.3100	93.6919	26.4219	4.8177
110008.IB	11 附息国债 08	2011年3月17日	2021年3月17日	3.8300	99.9375	6.4658	3.9023
110010.IB	11 附息国债 10	2011年4月28日	2031年4月28日	4.1500	99.6147	16.5863	4.3792
110012.IB	11 附息国债 12	2011年5月26日	2061年5月26日	4.4800	94.7249	46.6849	4.9089
110015.IB	11 附息国债 15	2011年6月16日	2021年6月16日	3.9900	101.3601	6.7151	3.9932

证券代码	证券名称	起息日期	到期日期	票面利率（发行时）	收盘价（元）	剩余期限（年）	到期收益率（％）
110016.IB	11 附息国债 16	2011年6月23日	2041年6月23日	4.5000	93.1550	26.7479	5.1164
110019.IB	11 附息国债 19	2011年8月18日	2021年8月18日	3.9300	99.9113	6.8877	4.0619
110023.IB	11 附息国债 23	2011年11月10日	2061年11月10日	4.3300	92.0747	47.1452	4.9090
110024.IB	11 附息国债 24	2011年11月17日	2021年11月17日	3.5700	97.3225	7.1370	4.2690
120004.IB	12 附息国债 04	2012年2月23日	2022年2月23日	3.5100	97.5569	7.4055	3.9897
120006.IB	12 附息国债 06	2012年4月23日	2032年4月23日	4.0300	94.7617	17.5753	4.6691
120008.IB	12 附息国债 08	2012年5月17日	2062年5月17日	4.2500	90.4536	47.6603	4.9090
120009.IB	12 附息国债 09	2012年5月24日	2022年5月24日	3.3600	97.3057	7.6521	3.9900
120012.IB	12 附息国债 12	2012年6月28日	2042年6月28日	4.0700	90.0195	27.7616	4.8496
120013.IB	12 附息国债 13	2012年8月2日	2042年8月2日	4.1200	99.1476	27.8575	4.2569
120015.IB	12 附息国债 15	2012年8月23日	2022年8月23日	3.3900	94.7944	7.9014	4.2689
120018.IB	12 附息国债 18	2012年9月27日	2032年9月27日	4.1000	91.9799	18.0055	4.8289
120020.IB	12 附息国债 20	2012年11月15日	2062年11月15日	4.3500	102.6500	48.1589	4.3457
120021.IB	12 附息国债 21	2012年12月13日	2022年12月13日	3.5500	97.8982	8.2082	4.0452
130003.IB	13 附息国债 03	2013年1月24日	2020年1月24日	3.4200	99.2394	5.3205	4.0757
130005.IB	13 附息国债 05	2013年2月21日	2023年2月21日	3.5200	95.4608	8.4000	4.2668
130008.IB	13 附息国债 08	2013年4月18日	2020年4月18日	3.2900	97.1210	5.5534	4.1848
130009.IB	13 附息国债 09	2013年4月22日	2033年4月22日	3.9900	101.6857	18.5726	4.0351
130010.IB	13 附息国债 10	2013年5月20日	2063年5月20日	4.2400	101.4324	48.6685	4.2897
130011.IB	13 附息国债 11	2013年5月23日	2023年5月23日	3.3800	95.9902	8.6493	4.1424
130015.IB	13 附息国债 15	2013年7月11日	2020年7月11日	3.4600	97.6545	5.7836	4.0752
130016.IB	13 附息国债 16	2013年8月12日	2033年8月12日	4.3200	100.6252	18.8795	4.3623
130018.IB	13 附息国债 18	2013年8月22日	2023年8月22日	4.0800	101.0228	8.8986	4.0400
130019.IB	13 附息国债 19	2013年9月16日	2043年9月16日	4.7600	102.8241	28.9808	4.6469
130020.IB	13 附息国债 20	2013年10月17日	2020年10月17日	4.0700	103.8552	6.0521	4.0744
130024.IB	13 附息国债 24	2013年11月18日	2063年11月18日	5.3100	114.0429	49.1671	4.7335
130025.IB	13 附息国债 25	2013年12月9日	2043年12月9日	5.0500	105.9430	29.2110	4.8267
140003.IB	14 附息国债 03	2014年1月16日	2021年1月16日	4.4400	105.8317	6.3014	3.9417
140005.IB	14 附息国债 05	2014年3月20日	2024年3月20日	4.4200	103.7250	9.4767	3.9992
140006.IB	14 附息国债 06	2014年4月3日	2021年4月3日	4.3300	104.4297	6.5123	3.9200
140009.IB	14 附息国债 09	2014 年 4 月 28 日	2034年4月28日	4.7700	101.8628	19.5890	4.8394

续表

证券 代码	证券 名称	起息 日期	到期 日期	票面 利率 (发行时)	收盘价 (元)	剩余 期限 (年)	到期 收益率 (%)
140010.IB	14 附息国债 10	2014 年 5 月 26 日	2064 年 5 月 26 日	4.6700	101.4629	49.6877	4.7321
140012.IB	14 附息国债 12	2014 年 6 月 19 日	2024 年 6 月 19 日	4.0000	101.1210	9.7260	4.0400
140013.IB	14 附息国债 13	2014 年 7 月 3 日	2021 年 7 月 3 日	4.0200	101.3213	6.7616	3.9590
140016.IB	14 附息国债 16	2014 年 7 月 24 日	2044 年 7 月 24 日	4.7600	100.8768	29.8356	4.8164
010107.SH	21 国债（7）	2001 年 7 月 31 日	2021 年 7 月 31 日	4.2600	102.5236	6.8384	3.9922
010303.SH	03 国债（3）	2003 年 4 月 17 日	2023 年 4 月 17 日	3.4000	97.0856	8.5507	4.0615
010504.SH	05 国债（4）	2005 年 5 月 15 日	2025 年 5 月 15 日	4.1100	101.0952	10.6301	4.2052
010512.SH	05 国债（12）	2005 年 11 月 15 日	2020 年 11 月 15 日	3.6500	99.0900	6.1315	4.1150
010609.SH	06 国债（9）	2006 年 6 月 26 日	2026 年 6 月 26 日	3.7000	100.9833	11.7452	3.7324
010619.SH	06 国债（19）	2006 年 11 月 15 日	2021 年 11 月 15 日	3.2700	96.7353	7.1315	4.0401
010706.SH	07 国债 06	2007 年 5 月 17 日	2037 年 5 月 17 日	4.2700	101.6027	22.6438	4.3135
010713.SH	07 国债 13	2007 年 8 月 16 日	2027 年 8 月 16 日	4.5200	100.5696	12.8849	4.5688
019002.SH	10 国债 02	2010 年 2 月 4 日	2020 年 2 月 4 日	3.4300	102.7850	5.3507	2.9924
019003.SH	10 国债 03	2010 年 3 月 1 日	2040 年 3 月 1 日	4.0800	100.3353	25.4356	4.1209
019007.SH	10 国债 07	2010 年 3 月 25 日	2020 年 3 月 25 日	3.3600	101.6452	5.4877	3.0644
019009.SH	10 国债 09	2010 年 4 月 15 日	2030 年 4 月 15 日	3.9600	100.6335	15.5507	4.1047
019012.SH	10 国债 12	2010 年 5 月 13 日	2020 年 5 月 13 日	3.2500	96.2555	5.6219	4.3006
019014.SH	10 国债 14	2010 年 5 月 24 日	2060 年 5 月 24 日	4.0300	101.4353	45.6795	4.0693
019018.SH	10 国债 18	2010 年 6 月 21 日	2040 年 6 月 21 日	4.0300	101.1262	25.7425	4.0694
019019.SH	10 国债 19	2010 年 6 月 24 日	2020 年 6 月 24 日	3.4100	100.9249	5.7370	3.4360
019023.SH	10 国债 23	2010 年 7 月 29 日	2040 年 7 月 29 日	3.9600	100.2444	25.8466	4.0265
019024.SH	10 国债 24	2010 年 8 月 5 日	2020 年 8 月 5 日	3.2800	100.5122	5.8521	3.3038
019026.SH	10 国债 26	2010 年 8 月 16 日	2040 年 8 月 16 日	3.9600	100.4991	25.8959	3.9981
019029.SH	10 国债 29	2010 年 9 月 2 日	2030 年 9 月 2 日	3.8200	99.9135	15.9342	3.8892
019031.SH	10 国债 31	2010 年 9 月 16 日	2020 年 9 月 16 日	3.2900	99.0152	5.9671	3.5287
019034.SH	10 国债 34	2010 年 10 月 28 日	2020 年 10 月 28 日	3.6700	101.5685	6.0822	3.7005
019037.SH	10 国债 37	2010 年 11 月 18 日	2060 年 11 月 18 日	4.4000	101.6395	46.1671	4.4469
019040.SH	10 国债 40	2010 年 12 月 9 日	2040 年 12 月 9 日	4.2300	101.3212	26.2110	4.2734
019041.SH	10 国债 41	2010 年 12 月 16 日	2020 年 12 月 16 日	3.7700	101.1052	6.2164	3.8023
019102.SH	11 国债 02	2011 年 1 月 20 日	2021 年 1 月 20 日	3.9400	100.7880	6.3123	3.9748

续表

证券代码	证券名称	起息日期	到期日期	票面利率（发行时）	收盘价（元）	剩余期限（年）	到期收益率（%）
019105.SH	11 国债 05	2011 年 2 月 24 日	2041 年 2 月 24 日	4.3100	100.4487	26.4219	4.3552
019108.SH	11 国债 08	2011 年 3 月 17 日	2021 年 3 月 17 日	3.8300	100.1469	6.4658	3.8647
019110.SH	11 国债 10	2011 年 4 月 28 日	2031 年 4 月 28 日	4.1500	101.7737	16.5863	4.1914
019112.SH	11 国债 12	2011 年 5 月 26 日	2061 年 5 月 26 日	4.4800	101.5711	46.6849	4.5285
019115.SH	11 国债 15	2011 年 6 月 16 日	2021 年 6 月 16 日	3.9900	101.1697	6.7151	4.0265
019116.SH	11 国债 16	2011 年 6 月 23 日	2041 年 6 月 23 日	4.5000	108.0329	26.7479	4.1202
019119.SH	11 国债 19	2011 年 8 月 18 日	2021 年 8 月 18 日	3.9300	98.1738	6.8877	4.3633
019123.SH	11 国债 23	2011 年 11 月 10 日	2061 年 11 月 10 日	4.3300	101.7083	47.1452	4.3753
019124.SH	11 国债 24	2011 年 11 月 17 日	2021 年 11 月 17 日	3.5700	101.3400	7.1370	3.5980
019204.SH	12 国债 04	2012 年 2 月 23 日	2022 年 2 月 23 日	3.5100	100.3750	7.4055	3.5385
019206.SH	12 国债 06	2012 年 4 月 23 日	2032 年 4 月 23 日	4.0300	101.7776	17.5753	4.0692
019208.SH	12 国债 08	2012 年 5 月 17 日	2062 年 5 月 17 日	4.2500	101.5952	47.6603	4.2937
019209.SH	12 国债 09	2012 年 5 月 24 日	2022 年 5 月 24 日	3.3600	104.1967	7.6521	2.9378
019212.SH	12 国债 12	2012 年 6 月 28 日	2042 年 6 月 28 日	4.0700	90.0493	27.7616	4.8475
019213.SH	12 国债 13	2012 年 8 月 2 日	2042 年 8 月 2 日	4.1200	100.6773	27.8575	4.1611
019215.SH	12 国债 15	2012 年 8 月 23 日	2022 年 8 月 23 日	3.3900	103.3622	7.9014	2.9811
019218.SH	12 国债 18	2012 年 9 月 27 日	2032 年 9 月 27 日	4.1000	99.3049	18.0055	4.2011
019220.SH	12 国债 20	2012 年 11 月 15 日	2062 年 11 月 15 日	4.3500	101.6566	48.1589	4.3958
019221.SH	12 国债 21	2012 年 12 月 13 日	2022 年 12 月 13 日	3.5500	101.0699	8.2082	3.5792
019303.SH	13 国债 03	2013 年 1 月 24 日	2020 年 1 月 24 日	3.4200	98.2225	5.3205	4.2978
019305.SH	13 国债 05	2013 年 2 月 21 日	2023 年 2 月 21 日	3.5200	100.3954	8.4000	3.5488
019308.SH	13 国债 08	2013 年 4 月 18 日	2020 年 4 月 18 日	3.2900	97.0963	5.5534	4.1900
019309.SH	13 国债 09	2013 年 4 月 22 日	2033 年 4 月 22 日	3.9900	101.7709	18.5726	4.0284
019310.SH	13 国债 10	2013 年 5 月 20 日	2063 年 5 月 20 日	4.2400	101.5566	48.6685	4.2835
019311.SH	13 国债 11	2013 年 5 月 23 日	2023 年 5 月 23 日	3.3800	96.7031	8.6493	4.0390
019315.SH	13 国债 15	2013 年 7 月 11 日	2020 年 7 月 11 日	3.4600	95.8073	5.7836	4.4499
019316.SH	13 国债 16	2013 年 8 月 12 日	2033 年 8 月 12 日	4.3200	100.5918	18.8795	4.3650
019318.SH	13 国债 18	2013 年 8 月 22 日	2023 年 8 月 22 日	4.0800	100.8071	8.8986	4.0696
019319.SH	13 国债 19	2013 年 9 月 16 日	2043 年 9 月 16 日	4.7600	104.5956	28.9808	4.5366
019320.SH	13 国债 20	2013 年 10 月 17 日	2020 年 10 月 17 日	4.0700	104.5116	6.0521	3.9500

续表

证券代码	证券名称	起息日期	到期日期	票面利率（发行时）	收盘价（元）	剩余期限（年）	到期收益率（%）
019324.SH	13 国债 24	2013 年 11 月 18 日	2063 年 11 月 18 日	5.3100	101.9785	49.1671	5.3783
019325.SH	13 国债 25	2013 年 12 月 9 日	2043 年 12 月 9 日	5.0500	103.5773	29.2110	4.9791
019403.SH	14 国债 03	2014 年 1 月 16 日	2021 年 1 月 16 日	4.4400	105.1384	6.3014	4.0679
019405.SH	14 国债 05	2014 年 3 月 20 日	2024 年 3 月 20 日	4.4200	100.1332	9.4767	4.4672
019406.SH	14 国债 06	2014 年 4 月 3 日	2021 年 4 月 3 日	4.3300	103.6472	6.5123	4.0571
019409.SH	14 国债 09	2014 年 4 月 28 日	2034 年 4 月 28 日	4.7700	102.0387	19.5890	4.8250
019410.SH	14 国债 10	2014 年 5 月 26 日	2064 年 5 月 26 日	4.6700	101.6377	49.6877	4.7228
019412.SH	14 国债 12	2014 年 6 月 19 日	2024 年 6 月 19 日	4.0000	101.1297	9.7260	4.0389
019413.SH	14 国债 13	2014 年 7 月 3 日	2021 年 7 月 3 日	4.0200	101.2912	6.7616	3.9642
019416.SH	14 国债 16	2014 年 7 月 24 日	2044 年 7 月 24 日	4.7600	100.8998	29.8356	4.8149
019802.SH	08 国债 02	2008 年 2 月 28 日	2023 年 2 月 28 日	4.1600	100.3875	8.4192	4.2007
019806.SH	08 国债 06	2008 年 5 月 8 日	2038 年 5 月 8 日	4.5000	101.8000	23.6192	4.5484
019813.SH	08 国债 13	2008 年 8 月 11 日	2028 年 8 月 11 日	4.9400	100.6902	13.8740	4.9984
019820.SH	08 国债 20	2008 年 10 月 23 日	2038 年 10 月 23 日	3.9100	101.7247	24.0795	3.9471
019823.SH	08 国债 23	2008 年 11 月 27 日	2023 年 11 月 27 日	3.6200	101.2596	9.1644	3.6496
019902.SH	09 国债 02	2009 年 2 月 19 日	2029 年 2 月 19 日	3.8600	100.4547	14.4000	3.8956
019905.SH	09 国债 05	2009 年 4 月 9 日	2039 年 4 月 9 日	4.0200	101.9274	24.5397	4.0593
019911.SH	09 国债 11	2009 年 6 月 11 日	2024 年 6 月 11 日	3.6900	101.1323	9.7041	3.7219
019920.SH	09 国债 20	2009 年 8 月 27 日	2029 年 8 月 27 日	4.0000	100.3836	14.9178	4.0385
019925.SH	09 国债 25	2009 年 10 月 15 日	2039 年 10 月 15 日	4.1800	96.9454	25.0575	4.5643
019927.SH	09 国债 27	2009 年 11 月 5 日	2019 年 11 月 5 日	3.6800	101.5022	5.1014	3.7084
019930.SH	09 国债 30	2009 年 11 月 30 日	2059 年 11 月 30 日	4.3000	101.4608	45.1973	4.3448
100303.SZ	国债 0303	2003 年 4 月 17 日	2023 年 4 月 17 日	3.4000	96.8526	8.5507	4.0956
100504.SZ	国债 0504	2005 年 5 月 15 日	2025 年 5 月 15 日	4.1100	101.5652	10.6301	4.1489
100512.SZ	国债 0512	2005 年 11 月 15 日	2020 年 11 月 15 日	3.6500	101.3900	6.1315	3.6787
100609.SZ	国债 0609	2006 年 6 月 26 日	2026 年 6 月 26 日	3.7000	100.9833	11.7452	3.7324
100619.SZ	国债 0619	2006 年 11 月 15 日	2021 年 11 月 15 日	3.2700	101.2453	7.1315	3.2933
100706.SZ	国债 0706	2007 年 5 月 17 日	2037 年 5 月 17 日	4.2700	101.6027	22.6438	4.3135
100713.SZ	国债 0713	2007 年 8 月 16 日	2027 年 8 月 16 日	4.5200	100.5696	12.8849	4.5688
100802.SZ	国债 0802	2008 年 2 月 28 日	2023 年 2 月 28 日	4.1600	100.3875	8.4192	4.2007

续表

证券代码	证券名称	起息日期	到期日期	票面利率（发行时）	收盘价（元）	剩余期限（年）	到期收益率（%）
100806.SZ	国债 0806	2008年5月8日	2038年5月8日	4.5000	101.8000	23.6192	4.5484
100813.SZ	国债 0813	2008年8月11日	2028年8月11日	4.9400	100.6902	13.8740	4.9984
100820.SZ	国债 0820	2008年10月23日	2038年10月23日	3.9100	101.7247	24.0795	3.9471
100823.SZ	国债 0823	2008年11月27日	2023年11月27日	3.6200	101.2596	9.1644	3.6496
100902.SZ	国债 0902	2009年2月19日	2029年2月19日	3.8600	100.4547	14.4000	3.8956
100905.SZ	国债 0905	2009年4月9日	2039年4月9日	4.0200	101.9274	24.5397	4.0593
100911.SZ	国债 0911	2009年6月11日	2024年6月11日	3.6900	101.1323	9.7041	3.7219
100920.SZ	国债 0920	2009年8月27日	2029年8月27日	4.0000	100.3836	14.9178	4.0385
100925.SZ	国债 0925	2009 年 10 月15日	2039年10月15日	4.1800	101.9354	25.0575	4.2225
100927.SZ	国债 0927	2009年11月5日	2019年11月5日	3.6800	101.5022	5.1014	3.7084
100930.SZ	国债 0930	2009年11月30日	2059年11月30日	4.3000	101.4608	45.1973	4.3448
101002.SZ	国债 1002	2010年2月4日	2020年2月4日	3.4300	101.9350	5.3507	3.1668
101003.SZ	国债 1003	2010年3月1日	2040年3月1日	4.0800	100.3353	25.4356	4.1209
101007.SZ	国债 1007	2010年3月25日	2020年3月25日	3.3600	100.6352	5.4877	3.2682
101009.SZ	国债 1009	2010年4月15日	2030年4月15日	3.9600	101.8335	15.5507	3.9977
101012.SZ	国债 1012	2010年5月13日	2020年5月13日	3.2500	101.2555	5.6219	3.2721
101014.SZ	国债 1014	2010年5月24日	2060年5月24日	4.0300	101.4353	45.6795	4.0693
101018.SZ	国债 1018	2010年6月21日	2040年6月21日	4.0300	101.1262	25.7425	4.0694
101019.SZ	国债 1019	2010年6月24日	2020年6月24日	3.4100	100.9249	5.7370	3.4360
101023.SZ	国债 1023	2010年7月29日	2040年7月29日	3.9600	100.6944	25.8466	3.9979
101024.SZ	国债 1024	2010年8月5日	2020年8月5日	3.2800	100.5122	5.8521	3.3038
101026.SZ	国债 1026	2010年8月16日	2040年8月16日	3.9600	100.4991	25.8959	3.9981
101029.SZ	国债 1029	2010年9月2日	2030年9月2日	3.8200	100.3035	15.9342	3.8556
101031.SZ	国债 1031	2010年9月16日	2020年9月16日	3.2900	100.1352	5.9671	3.3153
101034.SZ	国债 1034	2010年10月28日	2020年10月28日	3.6700	101.5685	6.0822	3.7005
101037.SZ	国债 1037	2010年11月18日	2060年11月18日	4.4000	101.6395	46.1671	4.4469
101040.SZ	国债 1040	2010年12月9日	2040年12月9日	4.2300	101.3212	26.2110	4.2734
101041.SZ	国债 1041	2010年12月16日	2020年12月16日	3.7700	101.1052	6.2164	3.8023
101102.SZ	国债 1102	2011年1月20日	2021年1月20日	3.9400	100.7880	6.3123	3.9748
101105.SZ	国债 1105	2011年2月24日	2041年2月24日	4.3100	100.4487	26.4219	4.3552

续表

证券代码	证券名称	起息日期	到期日期	票面利率（发行时）	收盘价（元）	剩余期限（年）	到期收益率（%）
101108.SZ	国债 1108	2011 年 3 月 17 日	2021 年 3 月 17 日	3.8300	100.1469	6.4658	3.8647
101110.SZ	国债 1110	2011 年 4 月 28 日	2031 年 4 月 28 日	4.1500	101.7737	16.5863	4.1914
101112.SZ	国债 1112	2011 年 5 月 26 日	2061 年 5 月 26 日	4.4800	101.5711	46.6849	4.5285
101115.SZ	国债 1115	2011 年 6 月 16 日	2021 年 6 月 16 日	3.9900	101.1697	6.7151	4.0265
101116.SZ	国债 1116	2011 年 6 月 23 日	2041 年 6 月 23 日	4.5000	101.2329	26.7479	4.5492
101119.SZ	国债 1119	2011 年 8 月 18 日	2021 年 8 月 18 日	3.9300	100.4738	6.8877	3.9656
101123.SZ	国债 1123	2011 年 11 月 10 日	2061 年 11 月 10 日	4.3300	101.7083	47.1452	4.3753
101124.SZ	国债 1124	2011 年 11 月 17 日	2021 年 11 月 17 日	3.5700	101.3400	7.1370	3.5980
101204.SZ	国债 1204	2012 年 2 月 23 日	2022 年 2 月 23 日	3.5100	100.3750	7.4055	3.5385
101206.SZ	国债 1206	2012 年 4 月 23 日	2032 年 4 月 23 日	4.0300	101.7776	17.5753	4.0692
101208.SZ	国债 1208	2012 年 5 月 17 日	2062 年 5 月 17 日	4.2500	101.5952	47.6603	4.2937
101209.SZ	国债 1209	2012 年 5 月 24 日	2022 年 5 月 24 日	3.3600	101.1967	7.6521	3.3849
101212.SZ	国债 1212	2012 年 6 月 28 日	2042 年 6 月 28 日	4.0700	101.0593	27.7616	4.1102
101213.SZ	国债 1213	2012 年 8 月 2 日	2042 年 8 月 2 日	4.1200	100.6773	27.8575	4.1611
101215.SZ	国债 1215	2012 年 8 月 23 日	2022 年 8 月 23 日	3.3900	94.3492	7.9014	4.3397
101218.SZ	国债 1218	2012 年 9 月 27 日	2032 年 9 月 27 日	4.1000	100.0449	18.0055	4.1411
101220.SZ	国债 1220	2012 年 11 月 15 日	2062 年 11 月 15 日	4.3500	101.6566	48.1589	4.3958
101221.SZ	国债 1221	2012 年 12 月 13 日	2022 年 12 月 13 日	3.5500	101.0699	8.2082	3.5792
101303.SZ	国债 1303	2013 年 1 月 24 日	2020 年 1 月 24 日	3.4200	99.3425	5.3205	4.0533
101305.SZ	国债 1305	2013 年 2 月 21 日	2023 年 2 月 21 日	3.5200	100.3954	8.4000	3.5488
101308.SZ	国债 1308	2013 年 4 月 18 日	2020 年 4 月 18 日	3.2900	97.0963	5.5534	4.1900
101309.SZ	国债 1309	2013 年 4 月 22 日	2033 年 4 月 22 日	3.9900	101.7709	18.5726	4.0284
101310.SZ	国债 1310	2013 年 5 月 20 日	2063 年 5 月 20 日	4.2400	101.5566	48.6685	4.2835
101311.SZ	国债 1311	2013 年 5 月 23 日	2023 年 5 月 23 日	3.3800	93.2131	8.6493	4.5547
101315.SZ	国债 1315	2013 年 7 月 11 日	2020 年 7 月 11 日	3.4600	97.2773	5.7836	4.1494
101316.SZ	国债 1316	2013 年 8 月 12 日	2033 年 8 月 12 日	4.3200	100.5918	18.8795	4.3650
101318.SZ	国债 1318	2013 年 8 月 22 日	2023 年 8 月 22 日	4.0800	100.4471	8.8986	4.1191
101319.SZ	国债 1319	2013 年 9 月 16 日	2043 年 9 月 16 日	4.7600	100.1956	28.9808	4.8157
101320.SZ	国债 1320	2013 年 10 月 17 日	2020 年 10 月 17 日	4.0700	102.9416	6.0521	4.2486
101324.SZ	国债 1324	2013 年 11 月 18 日	2063 年 11 月 18 日	5.3100	101.9785	49.1671	5.3783

续表

证券代码	证券名称	起息日期	到期日期	票面利率（发行时）	收盘价（元）	剩余期限（年）	到期收益率（%）
101325.SZ	国债 1325	2013 年 12 月 9 日	2043 年 12 月 9 日	5.0500	101.5773	29.2110	5.1120
101403.SZ	国债 1403	2014 年 1 月 16 日	2021 年 1 月 16 日	4.4400	104.8284	6.3014	4.1241
101405.SZ	国债 1405	2014 年 3 月 20 日	2024 年 3 月 20 日	4.4200	100.1332	9.4767	4.4672
101406.SZ	国债 1406	2014 年 4 月 3 日	2021 年 4 月 3 日	4.3300	102.1472	6.5123	4.3238
101409.SZ	国债 1409	2014 年 4 月 28 日	2034 年 4 月 28 日	4.7700	102.0387	19.5890	4.8250
101410.SZ	国债 1410	2014 年 5 月 26 日	2064 年 5 月 26 日	4.6700	101.6377	49.6877	4.7228
101412.SZ	国债 1412	2014 年 6 月 19 日	2024 年 6 月 19 日	4.0000	100.6397	9.7260	4.1016
101413.SZ	国债 1413	2014 年 7 月 3 日	2021 年 7 月 3 日	4.0200	100.9912	6.7616	4.0156
101416.SZ	国债 1416	2014 年 7 月 24 日	2044 年 7 月 24 日	4.7600	100.8998	29.8356	4.8149
101917.SZ	国债 917	2001 年 7 月 31 日	2021 年 7 月 31 日	4.2600	102.0236	6.8384	4.0774
	平均						4.1653

第二，市场风险溢价（Rpm）。根据 Wind 资讯查询，中国资本市场沪深 300 指数上市公司 2008 年（沪深 300 于 2005 年推出）至 2012 年 12 月 31 日加权净资产收益率的平均值约为 13.36%，即社会平均报酬率为 13.36%，扣除无风险报酬率后，市场风险溢价为 9.19%。

市场风险溢价：

Rpm = 13.36% – 4.1653% = 9.19%

第三，企业风险系数（β）。根据 Wind 资讯查询，选取交易日为 2014 年 9 月 30 日的最近 60 个月餐饮行业加权剔除财务杠杆调整后的 β 值为 0.6745。计算过程如表 5 所示。

表 5 计算过程

板块名称		餐饮业
证券数量		4
标的指数		沪深 300
计算周期		周
时间范围		
		2009/9/30
	至	2014/9/30

续表

板块名称	餐饮业
收益率计算方法	普通收益率
加权方式	算数平均
加权原始 Beta	0.9357
加权调整 Beta	0.9569
加权剔除财务杠杆原始 Beta	0.5141
加权剔除财务杠杆调整 Beta	0.6745

数据来源：同花顺。

第四，风险调整系数。被评估方经营规模一般，抵御风险能力较弱，确定个别风险取 2%。

第五，折现率。

Ke = Rf + β × Rpm + A

Ke = 4.1653% + 0.6745 × 9.19% + 2%

　　= 12.36%

根据上面的净利润及折现率计算出其长期投资的价值如表 6 所示。

表 6　计算结果

单位：万元，%

项目	2014 年 10~12 月	2015 年	2016 年	2017 年	2018 年	2019 年	永续
净利润	750.34	4,502.06	5,402.47	6,482.96	7,779.55	9,335.46	9,335.46
折现率	12.36	12.36	12.36	12.36	12.36	12.36	12.36
折现期	0.25	1.25	2.25	3.25	4.25	5.25	—
折现系数	0.9713	0.8644	0.7693	0.6847	0.6094	0.5424	—
折现值	728.80	3,891.76	4,156.38	4,439.00	4,740.83	5,063.19	40,964.32
合计	63,984.28						

因 CQT 公司持有 MJD 公司的股权为 14.45%，故其长投价值为 63,984.28 × 14.45% = 9,245.73（万元）。

3. 评估结果及分析

根据上述的估算后，长期投资的评估值为 4,080.3582 + 63,984.28 × 14.45% = 13,326.09（万元）。

被评估单位评估结果如表 7 所示。

表7　汇总

单位：元，%

序号	科目名称	账面价值	评估价值	增减值	增值率
1	一、流动资产合计	77,461.54	77,461.54	—	
2	货币资金	77,461.54	77,461.54	—	
13	二、非流动资产合计	43,162,500.00	133,260,882.00	90,098,382.00	208.74
17	长期股权投资	43,162,500.00	133,260,882.00	90,098,382.00	208.74
31	三、资产总计	43,239,961.54	133,338,343.54	90,098,382.00	208.37
32	四、流动负债合计	5,516.20	5,516.20	—	
42	其他应付款	5,516.20	5,516.20	—	
53	六、负债总计	5,516.20	5,516.20	—	
54	七、净资产	43,234,445.34	133,332,827.34	90,098,382.00	208.39

四、案例点评

本案例委托人拟确定所持有限合伙企业被评估单位的股权价值，评估报告中披露的评估值计算过程、计算公式存在依据不足、与准则规定不符等问题：

（1）对持有的 HCN 股份有限公司 843.507 万股股权的价值，采用《框架协议》约定的回购时间和回购价格确定评估值，第一次回购时间为 2015 年 6 月 30 日，距评估基准日 9 个月；第二次回购时间为 2015 年 12 月 31 日，距评估基准日 1.5 年。评估人员在评定此笔长期股权投资的评估值时，应借鉴应收账款的评估，收集回购方的回购能力、企业信用、有无重大诉讼纠纷等资料，以可回收金额评定估算，且应考虑回购风险、资金时间价值因素对评估值的影响。

（2）对持有的 MJD 公司 14.45% 股权采用收益法评估，未预测各项收益指标，直接预测净利润，预测净利润每年增长 20%，直到永续，未对 MJD 公司历史收益情况及同行业情况进行分析，未来年度利润增长率缺少支持依据。此外，对此笔长期股权投资评估值的确定以净利润为基数，采用 CAPM 折现率折现，乘以持股比例得出此笔长期股权投资的评估值，未考虑长期投资单位利润分配政策、基准日前累积利润对可分配利润的影响，折现率与预期收益口径不一致。

（3）被评估单位为有限合伙企业，委托方为被评估单位的普通合伙人，合伙期限为 2011 年 1 月 24 日至 2018 年 1 月 20 日。对于在营业执照中明确列示合伙期限的企业，评估人员应查阅合伙协议对于合伙期限的规定，在评估中予以适当考虑和披露，不能直接采用永续年期折现模型，不考虑合伙期限的影响。

（4）评估人员计算委托方持有的被评估单位股权价值，不是将被评估单位净资产评估值作为计算基数，而是以被评估单位各项资产为基数分别计算，且各项资产的计算方式不同，两个长期投资的权益计算方式也不同，未在报告中充分披露计算依据并进行合理性分析，让报告使用者无法正确理解计算的合理性。

五、总结与启示

评估师应加强对资产评估准则的学习与运用，机构应规范并严格执行内部质量控制制度；加强项目承接程序和风险管理，提高项目管理水平，对于非常规项目可以向协会专家组沟通，降低机构风险。

A 全民所有制企业拟改制为有限公司评估项目案例

一、案例要点

A 全民所有制企业拟改制为有限公司，评估人员采用资产基础法和收益法进行评估，评估结论选择资产基础法的评估结果。该案例主要存在以下问题：

（1）两种方法评估结论相差较大，资产基础法评估结果是否存在漏评，选择较低的资产基础法评估结果理由不充分。

（2）对无形资产评估为零或采用成本法评估不足以真实、准确反映该企业无形资产的合理价值。

（3）政府部门拨付的专项资金形成的专项应付款按账面值确认评估值缺少具体项目分析。

二、案例背景

A 全民所有制企业（被评估单位）系通信工程技术公司，1992 年成立，是 BJ 市认定的高新技术企业和双软认证企业。依据其上级单位的《党政联席会议纪要》，以 2014 年 12 月 31 日为评估基准日，对被评估单位的净资产市场价值进行评估，为其改制为有限公司提供价值参考。评估范围涉及的资产类型为流动资产、固定资产、无形资产、流动负债和非流动负债。报告提出日期为 2015 年 4 月 28 日。本案例采用了资产基础法和收益法进行评估。资产基础法评估结果为 4,332.19 万元，收益法评估结果为 10,007.90 万元，选取资产基础法评估结果作为评估结论。

三、案例内容

以下内容根据相关评估报告和工作底稿进行了编辑、处理。

(一) 委托方和业务约定书约定的其他评估报告使用者概况 (略)

(二) 评估目的

A 公司拟改制为有限公司，需确定 A 股东全部权益于评估基准日所表现的市场价值，为 A 提供价值参考依据。

(三) 评估对象和评估范围

评估对象为 A 公司的净资产价值。

评估范围为截至评估基准日 A 的全部资产和负债。

(四) 价值类型

市场价值。

(五) 评估基准日

2014 年 12 月 31 日。

(六) 评估方法

本次评估采用资产基础法和收益法进行评估，以资产基础法评估结果作为评估结论。

(七) 评估结论及分析

1. 资产基础法评估结论

于评估基准日 2014 年 12 月 31 日，采用资产基础法确定的 A 公司净资产价值为大写人民币：肆仟叁佰叁拾贰万壹仟玖佰元整 (RMB：4,332.19 万元)。

其中：资产总计账面值为 16,964.64 万元，评估值为 17,429.37 万元，增值额 464.73 万元，增值率 2.73%；负债总计账面值为 13,097.18 万元，评估无增减值；净资产账面值为 3,867.46 万元，评估值为 4,332.19 万元，增值额 464.73 万元，增值率 12.01%。评估结果见表 1。

2. 收益法评估结论

截至评估基准日 2014 年 12 月 31 日，在持续经营前提下，经收益法评估，A 公司净资产价值的评估结果为 10,007.90 万元。

3. 评估结果分析及最终评估结论

经过对资产基础法和收益法两种评估结果的比较，存在一定差异。收益法侧重企业未来的收益，是在评估假设前提的基础上做出的，而成本法侧重企业形成

表 1　资产评估结果汇总

评估基准日：2014 年 12 月 31 日

被评估单位：A 公司

单位：万元

项目		账面价值	评估价值	增减值	增值率
		A	B	C = B − A	D = C/A × 100%
流动资产	1	16,738.81	17,167.51	428.70	2.56
非流动资产	2	225.83	261.86	36.03	15.95
其中：可供出售金融资产	3				
持有至到期投资	4				
长期股权投资	5				
投资性房地产	6				
固定资产	7	219.35	258.58	39.23	17.88
无形资产	8	6.48	3.28	−3.20	−49.38
商誉	9				
长期待摊费用	10				
递延所得税资产	11				
资产总计	12	16,964.64	17,429.37	464.73	2.73
流动负债	13	11,421.89	11,421.89	0.00	0.00
非流动负债	14	1,675.29	1,675.29	0.00	0.00
负债总计	15	13,097.18	13,097.18	0.00	0.00
净资产	16	3,867.46	4,332.19	464.73	12.01

的历史和现实，因方法侧重点的本质不同，造成评估结论的差异性。

本次所采用的资产基础法没有仅仅局限在企业会计账面价值会计记录上，而是深入地调查了企业的各项资产和负债，并采用适当的评估方法对其进行了评估。因此，本次资产基础法的评估结果一定程度上全面反映了委托资产的市场价值。总体上看，本次资产基础法对该企业整体评估是全面的，并且突出了重点，没有重大遗漏。

从理论上讲，收益法对企业价值的评估是全面的，但本次收益法评估也存在其预测的可靠性问题。主要是被评估单位所处行业特点和企业的经营性质，盈利能力不是公平竞争意义上的市场盈利能力，所以我们对被评估单位的收益预测存在一定的局限性。

经综合分析，资产基础法评估值能更准确反映出被评估单位的企业价值，我们最终选择资产基础法评估值作为本次评估结果。

（八）流动资产的评估说明（略）

（九）固定资产的评估说明（略）

（十）无形资产的评估说明

1. 评估范围

其他无形资产包括外购的财务软件、自行研发的计算机软件著作权、实用新型专利等各种类型的无形资产，原始入账价值 69,980.00 元，A 公司按照平均年限法进行摊销，截至评估基准日账面摊余价值为 64,840.69 元。资产评估公司评估人员对评估范围内的无形资产进行了全面核查，以正确反映上述权利于评估基准日的公允价格。被评估单位共申报 14 项无形资产，其中财务软件 1 项，地理信息系统工程及互联网服务乙级测绘资质，使用新型专利技术 2 项，其他为软件著作权。取得日期多为 2013 年 7 月和 2014 年 12 月。

2. 评估过程及方法

对评估范围内的无形资产，我们根据 A 公司提供的相关资料，经过逐项核实，在账表一致的基础上，采取适用的评估方法，确定其在评估基准日的公允价值。

对于其他无形资产的评估，评估人员了解了上述无形资产的主要功能和特点，核查了无形资产的购置合同、发票、付款凭证等资料，并向软件供应商进行了询价。软件无形资产的合同、发票、产权文件齐全，不存在权属纠纷的情况。

对于评估基准日市场上有销售且无升级版本的外购通用软件，按照同类软件评估基准日市场价格确认评估值；对于目前市场上有销售但版本已经升级的外购软件，以现行市场价格扣减软件升级费用确定评估值。

已无使用价值的无形资产评估值为零。

3. 评估结果

在执行了上述资产评估方法与程序后，A 公司委托评估的无形资产的评估值为 32,862.76 元。

评估结果详见无形资产清查评估明细表。

（十一）流动负债的评估说明（略）

（十二）非流动负债的评估说明

专项应付款。列入评估范围的专项应付款账面价值为 16,752,894.60 元，主要为政府部门拨付的专项资金，我们根据企业提供的申报明细表，对其真实性、完整性进行了清查核实，以经审核无误的账面价值作为评估值。

（十三）收益法评估的说明（略）

四、案例点评

本案例的评估目的是为全民所有制企业改制为有限公司提供价值参考依据，两种方法评估结果相差较大，资产基础法评估结果是否存在漏评，选择较低的资产基础法评估结果理由不充分，其他无形资产和专项应付款的评估值确定缺少支持依据。

（1）企业改制的评估对象、评估范围、评估方法应结合改制后的股东变动情况确定，如整体改制为国有独资公司，工商登记以审计后净资产为注册资本，评估对象为净资产价值，评估范围为经审计后的账内资产和负债，评估方法可以只采用资产基础法一种方法进行评估。如改制为非国有独资公司，评估范围为经审计后的全部资产和负债（包括账内和账外），评估方法应采用两种以上方法进行评估。

（2）该案例两种方法的评估结果差异较大，差异原因分析不充分，不符合《企业国有资产评估报告指南》第二十一条规定，"采用两种以上方法进行企业价值评估，除单独说明评估价值和增减变动幅度外，应当说明两种以上评估方法结果的差异及其原因和最终确定评估结论的理由"。

（3）14项无形资产，评估对其中12项原始取得的无形资产评估为零，底稿中存有被评估单位出具的说明——部分无形资产无价值，无其他证明。剩余2项无形资产，1项为财务软件，1项为软件著作权，仅用成本法评估，被评估单位是通信工程技术公司，是BJ市认定的高新技术企业和双软认证企业，评估人员对无形资产价值的认定和采用的评估方法不足以真实、准确反映该企业无形资产的合理价值。

（4）专项应付款按账面值确定为评估值，未说明各项专项应付款的性质，是否需要归还，是否为企业的负债。不符合《企业国有资产评估报告指南》的、评估技术说明，第38条专项应付款规定。①专项应付款形成依据、项目名称、性质（取得政府作为企业所有者投入的具有专项或者特定用途的款项）、内容、约定的验收时间和方式等核实情况。②用于工程项目的专项应付款资产形成的进度情况，不可能形成长期资产需要核销的情况。③尚未转销的专项应付款是否为企业真实的负债。

五、总结与启示

评估对象、评估范围、评估方法是与评估目的紧密相关的，各项资产评估价值的确定主要依赖于对企业价值的贡献，为提高评估人员业务水平，应加快对评估准则的学习，特别是《企业国有资产评估报告指南》。《企业国有资产评估报告指南》中有对评估报告和评估说明内容的具体描述。本案例中，其他无形资产的评估未按照准则要求具体说明对无形资产的核实、评估方法和评估过程，所以其他无形资产的评估结果是否合理不能确定。此外，专项应付款的评估程序未按照准则执行，是否为企业真实的负债值得考虑。评估人员应该加强对《企业国有资产评估报告指南》的学习，按照指南要求执行评估程序和评定估算，并根据企业类型，分析企业的资产配置情况，做到不重不漏。

BJGT 出租汽车队拟改制所涉及的
股东全部权益价值评估案例

一、案例要点

本案例为企业改制项目，评估对象为 BJGT 出租汽车队的股东全部权益价值，价值类型为市场价值，采用资产基础法和收益法进行评估，最终采用收益法评估结果作为评估结论。

该案例主要存在以下问题：

（1）报告中评估对象表述不准确。

（2）评估报告内容规范性及完备性与准则存在差距。

（3）运用收益法评估时，缺乏支撑未来收益预测的可靠依据，收入预测趋势与前景描述有所出入，对资本性支出的预计不足，收益法计算中涉及的几项重要指标的确定未作说明或过程缺乏合理性。

（4）运用资产基础法评估时，对流动资产的清查缺乏询证、查阅等实质性程序，非流动资产现场勘查记录和询价记录不全。

二、案例背景

BJGT 出租汽车队为本案例的委托方暨被评估单位，评估对象为 BJGT 出租汽车队股东全部权益价值，评估基准日为 2016 年 5 月 31 日，本次评估的目的为 BJGT 出租汽车队拟进行企业改制提供股东全部权益市场价值的参考。

三、案例内容

以下内容根据相关评估报告、评估说明和工作底稿进行了编辑、处理。

评估报告部分：

（一）委托方及被评估单位概况（略）

（二）评估目的（节选）

BJGT 出租汽车队拟进行企业改制。委托 B 资产评估有限公司对本次企业改制所涉及的 BJGT 出租汽车队股东全部权益价值进行评估，以对股东全部权益在评估基准日的市场价值进行公允反映，为 BJGT 出租汽车队本次改制行为提供价值参考依据。

（三）评估对象和评估范围

评估对象为 BJGT 出租汽车队的股东全部权益价值，评估范围为截至评估基准日 2016 年 5 月 31 日经审计后的 BJGT 出租汽车队的全部资产及负债。

纳入评估范围的资产、负债以及评估列示的资产与经济行为确定的资产范围、资产评估业务约定书所约定的评估范围一致。

（四）价值类型及其定义（略）

（五）评估基准日

（1）本项目评估基准日是 2016 年 5 月 31 日；

（2）评估基准日由委托方决定，主要考虑：尽可能接近评估目的的实现日期，有利于保证评估结果有效地服务于评估目的，并与会计报表的时间一致，为利用会计信息提供方便；

（3）本次执行评估业务过程中所采用的取价标准均为评估基准日有效的价格标准。

（六）评估依据

（1）经济行为依据（略）。

（2）法律法规依据（略）。

（3）评估准则依据（略）。

（4）权属依据（略）。

（5）取价依据（略）。

（6）其他参考依据（略）。

（七）评估方法

资产评估基本方法包括成本法、市场法和收益法。

1. 成本法

成本法又称资产基础法，是指分别求出企业各项资产的评估值并累加求和，再扣减负债评估值得到企业净资产评估值的一种方法。通常情况下，对于资产的评估，成本法均可以作为其中的一种方法。

2. 市场法

市场法是指根据目前公开市场上与被评估对象相似的或可比的企业为参照，将被估企业与已知的类似企业进行比较，从已知企业的股东全部权益价值估计出被估企业的股东全部权益价值的方法。通常情况下，如果有活跃、公开、类似资产的市场交易案例，可以采用市场法进行评估。

3. 收益法

收益法是指通过将被估企业预期收益资本化或折现，以确定被估对象价值的评估思路。通常情况下，如果被评估企业以持续经营为前提，并且能够用货币衡量其未来期望收益和产权所有者所承担的风险，则可以采用收益法进行评估。

《资产评估准则——企业价值》规定，"注册资产评估师执行企业价值评估业务，应当根据评估目的、评估对象、价值类型、资料收集情况等相关条件，分析收益法、市场法和资产基础法三种资产评估基本方法的适用性，恰当选择一种或者多种资产评估基本方法。"

本次评估由于与被估企业类似的转让交易案例较少，在选取参照物方面具有较大难度，缺乏可比较的交易案例而难以采用市场法。

根据本次评估目的和评估对象的特点，综合考虑分析相关因素的影响，本次采用资产基础法和收益法对 BJGT 出租汽车队股东全部权益价值进行评估。分别介绍如下：

（1）资产基础法具体评估方法。

流动资产评估方法。对流动资产，评估人员根据企业提供的相关资料，经过逐项核实，在账表一致的基础上，按照资产评估准则，根据评估目的、价值类型、资料收集情况等相关条件，采取适用的评估方法，确定其在评估基准日的市场价值。

对流通性强的资产，按经清查核实后的账面价值确定评估值；对应收、预付类债权资产，以核对无误账面值为基础，根据实际收回的可能性确定评估值；对于存货按照评估基准日市场价值确定评估值。

第一，货币资金。对现金，评估人员进行现场盘点并根据企业现金日记账倒推至评估基准日，在此基础上以核实后的账面值作为评估值。对银行存款的评估，采取以企业申报银行存款余额为基础，采取核对银行对账单，发银行询证函等方式确认评估基准日银行存款余额。如有未达账项则编制银行存款余额调节表，若未达账项所反映的会计核算内容对待估净资产的影响较小的不作调整，以最终核实后的企业账面值作为评估值。

第二，其他应收款。评估人员核对了其他应收款明细账、总账与报表的余额，结合历史资料和对企业管理人员的询问，检查并判断每笔其他应收款的真实性和可回收性；抽查大额其他应收款的原始凭证和相关账户的进账情况，同时向欠款对象发询证函进行核实，以核实后账面净值为评估值。

第三，存货。评估人员在 BJGT 出租汽车队相关管理部门的陪同下，对存货进行了盘点。存货的数量采取盘点倒推方法验证基准日存货余额，并同存货入库单和出库单核对，以确定评估基准日的实际数量。

由于大部分库存商品为 JSD 产品，BJGT 出租汽车队与 JSDSZ 有限公司及 BJHJHMY 有限公司三方签订了《设备投资协议》，该协议规定销售 JSD 产品的客户，由 JSDSZ 有限公司及 BJHJHMY 有限公司共同出资，为客户提供汽修或办公设备免费供客户使用，作为对价，客户承诺在约定的履约期限内购买 JSD 产品达到最低积分要求。为了达到合同约定的条件，BJGT 出租汽车队基本上是按照进货价进行销售。故库存商品的账面价值与基准日市场供应价格接近或一致，账面值基本反映其实际成本，以核实后的账面价值确定评估值。

第四，其他流动资产。为待摊销的车辆保险费。经查阅企业总账、明细账、会计报表及清查评估明细表的核对及审核相关的原始凭证，在核实其真实性的基础上以经核实的账面值确认为评估值。

房屋建筑物评估方法。对于房屋建筑物，采用重置成本法进行评估。其公式为：

评估价值 = 重置成本 × 综合成新率

第一，重置成本的确定。重置成本为评估基准日重新建造结构、功能完全一样的房屋建筑物所需的全部成本，包括建安工程造价、工程从建到竣工所需交纳的全部前期费用及资金成本，其计算公式为：

重置全价 = 建安工程造价 + 前期费用及其他费用 + 资金成本

建安工程造价。房屋建筑物根据其所在地现行定额标准和有关取费文件，对房屋建筑物重编概算，并根据当地材料市场价格信息调整地方材料价差以确定建安工程综合造价。

前期费用及其他费用。前期费用及其他费用包括建设单位管理费、工程监理费、勘察设计费等。根据国家有关部门及各省（市）相关部门的有关规定和行业标准，确定前期费用和其他费用。

资金成本。由于委估房屋建筑物建设期在六个月以内，故不计算资金成本。

第二，综合成新率的确定。综合成新率是在分别计算出房屋建筑物耐用年限成新率和现场勘测成新率之后，将两种成新率进行加权平均计算得到的。本次评估采用的综合成新率的计算公式为：

综合成新率＝耐用年限成新率×权重＋现场勘测成新率×权重

由于每项建筑物的使用强度、维修保养状况均有所不同，建筑物的实际已使用年限往往不能准确反映出建筑物的实际新旧程度，故此次评估取耐用年限成新率的权重为40%，取现场勘测成新率的权重为60%。

房屋建筑物耐用年限成新率的确定。根据房屋的结构特征，按照原国家建设部建标〔1999〕48号文规定的各类房屋的耐用年限，依据每栋房屋的已使用年限，计算其耐用年限成新率，具体计算公式为：

耐用年限成新率＝(房屋建筑物耐用年限－已使用年限)/房屋建筑物耐用年限×100%

房屋建筑物现场勘测成新率的确定。为了更加准确地评估出房屋比较符合实际的成新率，我们又对房屋进行了现场勘测，填写勘测记录。对房屋的基础、承重构件（梁、板、柱）、墙体、地面、屋面、门窗、墙面粉刷、吊顶及上下水、通风、电照等各部分勘察，并对每一项目进行认真打分，确定其现场勘测成新率。现场勘测成新率的计算公式为：

现场勘测成新率＝结构部分合计得分×G＋装修部分合计得分×S＋设备部分合计得分×B

式中，G、S、B为修正系数。

房屋建筑物现场勘测成新率打分鉴定标准及修正系数，参考原城乡环境建设保护部发布的《房屋完损等级评定标准》的规定及《资产评估常用数据与参数手册（第二版）》（北京科学技术出版社、吕发钦主编）中"房屋建筑物不同成新率的评分标准及修正系数"确定。

对以上两种成新率进行比较，采用其加权平均值作为最终综合成新率，尽可能做到与实际基本相符。

设备评估方法。本次设备类资产评估主要采用重置成本法。计算公式为：

评估价值＝重置价值×综合成新率

第一，重置价值。设备价值构成一般包括如下内容：设备购置价、运杂费、安装调试费、其他费用、资金成本等。

对于需要安装的设备，重置价值计算公式为：

重置成本 = 设备购置价 + 安装调试费 + 运杂费 + 其他费用 + 资金成本

其中资金成本小于6个月不考虑资金成本。

对于不需要安装的一般设备，重置价值计算公式为：

重置成本 = 设备购置价 + 运杂费

一是设备购置价。对凡能询到评估基准日市场价格的设备，通过向生产厂家询问评估基准日市场价格，以及参考企业最近购置设备的合同价格综合确定设备购置价；对于无法从市场上直接获得设备价格的国产设备，通过查阅市场价格信息资料采用同类设备比较修正获得设备购置价。

二是安装调试费。对需要安装的机械加工等设备，根据《资产评估常用参数与数据手册》中（机器设备评估常用数据与参数）之机器设备安装调试费率参数表，安装调试费按设备购置价的百分比测算确定。对于设备购置价中已包含了安装调试费的，评估时不再重复计取。

三是运杂费。根据《资产评估常用参数与数据手册》中（机器设备评估常用数据与参数）之机器设备运杂费率参数表，运杂费按设备购置价的百分比测算确定。对于设备报价中已包含了运杂费的，评估时不再重复计取。

四是其他费用。本次委估设备大部分不需安装或安装工期短，其他费用不计。

五是资金成本。委估设备不需安装或安装时间较短，资金成本不计。

对于车辆，主要参照当地公开市场交易价格，加上车辆购置税和其他费用（车辆牌照手续费、改装费等）确定其车辆重置价值，即：

重置价值 = 销售价 + 销售价/(1 + 17%) × 10% + 其他费用

式中，17%为增值税税率；10%为车辆购置税税率。

第二，综合成新率。对机器设备，主要通过对设备使用、运行情况的现场考察，并查阅必要的设备运行、维护、检修、性能考核等记录及运行、检修人员交换意见后，结合对已使用年限运行情况进行调查和行业经验统计数据判定尚可使用年限后确定年限法成新率，然后结合现场勘察情况进行调整，确定其综合成新率。如果现场勘察情况与年限法确定成新率差异不大的，则不调整。

综合成新率 = 尚可使用年限/(尚可使用年限 + 已使用年限)

对价值量较小，设备结构或组成较简单的信息技术设备、仪器仪表、工具及器具，主要根据各类设备的经济寿命年限，并结合对设备使用状况的现场考察，综合确定其综合成新率。

对于车辆，根据年限成新率与里程成新率孰低原则，并结合现场勘察车辆的外观、结构是否有损坏，主发动机是否正常，电路是否通畅，制动性能是否可靠，是否达到尾气排放标准等，确定是否需要增减修正勘察分值来确定综合成新率。如果现场勘察情况与里程成新率法确定成新率差异不大的，则不调整。

负债评估方法。纳入本次评估范围的 BJGT 出租汽车队负债均为流动负债，主要有预收款项、应交税费及其他应付款。

评估人员对各项负债进行抽查，查阅合同和相关凭证，并进行必要的函证或采用替代程序等，确认其真实性。并重点检验核实各项负债在评估目的实现后的实际债务人、负债额，根据评估目的实现后的产权持有者实际需要承担的负债项目及金额确定为评估值。

（2）收益法具体评估方法。

本次评估选用现金流量折现法中的企业自由现金流折现模型。现金流量折现法的描述具体如下：

股东全部权益价值 = 企业整体价值 - 付息债务价值

1）企业整体价值。企业整体价值是指股东全部权益价值和付息债务价值之和。根据被评估单位的资产配置和使用情况，企业整体价值的计算公式如下：

企业整体价值 = 经营性资产价值 + 溢余资产价值 + 非经营性资产负债价值

第一，经营性资产价值。经营性资产是指与被评估单位生产经营相关的，评估基准日后企业自由现金流量预测所涉及的资产与负债。经营性资产价值的计算公式如下：

经营性资产价值计算公式为：

$$P = \sum_{i=1}^{n} R_i (1+r)^{-i} + R_{n+1}(1+r)^{-n}/r$$

式中，R_i 为未来第 i 年的自由现金流量；R_{n+1} 为未来第 n 年以后的永续期自由现金流量；r 为折现率。

其中，企业自由现金流量计算公式如下：

企业自由现金流量 = 息税前利润 × （1 - 所得税率）+ 折旧与摊销 - 资本性支出 - 营运资金增加额

其中：折现率选取加权平均资本成本率（WACC）。

$$WACC = K_e \times \frac{E}{D+E} + K_d \times (1-t) \times \frac{D}{D+E}$$

式中，D 为付息债务价值；K_d 为债务资金成本；E 为权益价值；K_e 为权益资本成本。

其中：权益资本成本用 K_e 采用资本资产定价模型（CAPM 模型）确定，公式如下：

$$K_e = Rf + [E(rm) - Rf] \times \beta + Rsp$$

式中，K_e 为折现率，即权益资本成本；Rf 为无风险收益率；E(rm) 为整个市场证券组合的预期收益率；E(rm) − Rf 为市场风险溢价；β 为系统风险；Rsp 为特有风险。

第二，溢余资产价值。溢余资产是指评估基准日超过企业生产经营所需，评估基准日后企业自由现金流量预测不涉及的资产。溢余资产单独分析和评估。

第三，非经营性资产、负债价值。非经营性资产、负债是指与被评估单位生产经营无关的，评估基准日后企业自由现金流量预测不涉及的资产与负债。非经营性资产、负债单独分析和评估。

2）付息债务价值。付息债务是指评估基准日被评估单位需要支付利息的负债。付息债务以核实后的账面值作为评估值。

（八）评估程序实施过程和情况（略）

（九）评估假设（略）

（十）评估结论

于评估基准日 2016 年 5 月 31 日在本报告所述之各项假设前提下，BJGT 出租汽车队的股东全部权益价值评估结果如下：

1. 资产基础法评估结论

BJGT 出租汽车队经审计后的总资产账面价值为 1,746.65 万元，负债为 444.29 万元，净资产为 1,302.36 万元。

评估后的总资产评估价值为 1,689.10 万元，负债为 412.56 万元，净资产为 1,276.54 万元，减值 25.82 万元，减值率 1.98%。

（评估结论的详细情况见评估明细表）。

2. 收益法评估结论

经采用收益法评估，BJGT 出租汽车队股东全部权益价值的评估值为 4,517.33 万元，增值 3,214.97 万元，增值率 246.86%。

3. 评估结果选取

如上所述，资产基础法得到 BJGT 出租汽车队净资产评估结果为 1,276.54 万元，收益法得到 BJGT 出租汽车队股东全部权益价值评估结果为 4,517.33 万元，两者差异 3,240.79 万元。经检查分析资产基础法、收益法的评估情况，我们认为，两个评估结果的差异是由评估方法的特性所决定的。资产基础法是从资产重置成本的角度出发，对企业所拥有的所有单项资产和负债，用市场价值代替历史成本；收益法是从未来收益的角度出发，以经风险折现后的未来收益的现值和作为评估价值，反映的是资产的未来盈利能力。我们认为，采用收益法和资产基础法得到的评估结果之间的差异是正常的。

收益法评估结果是从企业的未来获利能力角度考虑的，是基于市场参与者对未来收益的预期，即企业所面临的经营环境相对稳定，在未来年度经营过程中能够获得较为稳定的收益。该企业为出租车行业，企业自身资产总额并不大，但该企业拥有出租车运营资质，拥有 161 辆出租车运营证，拥有 161 辆车辆牌照，这些资质及证照的审批属行政许可范畴，不存在单独转让的市场价值，从而资产基础法中无法单独估算体现其价值，但该资质及牌照不易获得，且在企业运营中发挥了极大作用，其价值体现在企业整体收益中，故此次选择了收益法的评估结果 4,517.33 万元作为 BJGT 出租汽车队股东全部权益价值的最终评估结果。

（十一）特别事项说明（略）

（十二）评估报告使用限制说明（略）

（十三）评估报告日（略）

四、评估技术说明（节选）

（一）资产基础法（略）

（二）收益法

本次评估选用现金流量折现法中的企业自由现金流折现模型。

1. 现金流量折现法

股东全部权益价值 = 企业整体价值 – 付息债务价值

（1）企业整体价值。企业整体价值是指股东全部权益价值和付息债务价值之和。根据被评估单位的资产配置和使用情况，企业整体价值的计算公式如下：

企业整体价值 = 经营性资产价值 + 溢余资产价值 + 非经营性资产负债价值

1）经营性资产价值。经营性资产是指与被评估单位生产经营相关的，评估基准日后企业自由现金流量预测所涉及的资产与负债。经营性资产价值的计算公式如下：

经营性资产价值计算公式为：

$$P = \sum_{i=1}^{n} R_i (1+r)^{-i} + R_{n+1}(1+r)^{-n}/r$$

式中，R_i 为未来第 i 年的自由现金流量；R_{n+1} 为未来第 n 年以后的永续期自由现金流量；r 为折现率。

其中，企业自由现金流量计算公式如下：

企业自由现金流量 = 息税前利润 × (1 – 所得税率) + 折旧与摊销 – 资本性支出 – 营运资金增加额

其中，折现率选取加权平均资本成本率（WACC）。

$$WACC = K_e \times \frac{E}{D+E} + K_d \times (1-t) \times \frac{D}{D+E}$$

式中，D 为付息债务价值；K_d 为债务资金成本；E 为权益价值；K_e 为权益资本成本。

其中，权益资本成本用 K_e 采用资本资产定价模型（CAPM 模型）确定，公式如下：

$$K_e = Rf + [E(rm) - Rf] \times \beta + Rsp$$

式中，K_e 为折现率，即权益资本成本；Rf 为无风险收益率；E(rm) 为整个市场证券组合的预期收益率；E(rm) – Rf 为市场风险溢价；β 为系统风险；Rsp 为特有风险。

2）溢余资产价值。溢余资产是指评估基准日超过企业生产经营所需，评估基准日后企业自由现金流量预测不涉及的资产。溢余资产单独分析和评估。

3）非经营性资产、负债价值。非经营性资产、负债是指与被评估单位生产经营无关的，评估基准日后企业自由现金流量预测不涉及的资产与负债。非经营性资产、负债单独分析和评估。

（2）付息债务价值。付息债务是指评估基准日被评估单位需要支付利息的负债。付息债务以核实后的账面值作为评估值。

2. 国家宏观经济形势分析（略）

3. 北京市经济运行情况（略）

4. 北京出租车行业的基本情况

北京出租车的数量已达到了一个历史的高度，随着路政政策的进一步限制，出租车会成为人们出行工作和商务必不可少的公共交通工具。

北京共有出租车企业约 252 家，出租车约 6.66 万辆，从业人员近 10 万人，年营业额超过 60 亿元。

北京出租车行业有规模的公司有：银建集团（约 11,000 万辆）下属出租汽车公司——金建、银建、金银建；新月联合（约 8,000 辆左右）；北方投资集团（约 6,500 辆左右）下属出租汽车公司——北方、北创；平谷渔阳集团（约 4,500 辆左右）下属出租汽车公司——渔阳联合、万泉缘；首汽集团（约 4,000 辆左右）；北汽集团（约 3,500 辆左右）；祥龙出租（约 3,000 辆左右）；三元出租（约 2,500 辆左右）；万泉寺出租（约 1,700 辆左右）；京联出租（约 1,000 辆左右）。

从 2004 年到 2015 年，北京常住人口从 1,492 万增至 2,115 万，每年平均增加 566,363 人；但从 2003 年到 2012 年，出租车数量仅从 6.5 万辆增至 6.6 万辆，每年平均增加 111 辆车，平均 229 人/车。

5. BJGT 出租汽车队的主要业务

企业主要业务为出租车运营、洗车服务、保养收入等。

企业现有营运车辆 161 辆，单班车 112 辆，驾驶员 112 人；双班车 49 辆，驾驶员 98 人。

企业洗车部生产能力为每天洗车 100 辆。

6. BJGT 出租汽车队面临的主要竞争状况

北京现有出租汽车企业 252 家，营运车辆 6.66 万辆，居全国之首。公众持续不断的刚性消费需求和有限的市场供给之间的矛盾，是目前出租车行业发展中最突出的矛盾。

北京出租车竞争主体主要来自企业之间的市场竞争，据了解，北京银建、新月、北方创业、渔阳联合、首汽、三元等 10 家出租车公司占有北京出租车市场近 70%的市场份额。

7. BJGT 出租汽车队的财务分析

（1）企业近几年资产、负债状况及经营情况如表 1、表 2 所示。

表 1　BJGT 出租汽车队资产负债情况

单位：万元

项目＼年度	2013 年	2014 年	2015 年	2016 年 5 月
资产总额	2,159.56	2,155.01	2,204.35	1,746.65
负债总额	59.23	107.47	127.26	444.29
所有者权益总额	2,100.33	2,047.53	2,077.08	1,302.36

表 2　BJGT 出租汽车队 2013~2016 年 5 月主要经营指标

单位：万元

项目＼年度	2013 年	2014 年	2015 年	2016 年 5 月
营业收入	1,087.65	1,097.43	1,210.20	503.58
减：营业成本	535.52	580.37	634.14	239.67
营业税金及附加	4.00	5.59	7.72	3.34
销售费用	—	—	—	—
管理费用	527.58	530.74	542.33	224.82
财务费用	−0.48	−0.17	−0.36	−0.11
营业利润	21.04	−19.10	26.37	35.85
利润总额	21.44	−41.73	26.40	37.86
减：所得税	8.84	—	—	—
净利润	12.60	−41.73	26.40	37.86

（2）经营情况分析，如表 3 所示。

表 3　BJGT 出租汽车队 2013~2015 年财务分析

项目	2013 年	2014 年	2015 年	平均值
流动性比率	—	—	—	—
流动比率	23.98	8.69	9.24	13.97
速动比率	23.98	8.67	9.19	13.95
财务杠杆比率	—	—	—	0.00
资产负债率	2.74	4.99	5.77	4.50
盈利能力比率	—	—	—	—
营业收入净利润率	1.16	−3.80	2.18	−0.15
净资产收益率	0.60	−2.01	1.28	−0.04

1）企业盈利能力。2013~2015 年三年平均净资产收益率为–0.04%，2013~2015 年三年净资产收益率、营业收入净利润率波动较大，表明企业在成本精细化管理方面有待提高，形成收益波动大。

2）企业偿债能力。2013~2015 年三年资产负债率平均为 4.5%，三年流动比率平均为 13.97，三年速动比率平均为 13.95，企业的速动比率、流动比率都很高，表明企业偿债能力较强，偿债风险较低。

8. BJGT 出租汽车队的财务预测

（1）主营业务收入的预测。

1）前三年主营业务收入和总体指标分析。从 2013 年至 2015 年的历史销售指标分析，2013 年主营业务收入为 1,087.65 万元，至 2015 年主营业务收入为 1,210.20 万元，增长了 122.54 万元；年环比平均增长率为 5.48%。如表 4 所示。

表 4　BJGT 出租汽车队 2013~2015 年主营业务收入指标分析

单位：万元

	2013 年	2014 年	2015 年	合计	年平均增长额
主营业务收入	1,087.65	1,097.43	1,210.20	3,395.29	1,131.76
年增长额	****	9.78	112.77	122.54	61.27
定比增长指标（%）	****	0.90	11.27	****	5.63
环比增长指标（%）	****	0.90	10.28	****	5.48

2）未来主营业务收入预测。从该企业历史业绩来看，收入增长率在 5.48% 左右，但由于互联网的发展，滴滴打车、优步、神州专车、易到等打车业务的发展，对传统出租车行业有了很大的冲击，所以此次我们预测按出租车收入增长 2% 左右进行预测，对洗车收入按 5% 左右进行预测，汽车保养业务收入按每两年调价一次进行预测。业务收入明细预测如表 5 所示。

表 5　营业收入预测

评估基准日：2016 年 5 月 31 日　　　　单位：万元

	2016 年 6~12 月	2017 年	2018 年	2019 年	2020 年
营业收入合计	715.77	1,216.97	1,244.60	1,271.73	1,258.03
出租车收入	689.72	1,182.38	1,206.03	1,230.15	1,212.18
单班车	405.72	695.52	709.43	723.62	695.52

续表

	2016 年 6~12 月	2017 年	2018 年	2019 年	2020 年
数量（辆）	112.00	112.00	112.00	112.00	112.00
单价（万元/辆·年）	3.62	6.21	6.33	6.46	6.21
双班车	284.00	486.86	496.60	506.53	516.66
数量（辆）	49.00	49.00	49.00	49.00	49.00
单价（万元/辆·年）	5.80	9.94	10.13	10.34	10.54
洗车收入	38.33	68.99	72.44	76.06	79.86
数量（辆·年）	12,775.00	22,995.43	24,145.00	25,352.00	26,620.00
单价（万元/辆·次）	0.003	0.003	0.003	0.003	0.003
汽车保养收入	21.57	21.57	22.92	22.92	24.26
数量（辆·年）	1,348.00	1,348.00	1,348.00	1,348.00	1,348.00
单价（万元/辆）	0.016	0.016	0.017	0.017	0.018
扣除增值税	−33.85	−55.97	−56.78	−57.40	−58.27

（2）主营业务成本的预测。根据对 2013~2015 年会计报表的分析，该企业成本较为稳定。

1）出租车司机固定工资：司机每人每月工资 545 元，该部分工资增长率约为 5%。

2）燃油补贴：单班车每月 520 元，双班车每月 824 元。该部分补贴费用基本不变。

3）洗车房工人现 5 人，按每两年增加 1 人进行预测，该人员工资增长率约为 5%。

4）出租车司机社会统筹按 2016 年最新缴费基数的 40% 为基准进行计算。

5）车辆保险费按每辆车 3,000 元/年进行预测。如表 6 所示。

表 6　营业成本预测

评估基准日：2016 年 5 月 31 日　　　　　　　　　　　　　　单位：万元

项目 ＼ 年度	2016 年 6~12 月	2017 年	2018 年	2019 年	2020 年
营业成本	334.65	627.03	583.66	605.24	617.89
出租车司机固定工资	80.12	137.34	144.21	151.42	155.96
燃油补贴	69.58	119.28	119.28	119.28	119.28

项目 \ 年度	2016 年 6~12 月	2017 年	2018 年	2019 年	2020 年
工人工资	10.50	18.00	22.68	23.81	29.17
社会统筹	137.48	292.81	235.68	247.46	247.46
其他	3.50	6.00	7.20	8.64	10.37
车辆保险费	28	48	48	48	48

（3）营业税金及附加的预测。营业税金及附加主要为城建税及教育费附加，城建税、教育费附加及地方教育费附加分别为增值税的 7%、3%、2%，如表 7 所示。

表 7　营业税金及附加预测

评估基准日：2016 年 5 月 31 日　　　　　　　　　　单位：万元

项目 \ 年度	2016 年 7~12 月	2017 年	2018 年	2019 年	2020 年
营业税金及附加	4.74	7.84	7.95	8.04	8.16

（4）销售费用的预测。该企业无销售费用，故此次不再预测销售费用。

（5）管理费用的预测。管理费用包括人员工资、办公费、折旧等与管理相关费用，从 2013 年至 2015 年指标分析，管理费用逐年递增，主要原因是企业承担了一些社会职能部门的费用。通过费用合理控制后费用会有所降低。

管理费用各年具体明细如表 8 所示。

表 8　管理费用

单位：万元

项目 \ 年度	2013 年	2014 年	2015 年	2016 年 1~5 月
管理费用合计	527.58	530.74	542.33	224.82

从前三年管理费用所占比重看，较大的费用项目主要是职工薪酬、折旧等。

根据往年工资收入的增长水平，预测以后每年职工薪酬部分增长幅度为 5% 左右。折旧费以现有固定资产进行计算。其他管理费用按 2% 进行增长。管理费用明细预测如表 9 所示。

表 9 管理费用明细预测分析

评估基准日：2016 年 5 月 31 日　　　　　　　　单位：万元

项目＼年度	2016 年 7~12 月	2017 年	2018 年	2019 年	2020 年
管理费用合计	221.80	319.16	324.60	330.29	332.16
职工薪酬	53.90	92.40	97.02	101.87	102.89
办公费	5.83	10.00	10.20	10.40	10.61
差旅费	2.92	5.00	5.10	5.20	5.31
折旧	143.98	185.76	185.76	185.76	185.76
房租	3.50	6.00	6.12	6.24	6.37
其他费用	11.67	20.00	20.40	20.81	21.22

（6）财务费用的预测。企业近几年的流动资金一直保持较高水平，现金相对充足。企业未对外贷款，从历年财务费用分析，对财务费用作预测。如表 10 所示。

表 10 财务费用预测

评估基准日：2016 年 5 月 31 日　　　　　　　　单位：万元

项目＼年度	2016 年 7~12 月	2017 年	2018 年	2019 年	2020 年
财务费用合计	−0.22	−0.37	−0.38	−0.38	−0.39

（7）企业所得税的预测。根据 2007 年 3 月 16 日第十届全国人民代表大会第五次会议通过的《企业所得税法》，2013 年 1 月 1 日起企业所得税税率内外资统一为 25%。

（8）追加资本的预测。追加资本系指企业在不改变当前经营业务条件下，所需增加的营运资金和超过一年期的长期资本性投入。如经营规模变化所需的新增营运资金以及持续经营所必需的资产更新等。

在本次评估中，未来经营期内的追加资本主要为持续经营所需的资产更新和经营规模变化所需的营运资金增加额。即：

追加资本 = 资产更新投资 + 营运资金增加额

1）资产更新投资预测。企业的资产更新在正常经营中计提的折旧中进行补充。

2）营运资金增加额预测。追加营运资金是指企业为了达到企业预定的发展目标，为保持企业未来持续经营能力所需的新增营运资金，如正常经营所需保持的现金、产品存货购置、代客户垫付购货款（应收账款）等所需的基本资金以及应付的产品货款等。通常，企业在扩大资本性投入的同时会不断地增加营运资金的投入。营运资金的追加是指随着企业经营活动的变化，获取他人的商业信用而占用的现金，正常经营所需保持的现金、存货等；同时，在经济活动中，提供商业信用，相应可以减少现金的即时支付。此次评估中已给企业留有充足的流动资金，未来不需要增加流动资金具体情况如表 11 所示。

表 11　追加资本的预测

评估基准日：2016 年 5 月 31 日　　　　　　　　　　单位：万元

项目＼年度	2016 年 7~12 月	2017 年	2018 年	2019 年	2020 年
年资本性支出	—	—	—	—	—
年经营性支出	—	7.25	7.40	7.55	7.70

（9）有息负债的净增加额。BJGT 出租汽车队评估基准日无有息负债，预测期也未考虑增加有息负债，故此次预测有息负债净增加额为零。

（10）收益及现金流预测结果。根据上述过程，编制预测期内模拟的利润表和现金流如表 12 所示。

表 12　BJGT 出租汽车队未来利润预测

评估基准日：2016 年 5 月 31 日　　　　　　　　　　单位：万元

项目＼年度	2016 年 7~12 月	2017 年	2018 年	2019 年	2020 年
营业收入	715.77	1,216.97	1,244.60	1,271.73	1,258.03
减：营业成本	334.65	627.03	583.66	605.24	617.89
税金及附加	4.74	7.84	7.95	8.04	8.16
营业费用	—	—	—	—	—
管理费用	221.80	319.16	324.60	330.29	332.16
财务费用	−0.22	−0.37	−0.38	−0.38	−0.39
营业利润	154.80	263.31	328.77	328.54	300.22
加：营业外收入	—	—	—	—	—
利润总额	154.80	263.31	328.77	328.54	300.22
减：所得税	38.70	65.83	82.19	82.14	75.05

续表

项目 \ 年度	2016年7~12月	2017年	2018年	2019年	2020年
净利润	116.10	197.49	246.58	246.41	225.16
加：折旧及摊销	143.98	185.76	185.76	185.76	185.76
减：营运资本变动	—	7.25	7.40	7.55	7.70
资本支出	—	—	—	—	—
自由现金流	260.08	375.99	424.94	424.62	403.23

本次评估中对未来收益的预测，是在对 BJGT 出租汽车队的经营能力、财务数据的核实以及对行业的市场调研、分析的基础上，根据其经营历史、市场需求与未来的发展等综合情况作出的一种专业判断。预测时不考虑营业外收支、补贴收入以及其他非经常性或不确定性收入等所产生的损益。

9. 折现率的测算

折现率是现金流量风险的函数，风险越大则折现率越大。按照收益额与折现率协调配比的原则，本次评估收益额口径为企业自由现金流量，则折现率选取加权平均资本成本率（WACC）。

$$WACC = K_e \times \frac{E}{D+E} + K_d \times (1-t) \times \frac{D}{D+E}$$

式中，D 为付息债务价值；K_d 为债务资金成本；E 为权益价值；K_e 为权益资本成本。

（1）权益资本成本用 K_e 测算。权益资本成本用 K_e 采用资本资产定价模型（CAPM 模型）确定，公式如下：

$$K_e = Rf + [E(rm) - Rf] \times \beta + Rsp$$

式中，K_e 为折现率，即权益资本成本；Rf 为无风险收益率；E（rm）为整个市场证券组合的预期收益率；E（rm）– Rf 为市场风险溢价；β 为系统风险；Rsp 为特有风险。

1）无风险收益率。参照国家截至 2016 年 5 月 31 日发行的中长期国债到期收益率的平均水平，按照剩余期限在 10 年期以上国债到期收益率平均水平确定无风险收益率 Rf 的近似，即 Rf = 3.54%。

中长期国债到期收益率（略）。

2）市场风险溢价。市场风险溢价是预期市场证券组合收益率与无风险利率之间的差额。市场风险溢价的确定既可以依靠历史数据，又可以基于事前估算。

我国 A 股市场为新兴的市场，历史数据短、投机气氛浓，市场波动幅度很大，直接通过历史数据得出的股权风险溢价不具有可信度，整体的市场风险溢价水平较难确定。

参照美国著名金融学家 Damodanran 为代表的观点，国际上对新兴市场的风险溢价通常采用成熟市场的风险溢价进行调整确定，计算公式为：

市场风险溢价 = 成熟股票市场的基本补偿额 + 国家补偿额 = 成熟股票市场的基本补偿额 + 国家违约补偿额 × (σ 股票/σ 国债)

成熟股票市场的基本补偿额：取美国 1928~2014 年股票与国债的算术平均收益差 6.25%。

国家违约补偿额：根据国际评级机构美国穆迪投资服务公司公布的 2013 年评级，我国的债务评级为 Aa3，转换为国家违约补偿额为 0.6%。

σ 股票/σ 国债：新兴市场国家股票的波动平均是债券市场的 1.5 倍。

则我国的国家风险为：0.6% × 1.5 = 0.9%。按此测算，我国目前的市场风险溢价为：6.25% + 0.9% = 7.15%。

通过上述测算，我国目前的市场风险溢价为 7.15%，这与表 13 列示的国际风险溢价经验数据中（日本以外的亚洲、墨西哥）的市场风险溢价数据基本一致。

表 13　国际市场风险溢价的经验数据

序号	金融市场特点	市场风险溢价（%）
1	有政治风险正在形成的市场（南美、东欧）	8.5
2	发展中的市场（日本以外的亚洲、墨西哥）	7.5
3	规模较大的发达市场（美国、日本、英国）	5.5
4	规模较小的发达市场（德国、瑞士以外的西欧市场）	4.5~5.5
5	规模小经济稳定的发达市场（德国、瑞士）	3.5~4

综合上述资料，本次评估市场风险溢价 E(rm) − Rf 取 7.15%。

3）风险系数。查阅同行业上市公司（金陵饭店、锦江股份、华天酒店、中青旅、大连圣亚）的有财务杠杆风险系数，根据该对应上市公司的资本结构将其还原为无财务杠杆风险系数。以该无财务杠杆风险系数为基础，根据被评估企业预测资本结构折算为被评估企业的有财务杠杆风险系数，作为此次评估的 β 值。

此次评估分别对 A 股对比上市公司酒店、餐饮、娱乐业的 β 系数进行了测算，测算结果酒店、餐饮、娱乐业无财务杠杆风险系数为 0.5238。

表 14 风险系数

序号	股票代码	公司简称	βL 值	βu 值
1	600662	强生控股	0.9808	0.8052
2	600741	华域汽车	0.8423	0.7724
3	000421	南京公用	0.7125	0.5848
4	600650	锦江投资	0.9210	0.9087
5	600708	光明地产	1.0079	0.3399
βu 平均值				0.6822

待估企业资本结构 D/E 值为零，故最终确定待估企业的有财务杠杆风险系数为 0.6822。

4）特有风险。特有风险调整系数为根据待估企业与所选择的对比企业在企业特殊经营环境、企业规模、经营管理、抗风险能力、特殊因素所形成的优劣势等方面的差异进行的调整系数。待估企业在筹融资、抵抗行业风险等方面不及上市公司，综合分析待估企业特有风险取 0.5%。

5）折现率的确定。确定折现率的计算公式为：

$K_e = Rf + [E(rm) - Rf] \times \beta + Rsp$

$= 3.54\% + 7.15\% \times 0.6822 + 0.5\%$

$= 8.92\%$

（2）适用税率：企业所得税为 25%。

经测算，目前企业债务比率 Wd = 0，权益比率 We = 100%，执行的实际平均贷款利率 0，结合企业所得税率 25%，则扣税后付息债务利率 rd = 0。

（3）折现率 r，将上述各值分别代入加权平均资本成本率（WACC）即有：

$$WACC = K_e \times \frac{E}{D + E} + K_d \times (1 - t) \times \frac{D}{D + E}$$

$$= 8.92\% \times 100\% + 0 \times 0$$

$$= 8.92\%$$

我们决定取 9% 作为本评估项目的折现系数，并认为这样是合理的并符合客观实际的。

10. 股东全部权益价值的估算

（1）企业整体价值计算。

1）经营性资产价值的确定。将得到的预期净现金量和折现率，即可得到BJGT 出租汽车队的经营性资产价值为 4,517.33 万元，如表 15 所示。

表 15　净现金流量预测折现值计算

评估基准日：2016 年 5 月 31 日　　　　　　　　　　　　　　单位：万元

项目 年度	净现金流量	折现系数	折现值
2016 年 6~12 月	260.08	0.9510	247.33
2017 年	375.99	0.8725	328.04
2018 年	424.94	0.8004	340.13
2019 年	424.62	0.7343	311.81
2020 年	403.23	0.6737	271.65
2020 年以后各年	4,480.33	0.6737	3,018.37
2016 年 5 月 31 日折现值			4,517.33

2）溢余资产价值、非经营性资产负债价值。经核实，在 2016 年 5 月 31 日，企业无溢余资产及非经营性资产负债。

（2）付息债务价值。该企业无付息债务。

（3）股东全部权益价值计算。

股东全部权益价值 = 企业整体价值 – 付息债务价值

　　　　　　　　= 4,517.33 – 0

　　　　　　　　= 4,517.33（万元）

11. 收益法评估结果

BJGT 出租汽车队股东全部权益价值评估值 4,517.33 万元，增值 3,214.97 万元，增值率 246.86%。

五、案例点评

（一）报告中评估对象表述不准确

被评估单位为全民所有制企业，评估对象表述为 BJGT 出租汽车队的股东全部权益价值，评估对象表述不准确，应为净资产价值。

（二）评估报告内容规范性及完备性与准则存在差距

（1）正文第一项标题表述为"委托方及被评估单位概况"，根据《资产评估准则——评估报告》第十五条，应为"委托方、被评估单位（或者产权持有单位）和委托方以外的其他评估报告使用者"。

（2）未说明选择价值类型的理由，不符合《资产评估准则——评估报告》第十九条"评估报告应当明确价值类型及其定义，并说明选择价值类型的理由"的规定。

（三）在采用资产基础法评估时，现场调查收集资料不足，流动资产的询证、查阅等工作有待完善。非流动资产现场勘查记录和询价记录不全

（四）在采用收益法评估时，存在以下问题

（1）对被评估企业所涉及的交易、收入、支出、投资等资料收集不足，未来的预测缺乏可靠的证据支撑。

（2）未来收益预测存在以下问题：

1）营业收入中"出租车收入"在文字表达上（出租车收入增长2%左右）与预测表中（2020年出租车收入较2019年减少）不符。

2）在被评估单位经营规模维持的情况下，为了维持企业正常的生产经营，资本性支出应当与折旧摊销额相等，这其中包括但不限于出租车公司应当进行的因《机动车强制报废标准规定》产生的追加投资，资本性支出预测不足。

（3）部分参数的确定缺乏合理性，如：

1）资产评估师应当在对企业收入成本结构、资本结构、资本性支出、投资收益和风险水平等综合分析的基础上，结合宏观政策、行业周期及其他影响企业进入稳定期的因素合理确定预测期。而本案例的收益预测期缺少分析确定过程。

2）在计算贝塔系数时，选取的可比企业中部分企业行业相关性较差。被评估单位为出租车运营企业，而参照案例中的华域汽车为汽车、摩托车零部件生产制造企业，光明地产的业务范围中仅有货物运输一项，作为可比企业较为牵强。

3）计算得到的折现率为8.92%，评估人员决定取9%作为折现系数，因折现率对价值影响较大，直接取整作为折现系数的合理性欠缺。

六、总结与启示

本案例采用资产基础法与收益法两种方法评估，最终选择以收益法的评估结果作为结论，考虑到了被评估单位作为出租车企业的特殊性，分析过程较为合理，但评估的操作过程中仍存在一定不足，在采用资产基础法评估时，应更加重视资料的收集、询证程序；在采用收益法评估时，应充分收集能支撑未来收益预测的收支、投资等相关资料，参数的确定过程中也应充分考虑可比性及谨慎性，使评估结果更为合理。

北京 HJY 工贸公司改制项目评估案例

一、案例要点

本案例中评估机构对净资产价值采用了资产基础法进行评估。经查阅评估报告、评估说明、工作底稿，并与评估机构和评估师沟通，该项目主要存在以下问题：

（1）工作底稿内容缺失较多。

（2）资产基础法计算完全重置成本的过程不严谨，计算结果的正确性无法判断。

（3）被评估单位为国有企业，评估报告与《资产评估准则——评估报告》和《企业国有资产评估报告指南》的相关规定存在差距。

二、案例背景

北京 HJY 工贸公司拟进行改制，评估对象为北京 HJY 工贸公司净资产价值，评估基准日：2015 年 12 月 31 日，该经济行为已经完成。

三、案例内容

以下内容根据相关评估报告和工作底稿进行了编辑、处理。

（一）委托方与被评估单位

委托方：北京市平谷区人民政府国有资产监督管理委员会。

被评估单位：北京 HJY 工贸公司。

（二）评估目的

本次评估目的为北京 HJY 工贸公司拟进行改制事宜所涉及的资产和负债进行评估，并对上述资产在评估基准日 2015 年 12 月 31 日所表现的价值做出公允反映，为上述经济行为提供价值参考依据。

（三）评估对象

评估对象为北京 HJY 工贸公司净资产价值。

（四）评估范围

评估范围为 2015 年 12 月 31 日资产负债表所列示资产总额 9,402.58 万元，负债总额 962.40 万元，净资产 8,440.18 万元。

（五）价值类型

市场价值。

（六）评估基准日

2015 年 12 月 31 日。

（七）评估方法

资产基础法。

评估方法如下：

资产基础法是对各单项资产根据其特点及具备的评估条件采用适宜的方法进行评估，得出各单项资产价值，然后加和得出总资产价值，扣减负债后得出净资产价值。以下按照资产项目分项简述：

1. 货币资金评估

货币资金为现金和银行存款。对现金进行盘点核实；对银行存款根据评估申报表，经与银行对账单及银行存款余额调节表核对，确定其账实是否相符。按清查核实后账面值计评估值。

2. 应收账款、预付账款、其他应收款项评估

根据每笔款项可能收回的数额确定评估。具体操作时依据企业的历史资料和资产评估时了解的情况，具体分析了欠款时间、欠款原因、历年款项回收情况、欠款人的资信和经营现况等，并查阅了基准日后账簿记录，对账款的回收情况进行了核实，以综合判断各项其他应收款回收的可能性。按清查核实后账面值计评估值。

3. 存货评估

存货为库存商品。

对于库存商品，经对账面成本构成内容进行清查核实，商品成本核算正常、基本为近期购置，评估以清查核实分析后账面值确认评估值。

4.长期股权投资评估

对股权投资的评估,采用成本法评估,即对被投资单位的整体资产进行评估后,再按评估值乘以投资比例确定评估值。

5.固定资产评估

此次评估的固定资产为房屋建筑物、构筑物、机械设备和车辆。

(1)建筑物、构筑物类评估采用重置成本法。成本法是包含前期费用、建筑安装工程造价、其他费用、资金成本。前期费用、其他费用根据国家和北京市评估基准日现行收费标准,建筑安装工程造价根据建筑安装工程量、北京市评估基准日执行的建筑安装工程定额、费用定额及材料市场价格进行确定,资金成本为建筑物正常建设工期内占用资金的筹资成本即评估基准日正在执行的固定资产贷款利息。

重置全价 = 建筑安装工程造价 + 工程建设前期费用及其他费用 + 资金成本

建筑综合成新率的确定采用现场勘查法和理论成新率两种方法,评估人员对评估对象分别从结构、装修、设备三个部分进行查看,对其施工质量、使用情况、维修情况、损坏情况进行鉴定,并做好查勘记录。

理论成新率 = 尚可使用年限/(尚可使用年限 + 已使用年限) × 100%

综合成新率 = 现场勘察成新率 × 60% + 理论成新率 × 40%

评估值 = 重置全价 × 综合成新率

(2)设备类评估采用重置成本法。评估人员首先根据委估设备清单,现场核查设备现状并对设备新旧程度、技术性能、运行环境、利用率及维修保养状况进行实地考察,对价值较大的重点设备性能进行现场测试并查阅设备技术档案,按照操作要求,现场填写机器设备作业表;然后根据评估规定,结合设备现状,确定评估标准与测算方法;通过向有关设备生产厂家、供应商询价以及查阅有关设备价格行情资料等,确定设备重置价值。成新率则根据有形损耗和使用年限进行确定。操作过程如下。

重置价值的确定:

设备重置价值 = 现时购置价 + 运杂费 + 安装调试费 + 资金成本(资金成本对安装调试周期超过半年的大型设备和生产专用线适当计取,小型设备不含上述费用)

成新率的确定:

1)对于机器设备,主要依据设备经济寿命年限、已使用年限,通过对设备使用状况、技术状况的现场勘查了解，确定其尚可使用年限，然后按以下公式确定其成新率。

成新率 = 尚可使用年限/(尚可使用年限 + 已使用年限) × 100%

2）对于车辆，主要依据国家颁布的车辆强制报废标准，以车辆行驶里程、使用年限、观测三种方法根据孰低原则确定理论成新率，然后结合现场勘查情况进行调整。计算公式如下：

使用年限成新率 = (规定使用年限 – 已使用年限)/规定使用年限 × 100%

行驶里程成新率 = (规定行驶里程 – 已行驶里程)/规定行驶里程 × 100%

综合成新率 = (使用年限成新率 + 行驶里程成新率 + 观测法成新率)/3

评估值的确定：

评估值 = 重置成本 × 成新率

6. 无形资产评估

此次委估的无形资产为土地使用权。

本次土地的评估采用基准地价系数修正法确定土地使用价格。

土地的估价采用基准地价系数修正法。根据土地使用权类型、用途、位置、容积率、年限来确定。基准地价中熟地价的含义包括土地出让金、红线外市政基础设施配套建设费、土地取得费用，基准地价中毛地价的含义包括土地出让金、红线外市政基础设施配套费。计算公式如下：

宗地楼面熟地价 = 适用的基准地价（楼面熟地价）× 用途修正系数 × 期日修正系数 × 年期修正系数 × 容积率修正系数 × 因素修正系数。

7. 递延所得税资产评估

递延所得税资产为坏账准备，评估按审计后账面值确定评估值。

8. 负债评估核实

负债的评估以是否存在债权人和是否为实际需要付出的债务确定评估值。

（八）假设条件

（略）

（九）评估结论

经上述评估，北京 HJY 工贸公司于评估基准日 2015 年 12 月 31 日拟改制所涉及的资产和负债在评估基准日资产持续使用状况下的公允市场价值为：

资产账面价值 9,402.58 万元，评估值 16,836.41 万元，评估增值 7,433.83 万元，增值率 79.06%。

负债账面价值 962.40 万元，评估值 962.40 万元，评估增值 0.00 万元，增值率 0.00%。

净资产账面价值 8,440.18 万元，评估值 15,874.01 万元，评估增值 7,433.83 万元，增值率 88.08%。

四、适用依据

(一) 经济行为文件

(1) 资产评估业务约定书；

(2) 北京市平谷区人民政府国有资产监督管理委员会改制批复京"平国资〔2015〕30 号"。

(二) 主要法律法规

(1)《国有资产评估管理办法》(1991 年国务院 91 号令)；

(2)《国有资产评估管理办法施行细则》(国资办发〔1992〕36 号)；

(3)《资产评估操作规范意见 (试行)》(国资办发〔1996〕23 号)；

(4)《资产评估报告基本内容与格式的暂行规定》(财评字〔1999〕91 号)；

(5)《国有资产评估管理若干问题的规定》(财政部 2001 年第 14 号令)；

(6)《国有资产评估违法行为处罚办法》(财政部 2001 年第 15 号令)；

(7)《国有资产评估项目核准管理办法》(财企〔2001〕801 号)；

(8)《国有资产评估项目备案管理办法》(财企〔2001〕802 号)；

(9)《国有资产评估项目抽查办法》(财企〔2001〕803 号)；

(10)《国务院办公厅转发财政部关于改革国有资产评估行政管理方式加强资产评估监督管理工作意见》的通知》(国资办发〔2001〕102 号)；

(11)《企业国有资产评估管理暂行办法》(国资委〔2006〕12 号令)；

(12)《北京市国有资产评估项目备案管理办法实施细则》(京财企一〔2002〕660 号)；

(13)《资产评估准则——基本准则》(财政部财企〔2004〕20 号)；

(14)《资产评估准则——无形资产》财政部财会〔2001〕1051 号；

(15)《企业价值评估指导意见》(中评协〔2004〕134 号)。

(三) 产权依据

(1) 评估基准日的会计报表；

(2) 往来款项询证函；

（3）存货采购合同；

（4）房屋施工建造合同、施工许可证、规划许可证等；

（5）设备及车辆购置合同、发票等；

（6）机动车行驶证及车辆使用登记证；

（7）土地使用证；

（8）其他与评估资产相关的资料。

（四）取价依据

（1）中国人民银行评估基准日公布的银行利率表；

（2）国家外汇管理局评估基准日公布的外汇汇率；

（3）对委估资产进行实地勘察分析、记录资料；

（4）《机电产品报价手册》；

（5）《资产评估常用数据与参数手册》；

（6）《北京市人民政府关于调整本市出让国有土地使用权基准地价的通知》；

（7）国家统计局发布的物价指数及其他统计资料；

（8）市场询价和直接网上查询；

（9）本公司收集的国家有关部门发布的统计资料和技术标准资料；

（10）本公司收集的有关资产的询价资料和参考资料。

五、案例分析

（一）评估程序

工作底稿中缺乏函证及各类资产的现场勘查记录，清查核实程序有所欠缺；底稿中缺乏取价依据和询价记录，计算完全重置成本的过程不严谨，故计算结果的正确性无法判断；底稿中未见复核记录，内容完整性较差。

（二）评估报告

1. 评估目的

被评估单位为国有资产，未说明该经济行为获得批准的相关情况或经济行为依据。

2. 评估对象和范围

未说明委托评估对象和评估范围与经济行为涉及的评估对象和评估范围是否一致；对企业价值影响较大的单项资产或者资产组合的法律权属状况、经济状况和物理状况的描述不全面，比如未描述经济状况、土地的产权瑕疵、车辆的证载权利人不符但是车辆应当归被评估单位所有，等等；未说明企业申报的账面记录或者未记录的无形资产类型、数量、法律权属状况等；未说明企业申报的表外资产的类型、数量；未说明引用其他机构出具的报告结论所涉及的资产类型、数量和账面金额或者评估值。与《资产评估准则——评估报告》和《企业国有资产评估报告指南》的要求存在差距。

3. 评估依据

（1）主要法律法规依据中，存在已经废止的依据；

（2）缺少评估准则依据，如评估报告、评估程序、业务约定书、工作底稿、机器设备、不动产准则、价值类型指导意见，等等；

（3）产权依据中写了存货采购合同、房屋施工建造合同、施工许可证、规划许可证等，但底稿中并未见到该资料；

（4）取价依据缺少当地工程造价信息。

4. 评估方法

（1）根据《资产评估准则——评估报告》和《企业国有资产评估报告指南》的相关规定，评估报告应当说明所选用的评估方法，以及选择评估方法的理由；以持续经营为前提，采用两种以上方法进行企业价值评估，应当分别说明两种评估方法选取的理由以及评估结论确定的方法。

该案例实际采用了收益法，底稿中有收益法评估说明，但是报告中写的评估方法仅为资产基础法；对选择评估方法的理由和适用性分析与实际情况自相矛盾。

（2）土地使用权仅用一种方法评估，未说明选取一种的理由及各种土地评估方法的适用性分析。

5. 特别事项说明对主要资产的产权瑕疵披露不到位

房产未办理房产证，房产面积以评估人员实地测量为准，未提及是否有产权声明；车辆所有人为个人，未写明该车辆的所有权是否属于被评估单位，或被评估单位是否出具产权声明；三宗土地的证载权利人不是被评估单位，未在特别事项说明中披露。

6. 附件缺少审计报告、产权声明文件，委托方承诺函无负责人签字

（三）评估说明

1. 存货评估说明描述的评估方法，与实际上以账面值确定评估值的方法不一致；底稿中的询价记录与评估结果无相关性。

2. 长期股权投资和可供出售金融资产，部分单位无工作底稿，引用的评估报告未盖章，无附件、明细表、说明等。评估说明中对引用的评估报告披露信息不完善。

3. 固定资产的评估过程

（1）房屋建筑物：未说明房屋建筑物类固定资产所占用土地的情况，缺少构筑物评估案例。

（2）机器设备：未说明企业是否增值税一般纳税人，设备的进项税是否可以抵扣。

4. 收益法

（1）企业经营、资产、财务分析不全面；无经营性资产、非经营性资产、溢余资产分析。

（2）无收入未来预测趋势可靠性的证据；对于未来收入的预测，预测趋势与被评估企业现实情况存在重大差异，未对产生差异的原因及其合理性的分析。

六、总结与启示

（1）《资产评估准则——评估程序》已对评估过程中的必要工作进行了系统性的归纳，评估人员如能严格履行，就会大幅度降低评估过程中存在的风险。

（2）《企业国有资产评估报告指南》已给出了国有资产评估报告的内容要求和模板，如能根据该指南制定报告模板，则很多问题可以避免，风险可以降低。

（3）评估师除了熟悉资产评估准则以外，还应熟悉与评估对象相关的各种法律、法规规定。以准确确定评估对象，选择合适的评估方法与评估参数。

（4）评估机构应严格执行评估报告复核制度，认真复核评估工作底稿和评估报告，降低执业风险。

BJTRX 有限公司净资产评估项目评估案例

一、案例要点

本案例中评估机构对 BJTRX 有限公司的净资产价值采用了资产基础法进行了评估。经查阅评估报告、评估说明、工作底稿，并与评估机构和评估师沟通，该项目主要存在以下问题：

（1）本案例报告格式和内容仍为《资产评估报告基本内容与格式的暂行规定》（财评字 ［1999］ 91 号）的格式与内容，没有按照《资产评估准则——评估报告》规定予以更新。报告各要素内容披露不充分，对正确理解评估结论合理性的支持力度不足。

（2）本案例报告中描述的评估目的是为 BJTRX 有限公司拟确定净资产之经济行为提供价值参考依据，与评估报告日后双方签订的约定书约定的评估目的——股权转让不一致，但评估机构及评估师未能根据评估业务约定书的约定对报告进行必要的修改和完善，加大了评估机构及评估师的执业风险。

（3）本案例工作底稿中现场调查核实记录欠缺，未见市场调查记录及评估测算过程，工作底稿对评估报告内容及评估结论的支持力度不充分。

二、案例背景

本案例委托方及被评估单位均为 BJTRX 有限公司，该公司股东全部为自然人。评估对象为：BJTRX 有限公司净资产。报告中描述的评估目的是为 BJTRX 有限公司拟确定净资产之经济行为提供价值参考依据，与约定书约定的评估目的——股权转让。评估基准日：2016 年 1 月 31 日，采用资产基础法评估。

评估结论：总资产账面价值为 4,362.71 万元，评估价值为 4,362.71 万元；

总负债账面价值为 2,057.63 万元，评估价值为 2,057.63 万元；净资产账面价值为 2,305.08 万元，评估价值为 2,305.08 万元。评估无任何增减值。

三、案例内容

以下内容根据相关评估报告、评估说明和工作底稿进行了编辑、处理。

评估报告：

（一）委托方、被评估单位和委托方以外的其他评估报告使用者

（略）

（二）评估目的

本次评估目的即为 BJTRX 有限公司拟确定净资产之经济行为提供价值参考依据。

上述经济行为尚需获得 BJTRX 有限公司董事会、股东会的批准。

（三）评估对象和评估范围

评估对象是 BJTRX 有限公司的净资产价值，涉及的评估范围是 BJTRX 有限公司的全部资产及相关负债。账面资产总额 BJTRX 有限公司 43,627,099.49 元、负债总额 20,576,272.12 元、净资产 23,050,827.37 元。具体包括流动资产 21,206,075.22 元；固定资产净值 4,999,394.43 元；无形资产净值 17,421,629.84 元；流动负债 20,576,272.12 元。

以上评估范围和对象与委托评估的资产范围一致。

（四）价值类型及其定义

本次评估采用持续经营、缺少流通前提下的市场价值作为选定的价值类型，具体定义如下：

市场价值是指自愿买方和自愿卖方在各自理性行事且未受任何强迫的情况下，评估对象在评估基准日进行正常公平交易的价值估计数额。

持续经营在本报告中是指被评估企业的生产经营活动会按其现状持续下去，并在可预见的未来，不会发生重大改变。

缺少流通是指被评估股权不可以在中国证券交易市场（即上交所和深交所）竞价交易。但可以依法采用其他方式转让、交易，即被评估股权不是国内上市公司的流通股权。

根据资产评估业务约定书之约定，本次资产评估业务对市场条件和评估对象的使用无特别限制和要求，选择市场价值作为本次评估结论的价值类型。

（五）评估基准日

根据资产评估业务约定书之约定，本次评估的评估基准日为 2016 年 1 月 31 日。

本次评估工作中所采用的价格及其他参数均为评估基准日的标准。

以 2016 年 1 月 31 日作为评估基准日，主要是根据委托方实现经济行为的需要确定的。

（六）评估依据

1. 行为依据（略）

2. 法规依据（略）

3. 产权依据（略）

4. 取价依据（略）

5. 其他依据（略）

（七）评估方法

企业价值评估的基本方法包括收益法、市场法及资产基础法，评估应根据特定经济行为所确定的评估目的及所采用的价值类型、评估对象及获利能力状况、评估时的市场条件、数据资料收集情况及主要技术经济指标参数的取值依据，通过对评估方法的适用性进行分析后综合确定。

1. 评估方法

市场法是指通过对与被评估企业处于同一或类似行业的企业或企业的买卖、收购及合并案例的相关数据资料进行分析，计算适当的价值比率或经济指标，在与被评估企业比较分析的基础上，得出评估对象价值的方法。

资产基础法是指在合理评估企业各项资产价值和负债的基础上确定评估对象价值的评估思路。其基本计算公式为：

净资产 = 各单项资产评估值之和 − 负债

收益法是指通过将被评估企业预期收益资本化或折现以确定评估对象价值的评估思路。其适用的基本前提条件是：被评估企业未来预期收益可以预测并可以用货币衡量，被评估企业预期收益所承担的风险也可以预测并可以用货币衡量，被评估企业预期获利年限可以预测。

经分析，由于我国目前企业产权交易市场尚不发达，缺乏企业产权交易的市场数据，难以找到与 BJTRX 有限公司的产权交易案例，故本次评估不宜用市场法。鉴于 BJTRX 有限公司的现状，公司对未来的发展规划不够详尽，我们无法基于公司过去的经营业绩，合理预测其未来收益。因此本次评估确定采用资产基础法。

2. 资产基础法

资产基础法即成本加和法，是以在评估基准日重新建造一个与评估对象相同的企业或独立获利实体所需的投资额作为判断整体资产价值的依据，具体指将构成企业的各种要素资产的评估值加总减去负债评估值求得企业价值的方法。

（1）流动资产。流动资产评估范围包括货币资金、应收票据、应收账款、预付账款、其他应收款、存货、一年内到期的非流动资产等。

1）货币资金。对货币资金中的现金、银行存款及其他货币资金的账面金额进行核实，人民币资金以核实后的账面值确定评估值。

2）应收款项。包括应收票据、应收账款、预付款项、其他应收款。对应收账款、预付款项、其他应收款，评估人员在核实其价值构成及债务人情况的基础上，具体分析欠款数额、时间和原因、款项回收情况、债务人资金、信用、经营管理现状等因素，采用账龄分析法和个别认定相结合的方法，对风险损失额进行评估，以调整后账面值扣减评估风险损失额后的价值作为评估值。

3）存货。对原材料、在库低值易耗品、包装物（库存物资）在核实账、表、实物数量相符的基础上，可正常使用的对其中失效、变质、残损、报废、无用的以可变现价值确定评估值。

4）长期股权投资。本公司的长期股权投资采用下列会计处理方法：

长期股权投资按投资时实际支付的价款或确认的价值记账，对其他单位的投资占被投资单位有表决权资本总额20%或20%以上，或虽投资不足20%但有重大影响的采用权益法核算，占被投资单位有表决权资本总额20%以下或不具有重大影响的按成本法核算，直接或间接拥有被投资公司50%以上权益性资本，以及拥有被投资公司20%~50%权益性资本，但本公司对其实质上拥有控制权时，采用权益法核算并对会计报表予以合并。

5）固定资产。

第一，运输设备。采用重置成本法的方法。计算公式如下：

评估值 = 重置成本 – 实体性贬值 – 功能性贬值 – 经济性贬值

重置成本的确定：市场报价 + 车船购置税率10% + 保险

实体性贬值：通过使用里程数法来计算实体性贬值。

功能性贬值：由于科学技术的发展导致的车辆贬值，即无形损耗。

经济性贬值只能根据车身的成新率来判断。

第二，机器设备、电子设备。采用重置成本法进行评估，即：

评估价值 = 重置价值 × 成新率

重置价值。

机器设备、电子设备重置价值。

重置价值 = 购置价格 + 运杂费 + 安装调试费 + 配套费 + 前期费用 + 资金成本

进口设备。

购置价格 = CIF 价 × 评估基准日汇率 + 进口关税 + 增值税 + 银行手续费 + 招标服务费 + 外贸手续费 + 国内运输费 + 配套费 + 资金成本 + 商检费

6）在建工程。在建工程施工正常，工程款项支付正常，开工时间距离评估基准日不超过一年，实际支付的工程款项中无不合理费用，（再按照各类费用的价格变动幅度进行调整，得出在建工程评估值）以经核实的账面值确定评估值。

7）无形资产。

第一，财务软件，采用重置成本法的方法。计算公式如下：

评估值 = 重置成本 − 实体性贬值 − 功能性贬值 − 经济性贬值

重置成本的确定：市场报价。

实体性贬值：通过使用年限法来计算实体性贬值。

功能性贬值：由于科学技术的发展导致的软件贬值，即无形损耗。

经济性贬值只能根据软件的效用率来判断。

第二，商标，采用收益现值法。

评估值 = 评估基准日至未来 5 年技术分成额现值之和，即：

$$P = \sum_{t=1}^{n} \frac{F_t}{(1+i)^t}$$

式中，P 为无形资产评估值；F_t 为未来第 t 年技术分成额；i 为折现率；t 为收益计算年；n 为预期收益年限。

第三，知识产权，采用收益现值法。

评估值 = 评估基准日至未来 5 年技术分成额现值之和，即：

$$P = \sum_{t=1}^{n} \frac{F_t}{(1+i)^t}$$

式中，P 为无形资产评估值；F_t 为未来第 t 年技术分成额；i 为折现率；t 为收益计算年；n 为预期收益年限；

第四，土地使用权，采用市场比较法。

评估值＝比较案例宗地价格估价对象土地使用权情况指数×比较案例宗地情况指数估价对象土地使用权估价基准日地价指数×比较案例宗地交易日期地价指数估价对象土地使用权区域因素条件指数×比较案例宗地区域因素条件指数估价对象土地使用权个别因素条件指数×比较案例宗地个别因素条件指数

8）长期待摊费用。在核实其合法性、合理性、真实性和准确性后，按尚存资产和权利的价值确定评估值。

（2）负债。对企业负债的评估，主要是进行审查核实，以将来应由评估目的实现后的产权持有者实际承担的负债金额作为负债的评估值，对于将来并非应由评估目的实现后的产权持有者实际承担的负债项目，按零值计算。对于流动负债项目中的短期借款、应付账款、预收账款、其他应付款、应付福利费、应交税费等项目的评估，根据企业提供的各项明细表，以评估目的实现后新的产权持有者实际承担的债务作为其评估值。

（八）评估程序实施过程和情况（略）

（九）评估假设（略）

（十）评估结论

在评估基准日 2016 年 1 月 31 日持续经营前提下，账面资产总额 43,627,099.49元、负债总额 20,576,272.12 元、净资产 23,050,827.37 元。本次评估的净资产结果为 23,050,827.37 元。

1. 评估结果与账面价值的比较变动情况

（1）总资产评估值与账面价值相比无增值额；

（2）负债评估值与账面价值相比无增值额；

（3）净资产评估值与账面价值相比无增值额。

2. 评估结果与账面价值比较无变动

（十一）特别事项说明（略）

（十二）评估报告使用限制说明（略）

（十三）评估报告日（略）

四、评估技术说明

(一) 流动资产评估技术说明

1. 货币资金（略）

2. 应收账款、预付账款和其他应收款的评估说明

3. 存货的评估说明

存货账面值 4,712,099.30 元，调整后账面值 4,712,099.30 元。存货的具体情况如表 1 所示。

表 1　存货情况

单位：元，%

科目名称	账面值	调整后账面值	所占比例
原材料	35,665.24	35,665.24	0.76
产成品（库存商品）	4,676,434.06	4,676,434.06	99.24
存货合计	4,712,099.30	—	100
减：存货跌价准备	—	—	—
存货净额	4,712,099.30		100

公司的库存商品均为正常的存货，没有残次冷背的存货。

存货评估结论：申报纳入本次评估范围内的存货账面值为 4,712,099.30 元，调整后账面值为 4,712,099.30 元，评估值为 4,712,099.30 元。

(二) 非流动资产评估技术说明

1. 机器设备评估技术说明

（1）评估对象和评估范围。纳入本次评估范围的固定资产为 BJTRX 有限公司申报的机器设备、车辆、电子设备、其他设备。

根据 BJTRX 有限公司提供的固定资产清查评估明细表，设备类固定资产的账面原值 9,873,043.89 元，账面净值 4,999,394.43 元；调整后账面原值 9,873,043.89 元，账面净值 4,999,394.43 元。

（2）设备概况。本次评估范围内的固定资产为 BJTRX 有限公司申报的机器设备、车辆、电子设备、其他设备。固定资产设备全部能正常使用。

（3）评估过程（略）。

（4）评估依据（略）。

（5）评估方法。根据本次评估的特定目的及被评估设备的特点，确定以重置成本为本次资产评估的计价标准，主要采用成本法确定委估设备的市场价值。

1）机器设备评估。重置价值的确定：对能查询到现行市场价格的设备，根据分析确定的现行市价，考虑其运输、装调试等费用因素，确定重置价值。计算公式为：

重置价值＝现行市场价格＋运杂费＋安装调试费＋其他合理费用；对于少数查询不到现行市场价格的设备，根据设备的原始购货、付款凭证，照国家有关部门公布的物价指数和有关价格信息资料，测算自设备付款日至评估基准日的价格指数，确定设备的购置价，然后考虑其运输、安装调试以及其他合理费用因素，确定重置全价。计算公式为：

重置全价＝设备购置原价×该类设备基准日相对于设备购置日的价格指数＋运杂费＋安装调试费＋其他合理费用

成新率：设备成新率的测定采用理论成新率法和现场鉴定成新率法。具体操作主要根据现场勘察鉴定所掌握的设备现状，结合行业特点及有关贬值因素，并参考设备的规定使用年限、已使用年限及设备使用、保养和修理情况综合确定成新率。

2）电子设备的评估。关于电子设备的评估，主要采用重置成本法。基本计算公式为：

评估值＝重置全价×成新率

本次申报纳入评估范围内的电子设备主要为在国内采购的设备，因此对此部分设备主要以现行市场价格为基础确定重置全价。

电子设备的成新率首先是根据设备的经济使用年限、已使用年限确定其基础成新率，以及通过对设备使用状况的现场调查，合理确定电子设备的物理性损耗，同时通过向有关设备管理（使用）人员询问该等设备的使用效能，综合确定其成新率。

3）运输设备的评估。关于运输设备的评估，主要采用重置成本法的方法。基本计算公式为：

评估值＝重置成本－实体性贬值－功能性贬值－经济性贬值

重置成本的确定：市场报价＋车船购置税率10%＋保险

实体性贬值：通过使用里程数法来计算实体性贬值。

功能性贬值：由于科学技术的发展导致的车辆贬值，即无形损耗。

经济性贬值只能根据车身的成新率来判断。

4）其他设备的评估。其他设备主要是一些办公家具，主要采用重置成本法的方法。基本计算公式为：

评估值＝重置全价×成新率

本次申报纳入评估范围内的其他设备主要为在国内采购的办公家具，因此对此部分设备主要以现行市场价格为基础确定重置全价。

这些设备的成新率首先是根据设备的经济使用年限、已使用年限确定其基础成新率，以及通过对设备使用状况的现场调查，合理确定设备的物理性损耗，同时通过向有关设备管理（使用）人员询问该等设备的使用效能，综合确定其成新率。

（6）评估结论及分析。

本次委估的设备类资产的评估结果如表2所示。

表2　固定资产——设备类资产评估结果汇总表

单位：元

项目	调整后账面价值		评估值	
	原值	净值	原值	净值
设备类合计	9,873,043.89	4,999,394.43	9,873,043.89	4,999,394.43
固定资产—机器设备	4,709,010.32	3,818,815.66	4,709,010.32	3,818,815.66
固定资产—电子设备	868,492.30	93,213.32	868,492.30	93,213.32
固定资产—运输设备	3,689,963.00	966,835.19	3,689,963.00	966,835.19
固定资产—办公设备	605,578.27	120,530.26	605,578.27	120,530.26

2. 无形资产

采用重置成本法的方法。计算公式如下：

评估值＝重置成本－实体性贬值－功能性贬值－经济性贬值

重置成本的确定：市场报价。

实体性贬值：通过使用年限法来计算实体性贬值。

功能性贬值：由于科学技术的发展导致的软件贬值，即无形损耗。

经济性贬值只能根据软件的效用率来判断。

公司的无形资产均为正常使用的软件。

无形资产评估结论：申报纳入本次评估范围内的无形资产账面值为

17,421,629.84 元，调整后账面值为 17,421,629.84 元，评估值为 17,421,629.84 元。

（三）负债评估技术说明

1. 评估范围

评估范围为 BJTRX 有限公司的流动负债，流动负债主要包括应付账款、预收账款、应交税费等。依据 BJTRX 有限公司提供的负债清查申报明细表，各项负债于评估基准日之账面值如表 3 所示。

表 3　账面值

单位：元

项目	账面价值	调整后账面值
应付账款	1,354,259.66	1,354,259.66
预收款项	225,898.50	225,898.50
应付职工薪酬	36,940.96	36,940.96
应交税费	2,433,631.62	2,433,631.62
其他应付款	16,525,541.38	16,525,541.38
合计	20,576,272.12	20,576,272.12

2. 评估过程（略）

3. 评估方法

对于负债的评估，以评估目的实现后产权持有者实际需要承担的数额确定相关负债的评估值。

4. 评估结果（略）

五、案例点评

根据评估准则的要求，该报告中有以下几方面的处理方式与评估准则的要求存在一定差距。

（一）评估报告格式不规范；报告各要素披露内容不充分，对报告使用者理解评估结论合理性的支持力度不足

（1）《资产评估准则——评估报告》自 2008 年 7 月 1 日起已施行，《资产评估报告基本内容与格式的暂行规定》（财评字［1999］91 号）于 2009 年 7 月 1 日废止。本案例报告格式和内容仍为《资产评估报告基本内容与格式的暂行规定》（财评字［1999］91 号）规定的格式与内容，没有按照《资产评估准则——评估

报告》规定予以更新。

（2）根据《资产评估准则——评估报告》第十八条相关规定"评估报告中应当载明评估对象和评估范围，并具体描述评估对象的基本情况，通常包括法律权属状况、经济状况和物理状况。"本案例评估对象为股权价值，报告中评估对象和评估范围仅披露了大类资产负债的账面价值，没有具体描述评估对象的基本情况，缺少对企业价值影响较大的资产的法律权属状况、经济状况和物理状况描述。

（3）《资产评估准则——评估程序》第三十一条："注册资产评估师完成评估程序后，由其所在评估机构出具评估报告并按业务约定书的要求向委托方提交评估报告。"本案例报告中描述的评估目的是为 BJTRX 有限公司拟确定净资产之经济行为提供价值参考依据，与评估报告日后双方签订的约定书约定的评估目的——股权转让不一致。

（4）根据《资产评估准则——企业价值》第四十一条："注册资产评估师运用资产基础法进行企业价值评估，各项资产的价值应当根据其具体情况选用适当的具体评估方法得出。"《资产评估准则——评估程序》第二十六条要求："注册资产评估师应当根据所采用的评估方法，选取相应的公式和参数进行分析、计算和判断，形成初步评估结论。"

本评估报告的评估方法中披露：存货"以核实后的数量乘以现行市场购买价，再加上合理的运杂费等确定评估值"；固定资产"采用重置成本法的方法"；无形资产"财务软件采用重置成本法的方法"。评估明细表中，各类存货的评估值等于账面值；固定资产明细表中评估原值等于账面原值，成新率是账面净值占账面原值的比例，固定资产评估值等于账面净值；各类无形资产评估值等于账面值。但在评估说明中，未说明被评估单位存货的取得方式，未分析存货账面价值构成，未分别按原材料、产成品（库存商品）等进行分析说明存货评估值的确认依据及方法；未见固定资产、无形资产评估案例及计算过程，使资产评估报告使用人无法正确理解评估结论。

（5）评估明细表内容缺失较多：往来款无发生日期，无账龄分析，债权、债务未标注关联关系；固定资产明细表无规格型号、生产厂家、启用日期；车辆未填行驶证、无行驶里程、无启用日期；电子设备无生产厂家、规格型号、启用日期。

（二）本案例工作底稿中现场调查核实记录欠缺，未见市场调查记录及评估测算过程，工作底稿对评估报告内容及评估结论的支持力度不充分

（1）根据《资产评估准则——业务约定书》第六条相关规定：评估机构应当在决定承接评估业务后与委托方签订业务约定书，业务约定书应当由评估机构的法定代表人或者合伙人签字并加盖评估机构公章。本案例评估业务约定书日期晚于报告日期，业务约定书无评估机构的法定代表人或合伙人签字。

（2）根据《资产评估准则——工作底稿》第十一条规定：操作类工作底稿的内容因评估目的、评估对象和评估方法等不同而有所差异，通常包括以下内容：①现场调查记录与相关资料，包括：委托方提供的资产评估申报资料，现场勘查记录，函证记录，主要或者重要资产的权属证明材料，与评估业务相关的财务、审计等资料，其他相关资料；②收集的评估资料，包括：市场调查及数据分析资料，相关的历史和预测资料，询价记录，其他专家鉴定及专业人士报告，委托方及相关当事方提供的说明、证明和承诺，其他相关资料；③评定估算过程记录，包括：重要参数的选取和形成过程记录，价值分析、计算、判断过程记录，评估结论形成过程记录，其他相关资料。

本案例工作底稿中，现场勘查记录与相关资料不完备：无被评估企业盖章的资产清查评估申报表；无往来询证函，也未见有函询、未回替代程序；未见固定资产购置发票，被评估企业车辆行驶证复印件不清晰，部分车辆行驶证年检有效期在基准日之前，未见主要设备现场勘察记录；未见无形资产购置发票、无无形资产的账面价值构成分析；无存货账面值构成分析、存货分类分析等。

市场调查及评估过程的记录在工作底稿中反映也很少：未见对被评估单位历史年度的收益情况分析记录；未见存货、固定资产、无形资产询价记录，未见存货、固定资产及无形资产的评估测算过程及分析记录。

（3）根据《资产评估准则——工作底稿》第十四条规定：工作底稿应当反映内部审核过程，审核人在审核工作底稿时，应当书面表示审核意见并签字。本案例工作底稿中复核记录明显流于形式，未见实质性复核内容和审核人签字。

六、总结与启示

（1）本案例从报告格式、内容、工作底稿与评估准则的规范要求差距很大，反映出该机构及评估师知识更新严重滞后，没有重视对评估准则的专题培训和具体运用，导致其在评估执业过程中出现程序执行不到位、报告披露不规范等诸多问题。

由于小机构业务数量不足，业务收入少，评估师流失严重，很难抽出财力、物力和人力去建立健全内部质量控制制度或执行相应的内控审核程序。甚至有些小机构以兼职评估师为主，日常工作中不注重对评估师知识的更新和培训，有项目时才临时抽回评估师参与项目，难免出现上述种种问题。

由此可见，有针对性地、系统地对部分小机构进行检查、指导、培训势在必行。一是协会及管理机构应加强对机构设立条件的检查力度，对不满足条件的机构进行清理，最低限度地保障机构有相应的执业人员；二是协会要有针对性地对小机构进行执业质量集中检查，通过检查了解小机构的培训需求，促进小机构加强自主学习，提高业务质量；三是针对小机构的培训需求，开展专题培训和技术指导，特别是 2017 年新评估准则的出台，将是对小机构进行集中指导培训的一个良好契机。

（2）案例中存在的业务约定书签订日期晚于评估报告出具日期，也是目前行业内存在的一些不合理现象。评估业务约定书是评估机构与委托方签订的，明确评估业务基本事项，约定双方权利、义务、违约责任等内容的书面合同。根据评估程序准则的要求，评估项目一般应先签订业务约定书，后开展评估工作。但在实际工作中，由于种种情况，特别是评估机构处于乙方这一弱式地位，往往会出现评估机构及评估师先根据双方的口头约定开展工作，到评估报告出具时约定书才能签订的情况，也出现了本案例中评估报告出具后才签署的情况。这一现象无形中加大了评估机构及评估师的执业风险。特别是案例中最终签订的约定书与口头约定不一致，而评估机构及评估师未根据业务约定书的约定对报告进行必要的修改和完善，导致报告表述的评估目的与委托方书面委托的评估目的不一致。因此，评估机构和评估师在执业过程中应尽可能防范这类情况的发生，若无法避免，则在承接项目之时应对委托方及项目风险进行充分评估，决定是否承接。承接的项目出现上述情况后，应尽可能采取补充措施，如签订补充业务约定书、收回原先出具的评估报告进行必要修改等方式，以最大限度地防范执业风险。

JLQL 公司股东全部权益价值评估项目案例

一、案例要点

本案例中评估机构对 JLQL 公司的股东全部权益价值采用了资产基础法进行了评估。经查阅评估报告、评估说明、工作底稿，并与评估机构和评估师沟通，该项目主要存在以下问题：

（1）本案例报告中披露的准则依据和权属依据有欠缺。

（2）本案例报告中对已出租的房屋建筑物未考虑租约影响的处理方式值得商榷。

（3）本案例报告中对存货——开发产品（库存商品）评估过程考虑不全面。

二、案例背景

本案例的委托方是 ZGQL 公司，根据委托方董事会决议，委托方拟转让其持有的 JLQL 公司股权。评估对象为 JLQL 公司股东全部权益价值；评估基准日为 2016 年 6 月 30 日；采用资产基础法评估。评估值 10,043.04 万元，增值额 6,284.91 万元，增值率 167.24%。主要增值资产是开发产品（库存商品），评估值 21,519.72 万元，增值额 6,987.54 万元，增值率 48.08%。

三、案例内容

报告名称：ZGQL 公司拟转让股权所涉及的 JLQL 公司股东全部权益价值资产评估报告。

以下内容根据相关评估报告、评估说明和工作底稿进行了编辑、处理。

（一）委托方、被评估单位和业务约定书约定的其他评估报告使用者概况

委托方为 ZGQL 公司；被评估单位为 JLQL 公司；业务约定书未约定其他评估报告使用者。

（二）评估目的

因 ZGQL 公司拟转让 JLQL 公司的股权事宜，对所涉及的 JLQL 公司股东全部权益价值进行评估，为该经济行为目的提供市场价值参考依据。

该经济行为是根据 ZGQL 公司董事会决议进行的。

（三）评估范围和对象

评估对象：JLQL 公司股东全部权益价值。

评估范围：JLQL 公司全部资产及负债。

资产及负债账面数（评估基准日 2016 年 6 月 30 日），资产总计 38,838.94 万元，负债总计 35,080.80 万元，净资产 3,758.14 万元。

评估基准日会计报表已经北京 ZQR 会计师事务所有限公司审计，并出具了 ZQR 专审字〔2016〕×××号无保留意见审计报告。

纳入评估范围的资产及负债与委托评估的资产及负债范围一致。

经核实，委托评估的资产、负债范围与经济行为涉及的资产范围一致，未发现 JLQL 公司拥有账面未记录的其他资产。

（四）价值类型及其定义

本报告所称"评估价值"，是指所约定的评估范围与对象在本报告约定的评估原则、假设和前提条件下，按照本报告所述程序和方法，仅为本报告约定评估目的服务而提出的评估意见。

按照评估目的要求，本次评估的价值类型为市场价值。

市场价值：是自愿买方和自愿卖方在各自理性行事且未受任何强迫的情况下，评估对象在评估基准日进行正常公平交易的价值估计数额。

（五）评估基准日

（1）本项目评估基准日为 2016 年 6 月 30 日；

（2）此基准日是根据本次评估目的及其实现日的时间要求，由委托方确定的；

（3）此基准日为企业会计年末结账日，便于对企业资产及负债的清查与核实；

（4）本次评估所采用的价格标准均为评估基准日有效的价格标准。

（六）评估依据

1. 经济行为依据（略）

2. 法律法规依据

（1）《中华人民共和国公司法》（中华人民共和国主席令第 42 号）；

（2）其他与评估相关法律、法规和规章制度等。

3. 评估准则依据

（1）《资产评估准则——基本准则》；

（2）《资产评估职业道德准则——基本准则》；

（3）《资产评估准则——评估报告》；

（4）《资产评估准则——评估程序》；

（5）《资产评估准则——业务约定书》；

（6）《资产评估准则——不动产》；

（7）《资产评估准则——机器设备》；

（8）《注册资产评估师关注评估对象法律权属指导意见》；

（9）《资产评估价值类型指导意见》。

4. 权属依据

（1）车辆行驶证；

（2）重要资产购置合同等。

5. 取价依据及其他参考依据（略）

（七）评估方法

企业价值评估方法主要有资产基础法、收益法和市场法。

根据本次评估的资产特性，以及由于我国目前市场化、信息化程度尚不高，难以收集到足够的同类企业净资产交易案例，不宜采用市场法。本次评估对象为股东全部权益价值，评估范围为整体资产，根据 JLQL 公司提供的财务和经营资料表明，JLQL 公司主要资产为部分未售的开发产品、长期股权投资，未有在开发产品，未来经营利润无法预测，不具有收益法评估条件，不适宜采用收益法。故本次评估采用资产基础法进行评估。

资产基础法即首先对各类资产及负债采用相适应的方法进行评估，得出总资产和总负债的评估值，总资产评估值与总负债评估值的差额作为企业净资产的评估值。各类资产及负债的评估方法如下：

1. 货币资金（略）

2. 债权性资产（略）

3. 存货

委估存货为位于 CC 市 ED 区 QLFR 家园的开发产品。

在评估过程中，评估人员对评估范围内存货在核对账、表一致的基础上，根据存货项目的特点采用市场法对其评估值进行计算。

4. 长期股权投资（略）

5. 固定资产（略）

6. 长期待摊费用（略）

7. 负债（略）

（八）评估程序实施过程和情况（略）

（九）评估假设（略）

（十）评估结论

经实施以上评估程序后，于评估基准日（2016 年 6 月 30 日）JLQL 公司股东全部权益价值评估结果如下：

总资产账面价值 38,838.94 万元，评估值 45,123.85 万元，评估增值 6,284.91 万元，增值率为 16.18%；总负债账面价值 35,080.81 万元，评估值 35,080.81 万元；评估增值 0.00 万元，增值率 0.00%；所有者权益账面价值 3,758.13 万元，评估值 10,043.04 万元，增值额 6,284.91 万元，增值率 167.24%（评估结论详细情况见资产清查评估明细表）。

（十一）特别事项说明

评估报告使用者应关注下述特别事项对评估结论的影响。

（1）被评估单位房屋产权清晰、未设定抵押担保情况，截止到评估基准日有多处房屋已经出租，本次评估未考虑房屋租赁对评估值的影响。

（2）本评估结论未考虑评估值增减可能产生的纳税义务变化。

（十二）存货——开发产品（库存商品）的清查情况说明

开发产品：本次申报评估的开发产品为 QLFR 家园未完成销售和未出售的房屋，包括住宅 14,634.04 平方米，共计 176 套；商铺 4,948.25 平方米，共计 28 套；地上车库 445.89 平方米，共计 13 个；办公室 2,096.69 平方米，共计 3 套；地下车库 12,847.26 平方米，共计 177 个。

（十三）存货——库存商品的评估技术说明

纳入评估范围的存货——开发产品为位于 CC 市 ED 区 QLFR 家园开发后未出售的商品房。

QLFR 家园小区位于 CC 市 ED 区，小区为高层，商铺连接小区住宅靠大路一侧，包括住宅 46,625.45 平方米，共计 560 套；商铺 11,661.50 平方米，共计 42 套；办公室 2,096.69 平方米，共计 3 套；物业用房 204.11 平方米，1 套；社区用房 188.36 平方米，2 套；地上车库 445.89 平方米，地下室 18,613.96 平方米，共计总建筑面积 79,835.57 平方米。（备注：同施工许可证面积有尾数差异）

住宅和商铺为毛坯房交房。小区建筑外墙面采用外墙聚苯板保温，外墙涂料饰面，窗采用塑钢窗。商铺的外立面为大理石饰面，铝合金门，塑钢窗。小区供热应采用集中供热，小区内设有锅炉房。

截至评估基准日，根据被评估单位提供的台账资料统计，未售面积包括：住宅 14,634.04 平方米、共计 176 套；商铺 4,948.25 平方米、共计 28 套；酒店用房 3,329.04 平方米；地上车库 445.89 平方米，办公室 2,096.69 平方米，共计 3 套；地下车库 12,847.26 平方米，计 177 个，共计未售面积 38,301.17 平方米。

根据开发产品的特点，本次评估采用市场法进行评估。

案例分析：评估过程如下：（评估明细表——库存商品第 10 项）

委托评估房屋建筑物评估单价取比准价格平均值。

比准价格＝交易案例房屋建筑物成交价格×交易情况修正系数×交易日期修正系数×区位因素修正系数×个别因素修正系数

1. 选择可比实例

评估人员经过"CC 房地产网上查询"、房地产中介公司询价及市场调查分析，我们选取近期三例与委估资产类似资产的交易实例，并合理地确定交易案例售价：

实例 A：FR 家园 5 号 2 单元，建筑面积 91.73 平方米，砖混结构，2 室 1 厅 1 卫 1 厨，价格 4,700 元/平方米；

实例 B：FR 家园 3 号 2 单元，建筑面积 77.69 平方米，砖混结构，2 室 1 厅 1 卫 1 厨，价格 4,850 元/平方米；

实例 C：JSXC1 号 3 单元，建筑面积 97.73 平方米，砖混结构，2 室 1 厅 1 卫 1 厨，价格 4,800 元/平方米。

类似资产与委估资产的详细情况如表 1 所示。

表 1　资产情况

比较因素		委估房产	实例 A	实例 B	实例 C
		FR 家园 5 号 2 单元	FR 家园 5 号 2 单元	FR 家园 3 号 2 单元	JSXC1 号 3 单元
位置		东环城路与东荣大路交会处	东环城路与东荣大路交会处	东环城路与东荣大路交会处	东环城路与东荣大路交会处
结构		砖混	砖混	砖混	砖混
类型		2 室 1 厅 1 卫 1 厨	2 室 1 厅 1 卫 1 厨	2 室 1 厅 1 卫 1 厨	2 室 1 厅 1 卫 1 厨
面积（m²）		85.32	91.73	77.69	97.73
交易价（元\平方米）			4,700	4,850	4,800
交易情况		正常	正常	正常	正常
交易日期		2016 年 6 月	2016 年 6 月	2016 年 6 月	2016 年 6 月
区域因素	地理位置	一般	一般	一般	一般
	基础设施状况	一般	一般	一般	一般
	公共设施状况	配套算齐全	配套算齐全	配套算齐全	配套算齐全
	环境质量	较好	较好	较好	较好
	交通便捷度	一般	一般	一般	一般
个别因素	建筑结构	砖混	砖混	砖混	砖混
	房屋类型	2 室 1 厅 1 卫 1 厨	2 室 1 厅 1 卫 1 厨	2 室 1 厅 1 卫 1 厨	2 室 1 厅 1 卫 1 厨
	装修程度	毛坯	毛坯	毛坯	毛坯
	成新度	全新	全新	全新	全新
	朝向与楼层	16 层南北朝向	8 层南北朝向	5 层南北朝向	6 层南北朝向
	物业管理	较好	较好	较好	较好
	产权状况	完备	完备	完备	完备

2. 交易情况修正

实例 A、B、C 和委估资产的交易情况是一样的，取交易情况修正系数为 1。

3. 交易日期修正

实例 A、B、C 都是近期交易的与委估资产的交易日期相近，取交易日期修正系数为 1。

4. 区域因素修正

区域因素修正如表 2 所示。

表 2　区域因素修正

物业名称	权重	实例 A	实例 B	实例 C
区域条件分值	1.00	100	100	101
地理位置	0.30	100	100	100
基础设施状况	0.20	100	100	100
公共设施状况	0.20	100	100	105
环境质量	0.15	100	100	100
交通便捷度	0.15	100	100	100

5. 个别因素修正

个别因素修正如表 3 所示。

表 3　个别因素修正

物业名称	权重	实例 A	实例 B	实例 C
个别条件分值	1.00	100	102	99
建筑结构	0.10	100	100	100
房屋类型	0.10	100	100	100
装修程度	0.10	100	100	100
设施设备	0.10	100	100	100
成新度	0.20	100	100	100
朝向与楼层	0.20	100	110	95
物业管理	0.10	100	100	100
产权状况	0.10	100	100	100

6. 评估计算结果

各因素修正系数及评估单价计算如表 4 所示。

表 4　修正系数及评估单价

物业名称	委估房产	实例 A	实例 B	实例 C
单价（元/平方米）		4700.00	4850.00	4800.00
交易情况修正	100	1.00	1.00	1.00
交易日期修正	100	1.00	1.00	1.00
区域因素修正	100	1.00	1.00	0.9901

物业名称	委估房产	实例 A	实例 B	实例 C
个别因素修正	100	1	0.9804	1.0101
比准价格（元/平方米）		4,700.00	4,754.90	4,800.48
评估单价	4,752			

根据财政部 2016 年 2 月 17 日《关于调整房地产交易环节契税营业税优惠政策的通知》，除北、上、广、深四个一线城市外，个人将购买不足 2 年的住房对外销售的，按 5% 的征收率全额缴纳增值税；个人将购买 2 年以上（含 2 年）的住房对外销售的，免征增值税。故改革之后，网签价要先换算成不含税价，即网签价格/1.05。

评估原值 = 4,752.00/1.05 × 85.32 = 385,971.47（元）

根据同样的方法，计算出库存商品的评估值是 215,197,208.00 元。

四、案例点评

该报告中有以下几方面的处理方式与评估准则的要求存在一定差距。

（一）在报告中披露的准则依据和权属依据不足

（1）通过对委托方的企业信息查询，ZGQL 公司是国有企业，而且此次评估对象是股东全部权益价值，但本评估报告中准则依据未披露《资产评估准则——企业价值》《企业国有资产评估报告指南》等准则。

（2）法律法规依据中未披露《中华人民共和国企业国有资产法》《国有资产评估管理办法》《企业国有资产评估管理暂行方法》等企业国有资产评估的相关法规。

（3）存货——开发产品是 JLQL 公司开发的项目，但权属依据中未见土地使用权出让合同或土地使用权证、建设工程相关规划文件等。

（二）该报告中对已出租的房屋建筑物未考虑租约的影响

本评估报告在特别事项中披露"被评估单位房屋产权清晰、未设定抵押担保情况，截至评估基准日有多处房屋已经出租，本次评估未考虑房屋租赁对评估值的影响"。与《资产评估准则——不动产》第二十条"注册资产评估师执行不动产评估业务，应关注不动产的相邻关系、租约限制和动产对不动产价值的影响"的要求有差异。

（三）该报告中对存货——开发产品（库存商品）评估过程考虑不全面

（1）本评估技术说明中，对存货——开发产品采用市场法评估，评估案例中选取了3个房屋案例的比准价格作为案例评估对象的评估单价。从评估明细表中反映，其他175套住宅房屋均以该比准价格作为评估单价，值得商榷。因为3个案例经比较调整后的比准价格是个例，而整个开发项目剩余房源中的房屋所处楼层、面积、位置、朝向、户型各异。

（2）本评估技术说明中，对增值税的披露为"根据财政部2016年2月17日《关于调整房地产交易环节契税营业税优惠政策的通知》，除北、上、广、深四个一线城市外，个人将购买不足2年的住房对外销售的，按5%的征收率全额缴纳增值税；个人将购买2年以上（含2年）的住房对外销售的，免征增值税。故改革之后，网签价要先换算成不含税价，即网签价格/1.05"。财政部、国家税务总局、住房城乡建设部于2016年2月17日发布的《关于调整房地产交易环节契税营业税优惠政策的通知》（财税〔2016〕23号）原文为："个人将购买不足2年的住房对外销售的，全额征收营业税；个人将购买2年以上（含2年）的住房对外销售的，免征营业税。"而不是评估说明中的披露的增值税。评估基准日时应执行的是财政部、国家税务总局于2016年3月23日发布的《关于全面推开营业税改征增值税试点的通知》（财税〔2016〕36号）。

同时，本评估说明的案例中未说明其价格是营改增之前的价格还是营改增之后的价格，其交易价格是否含增值税，而统一按含增值税的价格进行测算，考虑欠全面。

（3）本评估技术说明中，在采用市场法对存货——开发产品进行评估时，未考虑开发项目土地增值税、主营业务税金附加、企业所得税、销售费用等税费对评估价值的影响，未考虑评估结果对待实现利润的考虑。与《资产评估准则——不动产》第三十七条"在企业价值评估中，作为存货的房地产、投资性房地产和自用房地产的价值影响因素存在差异"、第三十九条"在企业价值评估中，不动产作为企业资产的组成部分，评估价值受其对企业贡献程度的影响"等要求有差异。

五、总结与启示

（一）上述问题存在的原因

（1）虽然在《资产评估准则——不动产》中对企业价值评估提出要关注存货的房地产价值影响因素差异，但没有具体说明如何关注，造成评估师关注不足。

（2）评估人员对存货评估相关因素考虑不足，造成评估结果不准确。

（二）建议与启示

（1）建议评估人员加强现有准则及与评估相关的法律法规的学习，在评估过程中认真执行准则的相关要求。

（2）建议协会对资产基础法中有特殊要求的科目（如存货）能够出台指导意见或技术指引等，以便评估人员在具体操作过程中能够有理可依。

第二部分　无形资产评估案例

KST 展览有限公司拟用知识产权

——实用新型专利技术质押贷款项目评估案例

一、案例要点

本案例中评估机构对专利技术采用收益法进行评估。经查阅评估报告、评估说明、工作底稿，并与评估机构和评估师沟通，该项目有以下几方面值得商榷：

（1）评估报告中没有对影响专利资产价值的主要因素进行描述、分析，评估底稿中未见与无形资产相关的有形资产的现场调查和部分市场调查的资料。

（2）评估对象描述不清晰。

（3）该项目的价值类型选择为投资价值，但没有充分介绍选择投资价值的理由。该项目评估目的是质押贷款，选择投资价值的合理性值得商榷。

二、案例背景

委托方为 F 市中小企业信用融资担保集团有限公司，产权持有单位为 KST 展览有限公司，评估目的是为 KST 展览有限公司质押贷款提供价值参考依据，评估基准日为 2013 年 12 月 31 日，采用收益法进行评估，评估值为 1,830.15 万元。

三、案例内容

评估报告中的主要内容如下，以下内容根据评估报告进行了编辑、处理。

（一）委托方、产权持有单位及其他评估报告使用者

本次资产评估项目的委托方为 F 市中小企业信用融资担保集团有限公司（业务约定书约定的委托方），产权持有单位为 KST 展览有限公司，委托方以外的其他评估报告使用者为主管工商行政机关、评估监管机构、其他国家法律法规规定

的评估报告使用者。

（二）评估目的

确定知识产权——实用新型专利技术某五项技术的价值进行评估，确定其在评估基准日所表现的投资价值，为 KST 展览有限公司质押贷款提供价值参考依据。

（三）评估对象及范围

本次评估的对象为知识产权——实用新型专利技术，属于可辨认无形资产，评估范围主要包括：知识产权—实用新型专利技术某五项技术的所有权及使用权。

（四）评估基准日

评估基准日为 2013 年 12 月 31 日。

（五）评估方法

采用收益法进行评估，收益现值法是通过估算被评估资产寿命期内预期收益并以适当的折现率折算成现值，以此确定委估资产价值的一种评估方法。

评估模型

$$V = \sum_{t=1}^{n} F_t \cdot \alpha \cdot (1 + i)^{-t}$$

式中，V 为知识产权——实用新型专利技术价值；F_t 为技术产品未来各年收益额；α 为技术分成率；i 为折现率；n 为技术经济年限；t 为序列年值。

（六）评估过程及结论

1. 委估专利经济年限的确定

考虑到目前该技术产品的实际使用状况及目前技术市场状况以及专利剩余保护期限，评估人员根据委估知识产权——实用新型专利技术的具体状况并坚持谨慎性原则，考虑基准日的选择，确定本次评估的知识产权——实用新型专利技术某五项技术收益期限为 4.00 年。

2. 营业收入、营业成本和期间费用预测

（1）营业收入的预测。根据委估知识产权的应用状况及委托方的未来发展规划，主营业务今后保持稳定的市场，实用性较强。

（2）营业成本的预测。在未来经营期间，随着销售能力的增强，公司管理的规范化。公司的各项费用：营业费用、管理费用和财务费用将更加合理化、规范化。对于成本费用，均以公司历史数据为基础，取其平均值预测未来经营期间的期间费用数据。

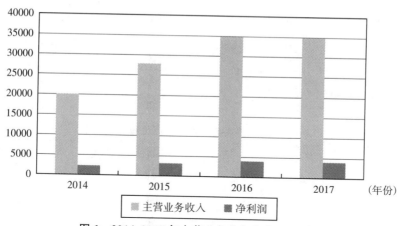

图1　2014~2017年主营业务收入和净利润趋势

（3）根据目前国家的相关政策规定，增值税税率为17%，城建税为应交增值税的7%，教育费附加为应交增值税的3%，地方教育费附加为应交增值税2%，所得税取25%。

3. 折现率的确定

折现率计算采用了扩展的资本资产定价模型，用于计算折现率的CAPM公式如下：

$$Re = Rf + \beta(Rm - Rf) + \alpha$$

式中，Re为资本成本（即折现率）；Rf为无风险回报率；β为贝塔因子，一个对敏感度和项目风险与看作一个整体的市场之间关系的统计学度量；Rm为预期市场回报率；α为技术项目实施风险。

$$Re = Rf + \beta(Rm - Rf) + \alpha = 12.06\%$$

4. 技术分成率（α）

技术分成率是指技术本身对产品未来收益的贡献大小。本次评估涉及技术分成率的确定，主要考虑了以下因素：

（1）评估实务中普遍接受的"三分说"或"四分说"。"三分说"认为，企业采用某项技术获得的收益是由资金、营业能力、技术三个主要因素综合作用的结果；"四分说"认为，企业的获利由资金、组织、管理和技术四个主要因素决定，各因素所占的比重大体上均为四分之一。根据联合国工业发展组织对印度等发展中国家引进技术价格的分析，结合我国理论工作者和评估人员的经验，一般认为利润分成率在24%~33%。

（2）参照联合国贸易和发展组织对世界各国家技术分成率的统计数据和全国工业各分支行业技术利润分享率参考值表，经专家讨论，结合谨慎性原则，此次委估的知识产权——实用新型专利技术分成率取25%。

（3）技术的自身特点评分如表1所示。

表1　委估技术自身特点比重

评价因素	权重（%）	评分值范围	评分值	加权评分值
先进水平	20	50~100	80	16.00
成熟程度	20	20~100	85	17.00
实施条件	10	40~100	80	8.00
保护力度	10	30~100	85	8.50
行业地位	5	30~100	85	4.25
获利能力	30	40~100	80	24.00
其他	5	50~100	80	4.00
合计	100	—	—	81.75

技术分成率 $R = m + r(n - m)$

$$= 15\% + 81.75\% \times (25\% - 15\%)$$

$$= 23.18\%$$

综合考虑，确定委估技术对净利润分成率取23.18%。

5. 收益法评估结果的计算

根据以上各项目参数的测算思路，委估知识产权——五项实用新型专利技术评估结果为1,830.15万元。

四、案例点评

我们通读了评估报告、评估工作底稿，与评估师、评估机构进行了沟通，经过分析、判断，认为该评估项目有以下几方面值得商榷。

（一）对于专利资产的现场调查、资料收集值得完善

一项无形资产需要依附于有形资产或者有形资产与其他无形资产的结合体才能发挥作用，根据《专利资产评估指导意见》"第十八条　注册资产评估师执行专利资产评估业务，应当对专利及其实施情况进行调查，包括必要的现场调查、市场调查，并收集相关信息、资料等"。无形资产的现场调查主要是对无形资产

所依附的有形资产以及其他无形资产进行调查，市场调查主要同类产品的价格因素、竞争状况、专利产品的获得能力进行调查。该项目评估标的为实用新型专利技术某五项专利技术。

（1）针对该项目的现场调查至少应该包括：①专利资产的研发过程；②专利技术产品的主要生产工艺流程；③专利产品的原材料供应、动力提供、废料处置情况；④生产专利产品需要的生产车间、生产设备、其他无形资产的规格型号、数量、启用时间等情况，以及这些生产要素能否满足未来经营的需要；⑤企业管理人员、生产人员的数量、技术能力，以及现有人员能否满足未来经营的需要。

（2）针对该项目的市场调查至少应该包括：①同类产品的竞争状况；②专利产品的超额获利能力。

评估报告中没有对以上将会影响专利资产价值的因素进行描述、分析，评估底稿中均未见以上现场调查、市场调查的资料，该项目的现场调查、市场调查、资料收集工作值得完善。

（二）评估对象描述不清晰

专利的资产权益包括所有权和使用权，不同的权益对应不同的价值，因此应该准确定义评估对象即专利的资产权益才能准确地选择评估方法和评估参数。根据《专利资产评估指导意见》"第十二条 专利资产评估业务的评估对象是指导专利资产权益，包括专利所有权和所得使用权。专利使用权的具体形式包括专利独占许可、独家许可、普通许可和其他许可形式"。评估报告中对于评估对象的描述有以下两方面不符合准则的要求：

（1）评估报告中描述"本次评估的对象为知识产权——实用新型专利技术，属于可辨认无形资产，评估范围主要包括：知识产权——实用新型专利技术某五项技术的所有权及使用权"。评估报告中描述评估对象为"实用新型专利技术"，评估范围为"所有权和使用权"，评估对象和评估范围的描述不清晰，不符合准则的要求。

（2）根据《专利资产评估指导意见》"第十六条　注册资产评估师执行专利资产评估业务，应当在要求委托方根据评估对象的具体情况和评估目的对专利资产进行合理的分享或者合并的基础上，恰当进行单项专利资产或者专利资产组合的评估"，在评估对象中未介绍评估对象为专利资产组，但是在评估结论中却描述为"通过上述各步骤评估，在资产评估基准日 2013 年 12 月 31 日，委估知识产权——实用新型专利技术某五项技术的投资价值为 1,830.15 万元"，并没有明确描述评估结果是五项专利技术价值之和还是五项专利技术组合的价值，与评估准则的要求存在一定差距。

（三）价值类型选择有待商榷

该项目的价值类型选择为投资价值，但是没有充分介绍选择投资价值的理由。根据《资产评估价值类型指导意见》"第七条　投资价值是指评估对象对于具有明确投资目标的特定投资者或者某一类投资者所具有的价值估计数额，亦称特定投资者价值"。评估报告中对评估假设的描述"委估专利技术供委托方进行本次评估目的时使用，并保证技术使用人拥有所需的一切资源"，评估人员将产权持有单位"KST展览有限公司"定义为特定投资者，在产权持有单位使用五项专利技术的情况下测算得到五项专利技术的"投资价值数额"。经过分析，该项目选择投资价值值得商榷，具体原因有如下：

（1）评估业务服务于特定的经济行为，选择价值类型应该做好以下工作：①充分考虑经济行为当事方在该经济行为中担当的角色、享有的权利和承担的义务；②了解经济行为实施的步骤，熟知评估报告在各步骤中发挥的作用。

该项目的委托方是F市中小企业信用融资担保集团（评估报告描述的委托方为KST展览有限公司，事实上KST展览有限公司是产权持有单位，与评估机构没有委托关系）。评估目的是为KST展览有限公司以五项专利技术作为质押向F市中小企业信用融资担保集团有限公司申请贷款提供价值参考依据。如果申请贷款成功，F市中小企业信用融资担保集团有限公司将成为债权人，承担按照足额发放贷款的义务，享有按时收回本金、利息的权利，KST展览有限公司将成为债务人，享有使用贷款的权利，承担按时足额偿还本金及利息的义务。在贷款发放过程中F市中小企业信用融资担保集团的信贷部门和风险控制部门会根据评估报告中对五项专利的评估值确定放贷金额，可见评估报告在该经济行为中的重要性。如果KST展览有限公司不能按时足额还款，F市中小企业信用融资担保集团公司有权将五项专利技术通过公开市场转让给第三方，转让价款用以偿还贷款本金及利息，届时，五项专利技术的产权将发生转移。

而评估报告中将KST展览有限公司设定为特定投资者，假设KST展览有限公司使用五项专利资产情况下五项专利资产的价值，并没有考虑到未来产权转移后新的产权持有者使用五项专利资产情况下五项专利资产的价值。从委托方的角度来看，委托方信贷部门和风险控制部门使用的"投资价值"很可能与五项专利资产的"市场价值"有差距，这样就使委托方使用评估报告的"非市场价值"做出了一个公开市场环境下的经济决策，很可能会误导委托方。

（2）正是由于选择了"投资价值"这样的非市场价值类型，在设定和使用评估假设过程中也出现了不合理的情况，具体为评估报告中评估假设第4条"委估专利技术供委托方进行本次评估目的时使用，并保证技术使用人拥有所需的一切资源"。

资产评估是专业评估人员根据实际条件或模拟条件，对资产的价值进行理性分析、论证和比较的过程，资产评估的基本目标是要求所有的评估结论都必须是公允的。《资产评估职业道德准则——基本准则》"第九条　注册资产评估师执行资产评估业务，应当合理使用评估假设，并在评估报告中披露评估假设及其对评估结论的影响"。

该项目的评估目的是质押贷款，在经济行为的实施过程中有可能会发生产权转移的情况，而评估人员假定五项专利供委托方使用，未考虑到其他使用者使用五项专利技术测算得到了评估结果，评估人员未在评估报告中披露评估假设对评估结论的影响，这也可能会误导委托方。

（四）折现率采用了扩展的资本资产定价模型，作为无形资产折现率，与预期收益口径不一致，值得商榷

五、总结与启示

随着科学技术水平的日益进步，企业对技术的依赖程度也日益加强，一个企业能否成功的一个关键因素是如何保护好核心技术，很好地保护核心技术能够为企业带来最大的价值，如果不能保护好核心技术将影响到企业的发展和生存。例如，我国第一家研发VCD技术并批量生产的企业是万燕公司，万燕公司的VCD播放机因为没有申请专利保护而被其他公司大量仿制，最终导致万燕公司破产。随着我国市场经济体系的不断完善，专利技术在市场经济中的作用也日益显现，这些年我国投入了大量的资金用于技术研发，根据总部位于瑞士日内瓦的世界知识产权组织发布报告称，2014年中国已经成为仅次于美国的全球第二大研发支出国，中国也是唯一一个专利申请数量以两位数增长的国家，这意味着绝大多数企业已经意识到专利技术对企业发展的重要性，因此，专利资产评估在我国市场经济中的地位也越来越重要。中国资产评估协会发布的《专利资产评估指导意见》于2009年7月1日正式施行，至今已有将近6年的时间，但是还有一些评估人员对《专利资产评估指导意见》的理解还不够全面、执行不够到位，该项目中的一些操作方法可以给我们一些启示。

（1）该机构的主业是无形资产质押贷款业务，近几年的业务数量、业务收入都有增长，机构的业务规模发展良好，人员比较稳定，这是机构比较好的方面，但该机构在执业过程中也有一些程序需要完善，主要是现场勘察和资料收集工作比较欠缺、评估测算过程中对影响估值的因素考虑不周全，这两方面的差距直接影响到评估结果的准确性。

（2）该机构的专业特色就是无形资产评估，主要服务于中小企业的无形资产质押业务，符合国家目前加大对中小企业融资力度的宏观政策。目前关于无形资产方面的准则有《资产评估准则——无形资产》《专利资产评估指导意见》《商标资产评估指导意见》《著作权资产评估指导意见》，基本上能够覆盖常见类型的无形资产，这些准则详细地从理论和实际操作两方面对无形资产评估业务做出了具体要求，按照准则的要求进行操作就能够规避评估机构和评估师在执业过程中的风险，评估机构和评估师通过仔细学习现在的无形资产评估准则，完善评估程序，提高估值理论水平，可以更好地规避执业风险，更好地为客户提供服务。

"Y"系列商标权银行质押贷款项目评估案例

一、案例要点

商标权质押贷款业务是一项比较常见的业务，本案例中评估机构对"Y"系列商标采用收益法进行了评估。经查阅评估报告、评估说明、工作底稿，并与评估机构和评估师沟通，该项目有以下几方面值得商榷：

（1）该项目评估目的是将商标质押给银行以取得贷款，所以商标权的权利类型应该清晰准确，评估报告中没有明确描述商标的权利类型。

（2）该项目采用收益法对商标权价值进行评估，在测算过程中部分重要的参数没有描述测算过程。

二、案例背景

JQL公司拟对其拥有的"Y"系列商标权进行评估，为银行质押贷款提供价值参考依据。评估对象为"Y"系列商标权，分别为15项具体商标。评估基准日为2014年4月30日。

三、案例内容

以下内容根据相关评估报告、评估说明和工作底稿进行了编辑、处理。

（一）委托方、被评估单位简介

委托方、被评估单位为JQL公司，JQL公司创立于1999年8月，是以制动摩擦材料及其制品为主导产品的国家级高新技术企业。公司以刹车片、刹车盘为主导产品，开发用于汽车、飞机、高铁、动车、普通列车、城市轨道交通及工程机械、石油机械等工业用系列化摩擦制动产品。公司可生产刹车片品种为3200

多个，年产销能力达 3000 万套，Y 注册商标在欧盟、美国及加拿大注册。

（二）评估对象

评估对象为 JQL 公司拥有的 "Y" 系列商标权价值。

（三）评估目的

评估目的是量化 JQL 公司拥有的 "Y" 系列商标权市场价值，为银行质押贷款的经济行为提供价值参考依据。

（四）价值类型

根据评估对象及评估目的，确定本次评估的商标权价值类型为在用价值。

在用价值是指将评估对象作为企业组成部分或者要素资产，按其正在使用的方式和程度及其对所属企业贡献的价值。

（五）评估基准日

评估基准日为 2014 年 4 月 30 日。

（六）评估方法

评估方法采用了收益现值法：其计算公式如下：

$$P = \alpha \sum_{t=1}^{n} F_t (1 + i)^{-t}$$

式中，P 为评估值；F_t 为预期收益；i 为折现率；t 为序列年期；n 为经济年限；α 为分成率。

在未来收益预测中，2018 年以后各年的预期收益按 2018 年水平估算。经济年限取永续年。折现率采用资本定价模型（CAPM）计算，确定为 14%。其中，依据 "英特方法" 的实力衰减因子的计算原理，风险报酬率调整系数取 1.5%。

商标分成率取值为 25%。

商标的分成率确定主要是考虑 "Y" 商标产品收益中的各种贡献因素：

（1）信誉良好的商标是取得收益的前提；

（2）充足的资金是取得收益的重要保证；

（3）先进的技术、良好的组织管理及营销网络是获得收益的重要环节。

评估人员认为企业盈利是由上述三个层次带来的，且三者缺一不可。由于 "Y" 商标已经运行多年，且商标系 "中国驰名商标" "山东省著名商标" 等，故其在收益中的比重较大，因此，综合考虑各项因素，最终确定本次商标分成率取值为 25%。

（七）重要参数选取

1. 预期收益 F_t、永续年年金 F

本次评估，未来收益额是以净利润（分成后）为计算口径。JQL 公司依据未来发展规划做出了企业 2014~2018 年总体未来收益预测。评估人员通过现场考察，并结合分析企业前五年的实际财务状况，盈利能力和发展能力，分析国家宏观形势对行业整体走势的影响，分析行业自身的发展趋势，分析企业的外部经营环境及存在的优势，认为公司的未来收益预测比较客观地反映了企业的发展状况。JQL 公司依托雄厚的物质基础、在行业的地位优势，以及融资、投资能力，较大的品牌竞争力和扩张力，通过生产经营和品牌资本营运，其预测的未来收益是可以实现的。

从财务数据可以看出，公司近几年随着销售收入的快速增长，其利润也呈逐年稳步上升态势，经济效益显著提高，资产不断壮大，企业总体发展迅速。

表 1 未来损益预测

单位：万元

项目 \ 年份	2014	2015	2016	2017	2018
一、主营业务收入	169,180	220,000	257,930	304,290	359,130
减：主营业务成本	114,824	149,272	175,071	206,584	243,769
其中：折旧	896	1,165	1,366	1,611	1,902
主营业务税金及附加	1,265	1,645	1,928	2,275	2,684
二、主营业务利润	53,091	69,083	80,931	95,431	112,677
加：其他业务利润	338	440	516	609	718
减：营业费用	8,759	11,387	13,324	15,722	18,551
管理费用	13,180	17,136	20,047	23,656	27,915
财务费用	8,451	9,652	10,739	11,902	13,139
三、营业利润	23,039	31,348	37,337	44,760	53,790
加：投资收益	—	—	—	—	—
补贴收入	—	—	—	—	—
营业外收入	2,696	3,504	4,100	4,838	5,709
减：营业外支出	386	502	587	693	818
加：以前年度调整	—	—	—	—	—

续表

年份 项目	2014	2015	2016	2017	2018
四、利润总额	23,039	31,348	37,337	44,760	53,790
减：所得税（15%）	3,455.85	4,702.20	5,600.55	6,714.00	8,068.50
五、净利润	19,583.15	26,645.80	31,736.45	38,046.00	45,721.50

在未来收益预测中，2018 年以后各年的预期收益，因预测年期较远，不可预测因素更多，企业每年收益按 2018 年水平估算。

2. 经济年限 n

经济年限是指无形资产能有效使用并创造收益的持续时间。"Y"商标目前仍处于快速成长阶段，公司各项财务指标较好，行业地位突出，多方面都具有明显的优势，综合竞争力强，未发现在可预见的未来可能严重影响公司持续经营的因素。按我国《商标法》规定，商标注册有效期为十年，但到期可以申请续展，JQL公司已向评估机构出具了商标到期续展承诺。因此，本次评估经济年限取永续年。

3. 序列年期 t

本次评估基准日为 2014 年 4 月 30 日，则 2014 年为 t1，t1 = 0.67；2015 年为 t2，t2 = 1.67；2016 年为 t3，t3 = 2.67；……依此类推。

4. 折现率 i

折现率又称期望投资回报率或资产收益率，是将未来有限期内预期收益换算成现值的比率，本次评估的折现率采用资本定价模型（CAPM）。CAPM 表明：投资者会要求额外的回报，对从股票市场回收的与总体风险相关的任何风险进行补偿；但对其他风险不会要求额外的回报。从股票市场回收的与总体风险相关的风险被称为系统风险，并由一个称为贝塔因子（β）的参数进行度量。而其他风险被称为非系统风险。

对该模型的输入包括企业所属相关行业的市场数据、无风险折现率、总体市场风险溢价以及贝塔因子。贝塔因子代表与整个股票市场有关的技术项目的相关风险。

用于计算资产净值折现率的传统 CAPM 公式如下：

$$Re = Rf + \beta \times (Rm - Rf) + a$$

式中，Re 为资本成本；Rf 为无风险报酬率；β 为贝塔因子，一个对敏感度和项目（公司及指导公司）风险与看作一个整体的市场之间关系的统计学度量；Rm 为市场报酬率；a 为风险报酬率调整系数。

无风险报酬率取债券市场 2014 年 4 月 30 日，5~10 年期国债到期收益率平均值 3.87%。市场报酬率取 2008~2011 年上市公司净资产收益率的平均值 10.72%。贝塔因子取 1.27。

风险报酬率调整系数是依据"英特方法"的实力衰减因子的计算原理，评估人员认为，理想的企业基本上是没有风险的，几乎能够以与国库券或无风险投资一样低的贴现率折现。企业的实力越低，与无风险投资的距离越远，其贴现率也就越高。

评估人员借鉴国际上通用的四大评估体系：市场评估、质量评估、效益评估和发展评估，采用七因素评分法对 JQL 公司综合实力进行测评，并以此得出实力衰减因子作为风险报酬率的调整系数。

市场评估主要是：市场占有率、用户满意度、未来市场营销战略。

质量评估主要是：质量水平、持续提供服务的能力、质量保证能力。

效益评估：主要评估企业的经营情况和管理水平，如公司实力、盈利能力、偿债能力、成长能力等。

发展评估主要是：开发投入水平、企业规模水平、企业产品创新能力、企业未来发展及适应市场的状况，等等。

依据英特法，JQL 公司实力评估得分如表 2 所示。

表 2　实力评估

市场	50	34	"Y"商标是"中国驰名商标""山东省著名商标"，商标市场知名度，美誉度较高，销售业绩显著，市场综合表现优良
稳定性	10	7	"Y"产品以消费者为中心，品牌稳定性较好，顾客满意度和忠诚度较高，经营稳定，品牌集中度、产销量增长较快
领导地位	20	14	"Y"产品水平较高，在所属行业市场处于领导地位，市场领导力较强
发展趋势	5	4	"金麒麟"投入较大，创新能力强，未来发展战略明确，代表了行业的科技发展趋势，代表了行业科技发展的领先水平
支持性	5	4	JQL 公司在政策、规模、融投资、市场拓展上都给予了很大的支持。作为行业强势品牌，品牌的支持性较强，同时对企业发展的贡献力也较大
地理条件	5	3	"Y"产品是中国的品牌，也是走向世界无国界的品牌，国际影响力逐步加大，地理条件比较优越

保护性	5	4	"Y"商标在国内已注册，商标系"中国驰名商标""山东省著名商标"，且相关保护性商标也已注册。企业对自主知识产权保护较好
合计	100	70	

实力衰减因子计算如下：

$$Q = \left[(总分值 - 评估得分)/20\right] \times 1\%$$

$$= \left[(100 - 70)/20\right] \times 1\%$$

$$= 1.5\%$$

评估人员通过对 JQL 公司实力进行测评，同时考虑行业的市场竞争程度及其他因素，经综合分析，风险报酬率调整系数取 1.5%。则折现率为：

$$Re = Rf + \beta \times (Rm - Rf) + a$$

$$= 3.87\% + 1.27 \times (10.72\% - 3.87\%) + 1.5\%$$

$$= 14.0695\% \ （取整数为 14\%）$$

5. 商标分成率

本次商标的分成率确定主要是考虑"Y"商标产品收益中的各种贡献因素：

（1）信誉良好的商标是取得收益的前提；

（2）充足的资金是取得收益的重要保证；

（3）先进的技术、良好的组织管理及营销网络是获得收益的重要环节。

评估人员认为该盈利是由上述三个层次带来的，三者缺一不可。由于"Y"商标已经运行多年，且商标是"中国驰名商标""山东省著名商标"等，故其在收益中的比重较大，因此，综合考虑各项因素，最终确定本次商标分成率取值为 25%。

四、案例点评

（1）报告中阐述"评估对象为 JQL 公司拥有的'Y'系列商标权价值"。根据《商标资产评估指导意见》第十二条"注册资产评估师执行商标资产评估业务，应当明确商标资产的权利属性。评估对象为商标专用权的，应当关注商标是否已许可他人使用及具体许可形式。评估对象为商标许可权时，应当明确该权利的具体许可形式和内容"。报告中未明确说明本次评估商标的权利类型是商标专用权还是商标许可权。

（2）折现率测算采用 CAPM 模型测算：

$$Re = Rf + \beta \times (Rm - Rf) + a$$

式中，β 为贝塔因子，一个对敏感度和项目（公司及指导公司）风险与看作一个整体的市场之间关系的统计学度量。

在测算过程中贝塔因子取 1.27，但并没有描述贝塔因子的数据来源及计算过程。同时，采用 CAPM 作为无形资产折现率，与其预期收益口径的一致性值得商榷。

（3）收益法测算过程中的各项参数选取、测算直接影响到评估结果的准确性。在测算过程中部分重要的参数没有描述测算过程，例如：未来盈利测算过程中采用的财务费用、追加资本性支出和追加营运资本都没有描述参数的计算过程。

五、总结和启示

商标是一项独立的无形资产，可以离开企业的其他资产而单独出售。商标是指商品生产者或经营者为了将自己的商品或服务与他人的商品或服务区别开来，在商品或服务上使用的一种标识。它包括文字、图形或者它们的组合。商标权是商标所有人对其注册商标享有的权利。它包括商标权以及与此相联系的商标专用权、转让权、许可使用权、继承权、法律诉讼权等。根据无形资产评估准则定义，商标权属于可辨认无形资产。

商标是代表商品的内在质量、性能、技术和企业管理与服务水平的综合标志，代表了提供某种商品的特定声誉，也包含了企业文化，它可以引导和指导消费。随着产品的多样化，市场竞争的加剧，企业更加注重品牌的塑造和商标权价值的提升。消费者在琳琅满目的市场中，也更加注重商标权的美誉度，从而影响企业的经营收益。

本次商标权评估中，可以加强对企业经营绩效的分析，然后过渡到企业的收益预测，并对收入、成本、费用的预测说明描述。根据企业的经营规划和评估基准日资产状况，预测并描述资本性支出、营运资金追加额，通过完善企业现金流预测，可以更加准确地测算商标的价值。

评估人员在进行商标权评估时，应参照《商标资产评估指导意见》中的要求进行操作，这样可以提高评估业务质量、降低执业风险。

‖案例十四‖

XT 科技有限公司拟以知识产权申请投融资项目评估案例

一、案例要点

本案例的评估目的为 XT 科技有限公司以知识产权向某银行机构申请贷款，需要对用于质押的知识产权进行评估，为其融资提供价值参考，本案例采用收益法进行评估，并选用了收益法评估结果。该报告中有以下几方面的处理方式值得商榷。

（1）评估对象描述未关注专利权许可使用情况。

（2）评估范围为 14 项专利技术，预测收入口径对应的无形资产为被评估单位的全部技术，评估结论与评估范围不一致。

（3）价值类型选用投资价值，但未对具体的特定投资者或特定的某类投资者进行定义。

（4）预测期委估专利技术形成的产品的市场份额迅速增长至超过 50%，对应的折现率为 14%，该折现率是否与风险相匹配。

二、案例背景

XT 科技有限公司 2010 年成立于中国，研制了适用于多种无线通信网络及设备的全频段可编程宽带无线收发器芯片。该芯片在逻辑结构上遵循 TCP/IP 五层网络架构，拥有射频 SOC 与移动通信相关的核心技术 76 项，其中已获得专利证书 14 项。委托方拟从国开行等投融资单位申请贷款，根据投融资单位要求，应以知识产权——专利技术进行质押，因此对用于质押的知识产权进行评估，为其申请投融资的经济行为提供价值参考依据。

三、案例内容

以下内容根据相关评估报告、评估说明及工作底稿进行了编辑、处理。

（一）委托方、资产占有单位、资产使用单位和其他评估报告使用者（略）

（二）评估目的

对 XT 科技有限公司持有的知识产权进行评估，以确定该知识产权于评估基准日的公允价值，为 XT 科技有限公司拟以知识产权申请投融资的经济行为提供价值参考依据。

（三）评估对象、范围及其基本情况

评估对象为 XT 科技有限公司持有的知识产权——FF 通信技术（包括 8 项发明专利和 6 项实用新型专利）的价值。

评估范围为 XT 科技有限公司持有的知识产权——FF 通信技术（包括 8 项发明专利和 6 项实用新型专利）。

具体明细（略）。

（四）价值类型及其定义

本报告评估结论的价值类型为投资价值。

投资价值是指评估对象对于具有明确投资目标的特定投资者或者某一类投资者所具有的价值估计数额，亦称特定投资者价值。

（五）评估基准日

本项目资产评估基准日为 2016 年 8 月 31 日。

确定评估基准日的理由为：尽可能接近评估目的的实现日期。

由委托方确定。

（六）评估依据

1. 法规依据（略）

2. 评估准则依据

（1）财政部《资产评估准则——基本准则》；

（2）中评协《资产评估准则——评估报告》；

（3）中评协《资产评估准则——无形资产》；

（4）财政部、中评协发布的其他有关资产评估准则、资产评估指南和资产评估指导意见。

3. 行为依据

资产评估业务约定书。

4. 产权依据

（1）14 项专利证书及向专利局获取最近一期的交费单据；

（2）其他。

5. 取价依据

（1）SD 2016 年中国 FF 通信芯片应用市场研究报告；

（2）委托方提供的 XT 科技有限公司商业计划书；

（3）IP Over RF 架构宽频宽带可编程无线收发器芯片技术对比分析报告；

（4）委托方提供的 XT 科技有限公司 BP 财务预测表；

（5）评估人员分析、测算记录；

（6）市场调查、询价资料及其他有关参考资料。

（七）行业分析（略）

（八）评估方法

1. 评估方法的选取

评估人员首先根据资产获利状况预测获利年限，再通过预测委估资产未来获利年限内的预期收益以及预期成本，估算出预期净收益，然后根据资产的风险估计，测算出折现率，根据有关资料，确定贡献率，最后利用收益法公式计算资产的评估值。

其基本计算公式为：

$$P = \sum_{i=1}^{n} \frac{KR_i}{(1+r)^i}$$

式中，P 为委估资产的评估值；R_i 为未来第 i 年的净收益；r 为折现率；n 为委估资产收益年限；K 为分成率。

用此法对项目进行评估，必须满足下列基本条件：

（1）项目的未来收益能够预测，并可用货币来计量；

（2）与项目获得未来收益相联系的风险可以预测，并可以用风险报酬率来表示；

（3）项目具备持续经营的条件并有获利能力。

2. 收益年限的确定

委估资产的收益年限以其预计收益期确定。本次评估的该项资产的价值主要取决于未来预期收益的大小，即资产获得预期收益的能力，按照谨慎原则以未来较保守经营为基础，未考虑未来可能发生的其他异常有利和不利因素。结合委托方提供的有关资料，本着法定年限和经济年限孰短原则，在技术、经济及社会环境等方面综合预计此项资产的收益年限为 11.33 年，目前中试已完成。

3. 未来收益的预测

本次评估中参照委托方提供的资料并结合我国该领域发展现状，根据目前技术产品的开发现状、市场前景，以及委托方提供的市场预测、市场运作方案、投资规模、利润率等指标数据，结合该类技术自身更新换代的特性，未来预期的用户规模和相应收入预测未来收益（采用净利润口径）。

4. 分成率的确定

（1）确定分成率的取值范围。分成率的确定，参考采用国际公认的技术贸易中已被众多国家（美国、日本、德国）认可的技术提成比例范围确定。根据国际技术贸易中技术价格的定价原则（LSLP 原则）和计价方法，按"四分说"即公司获利能力主要是由资金、劳动、组织、技术四部分共同作用的结果，各部分所占的比重（利润分成率）反映其对整个利润额的贡献程度。据联合国工业发展组织对印度等发展中国家引进技术价格的分析，认为利润分成率在 16%~27% 是合理的。我国理论工作者和评估人员通常认为利润分成率在 25%~44% 较合适。评估人员在符合评估原则的前提下，在充分分析本评估对象在市场竞争、资本需求、技术适用性、对实施要求的期限、技术产品商品化程度、产品的技术含量等诸因素之后，根据实际情况，结合国际和国内利润分成率合理区间，评估人员研究分析了委托方实施评估对象的实际情况和评估目的，确定分成率在 25%~33% 为宜。

（2）根据分成率的评测表，确定委估技术的分成率调整系数。考虑到委估技术的产品特点，知识产权价值在产品中的体现，本次评估采用分成率综合调整法确定分成率系数，如表 1 所示。

表 1　分成率调整系数测算

权重	考虑因素		权重	分值						权重*分值
				100	80	60	40	20	0	
0.3	法律因素	技术类型及法律状态	0.4		80					9.6
		保护及应用范围	0.3		80					7.2
		侵权判定	0.3			60				5.4

权重	考虑因素		权重	分值						权重*分值
				100	80	60	40	20	0	
0.5	技术因素	技术所属领域	0.1	100						5
		替代技术	0.2	100						10
		先进性	0.2	100						10
		创新性	0.1	100						5
		成熟度	0.2				40			4
		应用范围	0.1			60				3
		技术防御力	0.1	100						5
0.2	经济因素	供求关系	1		80					16
合计										80

取值说明：

技术类型及法律状态：委估技术为 8 项发明专利和 6 项实用新型专利、受法律保护，取 80%；

保护及应用范围：权利要术具有该类技术的某一技术特征，取 80%；

侵权判定：通过对某产品的分析，可以判定侵权，取证较容易，取 60%；

技术所属领域：新技术领域发展前景广阔，属国家支持产业，取 100%；

替代技术：无替代品，取 100%；

先进性：各方面都超过，取 100%；

创新性：首创技术，取 100%；

成熟度：现中试阶段，取 40%；

应用范围：技术应用于某个生产领域，取 60%；

技术防御力：技术复杂且需大量资金研制，取 100%；

供求关系：解决了行业重要技术问题，取 80%。

（3）确定委估技术分成率。根据委估分成率的取值范围及调整系数，可最终得到分成率。计算公式为：

$$R = M + (N - M) \times r$$

式中，R 为待估技术的销售分成率；M 为销售分成率的取值下限（取 25%）；N 为销售分成率的取值上限（取 33%）；r 为销售分成率调整系数。

R = 25% + (33% − 25%) × 80%

　　≈ 31%

结合项目具体情况，最终确定分成率为 31%。

5. 折现率的确定

折现率估算的基本方法：评估人员从有利于实现评估目的及便于操作的角度出发，决定采用风险加和法来确定折现率，即：

折现率 = 无风险报酬率 + 风险报酬率

（1）无风险报酬率的确定：按财政部 2016 年发行的五年期凭证式国债利率 4.32%，经修正成复利年利率后确定无风险报酬率为 3.99%。修正过程如下：

无风险报酬率 = (1 + 复利期数 × 单利形式的年利率)1/复利期数 − 1

　　　　　　= (1 + 5 × 4.32%)1/5 − 1

　　　　　　≈ 3.99%

（2）风险报酬率的确定：由技术风险系数、市场风险系数、资金风险系数、管理风险系数组成。

风险报酬率 = 技术风险系数 + 市场风险系数 + 资金风险系数 + 管理风险系数

根据无形资产评估的特点和目前评估惯例，各个风险系数的取值范围在 0%~5%，而具体的数值可根据测评表求得，任何一项风险系数达到一定程度，不论该项风险在总风险中的比重多低，该项目都没有意义，即任何一项风险达到一定程度都是否定性指标。各个风险系数的数值测评表如下：

1）技术风险系数。技术风险系数的确定主要考虑技术转化风险、技术替代风险、技术权利风险和技术整合风险。其具体测算过程如表 2 所示。

表 2　技术风险测评

考虑因素	权重	分值						
		100	80	60	40	20	10	0
技术转化风险	0.3			60				
技术替代风险	0.3					20		
技术权利风险	0.2					20		
技术整合风险	0.2			60				
综合调整系数		40%						

本项目取值说明：

技术转化风险：目前中试阶段，取60%；

技术替代风险：目前市场无替代品，取20%；

技术权利风险：8项发明专利和6项实用新型专利，取20%；

技术整合风险：技术需要进行进一步开发，取60%；

技术风险系数 = 5% × 综合调整系数 = 5% × 40% = 2.0%

2）市场风险系数。市场风险主要考虑市场容量风险、市场竞争风险，其中市场竞争风险主要包括产品市场的规模经济性、投资额及转换费用、销售网络等，其具体测算过程如表3所示。

表3 市场风险测评

考虑因素		权重	分权重	分值					
				100	80	60	40	20	0
市场容量风险		0.4	1					20	
市场竞争风险	现有竞争风险	0.6	0.7				40		
	潜在竞争风险		0.3			60			
综合调整系数		35.6%							

本项目取值说明：

市场容量风险：市场总容量大且平稳，取20%；

市场现有竞争风险：市场中厂商数量较少，其他厂商实力无明显优势，取40%；

市场潜在竞争风险：项目投资额及转换费用高，产品的销售在一定程度上依赖固有的销售网络，取60%。

市场风险系数 = 5% × 综合调整系数 = 5% × 35.6% = 1.78%

3）资金风险系数。资金调整系数主要考虑融资风险和流动资金风险，融资风险主要是考虑融资额，流动资金风险主要考虑委估技术实施所需流动资金。其具体测算过程如表4所示。

本项目取值说明：

融资风险：项目的投资额高，取80%；

流动资金风险：项目的流动资金中等，取60%；

资金风险系数 = 5% × 综合调整系数 = 5% × 72% = 3.6%

表4 资金风险测评

考虑因素	权重	分值						
		100	80	60	40	20	10	0
融资风险	0.6		80					
流动资金风险	0.4			60				
综合调整系数	72%							

4）管理风险系数。管理风险系数主要考虑经营管理团队风险、生产控制风险、经营管理制度，其具体测算过程如表5所示。

表5 管理风险测评

考虑因素	权重	分值						
		100	80	60	40	20	10	0
经营管理团队风险	0.4				40			
生产控制风险	0.3			60				
经营管理制度	0.3			60				
综合调整系数	52%							

本项目取值说明：

经营管理团队风险：团队已形成，效率有一定问题，取40%；

生产控制风险：生产控制体系建立但不完善，大部分生产过程质量控制，取60%；

经营管理制度：已有经营管理制度，但需要进行较大修改，取60%；

管理风险系数 = 5% × 综合调整系数 = 5% × 52% = 2.6%

风险报酬率 = 2.0% + 1.78% + 3.6% + 2.6% = 9.98%

折现率 r = 无风险报酬率 + 风险报酬率

$\qquad$ = 3.99% + 9.98%

$\qquad$ = 13.97%

结合以上因素后最终确定折现率为14%。

6. 知识产权价值评估结论

将上述已量化的各指标代增下列公式得出如下所示数据：

$$P = \sum_{i=1}^{n} \frac{KR_i}{(1+r)^i}$$

（九）评估程序实施过程和情况

此次评估工作分为前期准备、接受委托、收集资料、评定估算、评估汇总、撰写评估报告、提交报告等步骤。

1. 接受委托

我公司指派注册资产评估师及评估助理人员，组成评估项目组，了解待估资产的具体情况，评价项目风险，接受委托方的委托，签订资产评估业务约定书。根据评估目的制定评估计划，拟定资料清单交客户准备。

2. 现场调查

（1）评估人员从法律、经济、技术及其获利能力等角度分析所委托评估的知识产权——FF 通信技术（包含 8 项发明专利和 6 项实用新型专利）是否存在，根据评估对象的状态，对其进行了技术水平方面的评价；

（2）调查、收集、整理分析有关市场需求、价格信息、技术指标、经济指标、竞争对手、国家政策等方面的数据资料，了解委估知识产权——FF 通信技术（包含 8 项发明专利和 6 项实用新型专利）的行业发展动态、技术水平及实施情况并对相近技术进行市场询价，了解委估资产的技术含量及特殊性；

（3）收集填报的未来发展规划及市场竞争状况等文字资料，采集有关市场数据并对市场信息进行技术整理。

3. 评定估算

（1）进行市场调查，征求客户意见，查阅有关信息资料和相关数据；

（2）进行资料分析、专家咨询、数据整理，计算和对比分析有关指标及其变化趋势；

（3）进一步向技术人员及有关专家了解待估资产的未来发展规划、人员编制、投资规模等情况，选择评估方法；

（4）综合分析委估知识产权——FF 通信技术（包含 8 项发明专利和 6 项实用新型专利）的经济寿命、竞争对手、市场占有率、成本、预期收益等情况，确定其营业收入、成本及税后净利润；

（5）了解相关行业的收益情况、物价指数变化情况和本技术实施的风险程度，确定折现率，计算折现值；

（6）参照国际惯例的技术分成率大小，确定本技术在项目实施中的分成率，按收益年限逐年预测未来净收益；

（7）按上述评估方法及计算公式，分别计算确定各参数，进行知识产权——FF 通信技术（包含 8 项发明专利和 6 项实用新型专利）的量化处理工作；

（8）评估人员根据整理量化的数据指标及委托方提供的商业计划书、XT 科技有限公司 BP 财务预测表内数据，运用相应的评估方法对待估知识产权——FF 通信技术（包含 8 项发明专利和 6 项实用新型专利）进行汇总评定估算。

4. 评估汇总

（1）根据资产的初步评估结果，进行汇总分析，然后对评估结果进行调整、修正和完善，在确认没有重评和漏评等情况后，汇集资产评估工作底稿，根据《资产评估操作规范意见》编写资产评估报告书草稿；

（2）进行内部审核、验证，复核评估结果。

5. 提交报告

在征求、采纳委托方合理意见的基础上对评估报告进行修改完善，经评估机构三级审核后签发正式资产评估报告书并提交委托方。

（十）评估中的假设和限制条件

特殊性假设与限制条件：

（1）本次评估遵循持续使用的假设，即被评估资产在 XT 科技有限公司中将被持续利用，相应确定的评估方法、参数和依据；

（2）本评估结果为评估对象在评估基准日持续使用假设及评估目的实现后能够满足 XT 科技有限公司生产经营要求的投资价值，如该公司改变经营方向致使该技术闲置，则本评估结果不成立；

（3）企业的成本费用及销售价格在正常范围内波动；

（4）企业的经济运作不会受到诸如交通运输、水电、通信的严重短缺或成本剧烈变动的不利影响；

（5）运用该等技术生产的产品能达到预期质量保证及预期销售量和市场占有率。

一般性假设和限制条件（略）。

（十一）评估结论

截至评估基准日 2016 年 8 月 31 日，在实施了上述资产评估程序和方法后，我们的评估结论是：XT 科技有限公司持有的知识产权——FF 通信技术（包含 8 项发明专利和 6 项实用新型专利）的资产评估值为 1,534,819.81 万元。

（十二）特别事项说明

（1）本次评估，虽然纳入评估范围的是 14 项专利技术，因其产品是对未来的 11.33 年进行的预测，所采用的技术已涵盖了今后研发的一系列第二代和第三代新技术。

（2）委估资产经历了近 10 年的研发历程，所发生的大额研发支出，包括可配置、多协议 P2P 数字基带处理器的关键技术咨询费；高效 CMOS 射频功率放大器电路关键技术咨询费；宽频带、多协议自适应、可重构 P2P 无线收发器的关键技术咨询费共计 200 万元是为获得委估资产而形成的，本次虽未纳入评估范围，但所采用未来收益法评估得出的评估价值已包含了由大额研发支出和其他无法统计的研发费形成的未来价值。

（3）本次评估结果，采用 14% 折现率得出，14% 折现率不仅只是风险累加，还参考了国家统计局计算机、通信和其他电子设备行业净资产收益和集成电路行业调查数据分析报告 2016 年版中收益指标等行业投资回报率资料出于谨慎原则得出，但因本技术所应用行业并非完全与旧有传统行业相同，委托方对本公司的行业收益率有不同理解，且在技术风险、市场风险、资金风险、管理风险相对信心较高，判定的风险较低，从而得出的折现率为 11%，如果采用 11% 折现率，则评估结果会相应提高。

（十三）评估报告使用限制说明（略）

（十四）评估报告日（略）

四、案例点评

（一）评估对象未写明专利权性质，未关注专利权是否已许可他人使用及使用权的情况

根据《专利资产评估指导意见》第十二条：专利资产评估业务的评估对象是指专利资产权益，包括专利所有权和专利使用权。专利使用权的具体形式包括专利权独占许可、独家许可、普通许可和其他许可形式。资产评估师执行专利资产评估业务，应当明确专利资产的权利属性。评估对象为专利所有权的，应当关注专利权是否已许可他人使用及使用权的具体形式，并关注其对专利所有权价值的影响。评估对象为专利使用权的，应当明确专利使用权的具体形式。

针对以上规定，本案例应在评估报告中明确评估范围的专利权权利性质是所有权还是使用权，若为使用权应明确是排他使用权还是非排他使用权。

（二）评估结论与评估范围不符

本次评估以芯片产品产生的收益进行分成确定技术评估价值，对应的技术在产权持有单位介绍中介绍为："该芯片在逻辑结构上遵循 TCP/IP 五层网络架构，拥有射频 SOC 与移动通信相关的核心技术 76 项，其中已获得专利证书 14 项"，而本次评估仅为其中的 14 项专利技术。经与项目负责人了解，如此确定评估范围原因为贷款行仅认可专利权抵押，非专利权不可用于抵押，因此本报告范围确定为已申请的 14 项专利权。而本报告采用收益法评估时，收益口径为全部技术带来的价值，从而导致评估结论与评估范围不一致。

本报告中未来收益预测中考虑了后续新技术研发投入，并对该投入在预测时作为成本费用项目予以扣除，由此计算的评估结论应为不包含后续研发投入产生的新技术的价值结论，但本报告特殊事项中披露的委估技术包含 2、3 代技术，披露错误，同时与评估范围也不一致。

（三）价值类型选用投资价值值得商榷

投资价值是指评估对象对于具有明确投资目标的特定投资者或者某一类投资者所具有的价值估计数额，亦称特定投资者价值。本报告中采用了投资价值类型，但却并未对具体的特定投资者或特定的某类投资者进行定义，因此本报告应不适用投资价值类型。

（四）委估专利技术形成的产品尚处于培育阶段，预测期委估专利技术形成的产品的市场份额从 0.1% 增长到 65%，对应的折现率为 14%，该折现率是否与风险相匹配是值得商榷的

五、总结和启示

某一产品的技术极有可能是由多项技术构成的一个技术包，在评估此类无形资产时要注意区分评估对象与收益口径、提成率的一致性，避免出现评估范围与评估结论不一致的现象，为机构和评估人员带来较大的执业风险。

同时，需加强评估准则的学习，正确理解投资价值与市场价值的区别，从而针对具体项目恰当选取。

‖案例十五‖
自然人 WXX 计算机软件评估项目评估案例

一、案例要点

本案例中评估机构对计算机软件著作权进行了评估，采用了收益现值法确定评估结论。经查阅评估报告、评估说明、工作底稿，并与评估机构和评估师沟通，该项目主要存在以下问题：

（1）本案例报告中评估对象和评估范围描述不清晰；

（2）评估准则依据有失效文件，遗漏重要评估依据；

（3）未对评估对象的盈利模式进行分析，收益预测简单依据可研报告，重要参数的确定依据不够充分。

二、案例背景

本案例的委托方是自然人 WXX，此人研发一款学习管理类计算机软件，并以此软件投资到自己创办的公司，推广此款软件。

评估对象是 WXX 的计算机软件价值。评估基准日为 2016 年 11 月 30 日。采用了收益现值法进行评估。评估值为 1,000.00 万元。

三、案例内容

报告名称：

WXX 拥有的知识产权——计算机软件著作权"XK V1.0"中的财产权资产评估报告书。

以下内容根据相关评估报告、评估说明和工作底稿进行了编辑、处理。

（一）委托方、被评估单位和业务约定书约定的其他评估报告使用者概况

委托方为 WXX。委托方以外的其他评估报告使用者为 WXX 有限公司的股东及相关政府审核机关。

（二）评估目的

确定委托评估知识产权——计算机软件著作权"XK V1.0"中的财产权的市场价值，为委托方 WXX 将其对 WXX 有限公司进行增资提供价值参考依据。

（三）评估对象和评估范围

本项目的评估对象为 WXX 所委托评估的知识产权——计算机软件著作权"XK V1.0"中的财产权的市场价值。本项目的评估范围为知识产权——计算机软件著作权"XK V1.0"中的财产权。"XK V1.0"软件著作权为计算机软件著作权，登记证书号：123456。

（四）价值类型及其定义

参照国有资产管理与评估的有关法规，遵循客观、独立、公正和科学的原则及其他一般公认的评估原则，我们对评估范围内的知识产权进行了必要的核查及鉴定，查阅了有关文件及技术资料，实施了我们认为必要的其他程序，在此基础上，根据评估目的以及资产状况，确定本次资产评估的价值类型为市场价值。

市场价值是指自愿买方和自愿卖方在各自理性行事且未受任何强迫的情况下，某项资产在评估基准日进行正常公平交易的价值估计数额。

（五）评估基准日

本项目资产评估基准日是 2016 年 11 月 30 日。

（六）评估依据

在本次资产评估工作中我们所遵循的国家、地方政府和有关部门的法律法规，以及在评估中参考的文件资料主要有：

1. 行为依据（略）

2. 法律依据

（1）《国有资产评估管理办法》（国务院 1991 年第 91 号令）；

（2）《国有资产评估管理办法施行细则》（原国家国有资产管理局国资办发〔1992〕36 号）；

（3）《资产评估操作规范意见（试行）》（原国家国有资产管理局国资办发〔1996〕23 号）；

（4）《国有资产管理若干规定的通知》（中华人民共和国财政部第 14 号）；

（5）国家有关部门颁布的其他有关法律、法规、通知文件等。

3. 准则依据

（1）《财政部关于印发〈资产评估准则——基本准则〉和〈资产评估职业道德准则——基本准则〉的通知》（财企〔2004〕20号）；

（2）《中国资产评估协会关于印发〈资产评估准则——评估报告〉等7项资产评估准则的通知》（中评协〔2007〕189号）；

（3）《注册资产评估师关注评估对象法律权属指导意见》（中国注册会计师协会会协〔2003〕18号）；

（4）《中国资产评估协会关于印发〈资产评估准则——无形资产〉和〈专利资产评估指导意见〉的通知》（中评协〔2008〕217号）；

（5）《企业国有资产评估报告指南》（中国资产评估协会 中评协〔2008〕218号）。

4. 权属依据（略）

5. 取价依据（略）

（七）评估方法

知识产权的评估方法有三种，即重置成本法、市场比较法和收益现值法。

一般认为知识产权的价值特别是高科技成果的价值用重置成本很难反映其价值。因为该类资产的价值通常主要表现在高科技人才的创造性智力劳动，该等劳动的成果很难以劳动力成本来衡量。基于以上原因，本次评估我们没有用重置成本法。

市场比较法在资产评估中，不管是对有形资产还是无形资产的评估都是可以采用的，采用市场比较法的前提条件是要有相同或相似的交易案例，且交易行为应该是公平交易。结合本次评估知识产权的自身特点及市场交易情况，据我们的市场调查及有关业内人士的介绍，目前国内没有类似知识产权的转让案例，本次评估由于无法找到可对比的历史交易案例及交易价格数据，故市场法也不适用本次评估。

由于以上评估方法的局限性，本次对WXX拥有的知识产权——计算机软件著作权"XK V1.0"中的财产权的评估采用收益现值法。

在本次评估所依据的基本假设前提下，鉴于评估对象知识产权——计算机软件著作权"XK V1.0"中的财产权能用货币衡量其未来期望收益及承担的风险，因此采用收益现值法中的分成率法进行评估。即：根据相关行业和国内外宏观经济环境的综合分析，合理预测企业将知识产权——计算机软件著作权"XK V1.0"中的财产权投入市场后，预计所产生的未来收益情况；在依据相关行业特点及企业发展计划确定预测期，分析风险因素确定折现率；最后评估人员综合考虑该知识产权对于整个收益额的贡献程度，采用利润分成率测算该知识产权的收益额，即以知识产权投资产生的收益为基础，按一定比例（利润分成率）分成确定知识产权的收益，然后将收益折现，计算该知识产权的价值。

参数选取：

1. 预期收益期的确定

根据本次委估技术情况，考虑到行业竞争、新产品更新换代速度等因素，预计该技术的预期收益年限从评估基准日算起为 5 年。

2. 折现率确定

折现率确定的原则。本次评估确定折现率采用了不低于无风险报酬率的原则、折现率与收益额相匹配的原则和根据实际情况确定的原则。

一般来讲，风险越大，所要求的投资收益率越高，反之亦然。此外，折现率的确定还应考虑政治环境、市场环境、产业政策的变化和利率水平等。本次评估中，我们采用无风险报酬率和风险报酬率共同确定折现率，经过对该行业的分析，无风险报酬率一般是指中长期银行存款利率或中长期国债利率，风险报酬率是指超过无风险报酬率以外部分的投资回报率。

（1）无风险报酬率。参照国家当前已发行的中长期国债利率的平均水平，按照十年期以上国债利率平均水平确定无风险收益率 Rf 的近似，即 Rf = 3.47%。

（2）行业风险利率的确定。市场经济存在的风险是不可回避的难题。而客观分析可能出现的风险性因素，采取有效的应变措施，化险为夷，是决定公司运行成败的关键。

目前从事这一产品领域的竞争对手相对较多，市场逐渐趋于成熟，这一市场的竞争必然会越来越激烈，其风险较大。综合上面的因素分析，本次评估确定行业风险利率为 7.50%。

（3）通货膨胀率的确定。根据《中国人民银行法》规定，中央银行货币政策的首要目标是保持币值稳定，并以此促进经济增长。2001~2020 年，中国人民银行将坚持实行稳健的货币政策，这意味着中国人民银行将始终实行零通胀或低通胀政策，故本次评估不考虑通货膨胀率因素。

（4）项目风险。项目风险又称非系统风险，非系统风险指特定项目的风险补偿以及与企业规模大小有关的风险，项目风险具体操作时可取1%~5%。与大项目比较，小项目风险系数较大。

项目风险是指项目本身的技术、经营管理以及由于竞争而带来的项目经营状况的变化。根据委估技术的应用特点，技术服务与现有应用市场比较匹配，且目前同类技术的竞争不激烈。但截至评估基准日，委估技术缺乏稳健的运营模式，在现有的经营条件下，委估技术的资产运营要达到预期的经营目标，还需要做大量的工作，经营过程中存在较大的不确定性，故经营中存在一定的风险。另外，目前国外同类技术营销方式会更多地打入我国市场，与该技术营销形成较有力的竞争。同时，该技术营销方式还未进入大范围的应用阶段。由此可见，在经营的过程中，必定有一定的不可预测性。

综合上述因素分析，将项目的风险（非系统风险）确定为4%。

（5）折现率的确定。根据以上各方面的分析，对折现率进行如下的确定。

折现率 = 无风险利率 + 行业风险利率 + 通货膨胀率 + 项目风险

= 3.47% + 7.50% + 0% + 4%

= 14.97%（取整数为15%）

3. 利润分成率的取定

资产参与利润分成的理论依据。在现实社会里，管理、技术、人力、物力、财力等因素共同作用对企业的收益做出贡献。因此，无形资产——高新技术科研成果作为特定的生产要素，其参与企业收益分配就有了其理论依据。

随着国际技术市场的发展，提成率的大小已趋于一个规范的数值，而且在技术贸易实践中得到验证。根据联合国工业发展组织提出的技术交易价格约占可获利润的16%~27%，美国提出的15%~30%，根据社会调查，技术交易中心利润分成率基本都在15%以上，以15%为下限，技术转让方和接受方都易接受，对于上限的确定，我国规定是35%，国际惯例是30%。评估人员按照评估惯例，在符合评估原则的前提下，在充分分析委估对象的技术在行业中的作用、技术的成熟程度、技术的适用性、技术的竞争能力、技术的管理能力等诸多因素之后，依据相关指标体系评分，经验数据修正，最终确定技术分成率为30%。

上述折现率、收益期限、技术分成率的选取参考：

中国财政经济出版社2006年4月第一版："资产评估"（2006年全国注册资产评估师考试用书）的第七章：无形资产评估；

中国财政经济出版社 2002 年出版：资产评估操作教程（北京注册会计协会编：注册资产评估师后续教育丛书）；

中国人民大学出版社 2002 年 9 月出版：无形资产评估（主编：汪海粟）。

4. 收益额的计算

本次评估的知识产权——计算机软件著作权"学习计划控制管理系统 V1.0"中的财产权的收益主要来自提供技术服务的未来收益情况。未来收益预测主要根据委托方提供的技术市场预测、相关财务数据，结合委估技术行业特点、技术未来应用市场、技术投入企业未来的经济规模等情况，对委估技术产品在预期收益年限内各年的收益进行预测。各项目的确定如下：

（1）主营业务收入预测。本次评估预测按照委托方提供的可行性研究报告的第一年收入 1603 万元，自第二年起每年递增 3.3%，至第五年的收入进入平稳期。详见收益预测表。

（2）主营业务成本预测。主营业务成本包括生产成本和制造费用，其中：生产成本包括原燃材料及动力和生产人员工资及福利。预计为主营业务收入的 40%。

（3）主营业务税金及附加。主营业务税金及附加包括城市维护建设税及教育费附加。其中城市维护建设税税率为 7%，教育费附加为 3%，地方教育费附加为 2%。

（4）营业费用。营业费用主要包括推广费、信息费等。根据行业特点，营业费用按照主营业务收入的 3%（平均值）预测。

（5）管理费用。管理费用主要包括管理人员的工资、福利费、固定资产折旧、知识产权摊销等。考虑项目的未来运营情况，管理费用按照主营业务收入的 13%（平均值）预测。

（6）所得税。本次评估不考虑将来可能享受的优惠政策，按新的所得税税率 25% 计算。

（八）评估结论

本公司评估人员根据评估目的，坚持客观、公正、合理的原则，并按照评估程序采用了科学的评估方法，在认真分析现有资料的基础上，经评定估算，评估基准日 2016 年 11 月 30 日，WXX 所委托评估的知识产权——计算机软件著作权"XK V1.0"中的财产权的价值为 1,000 万元。

其中，WXX 拥有该项知识产权的 100%，即 1,000 万元。

四、案例点评

根据评估准则的要求,该报告中有以下几方面的处理方式与评估准则的要求存在一定差距。

(一) 评估对象和评估范围描述不清晰

中国资产评估协会 2010 年 12 月 18 日发布了《著作权资产评估指导意见》(中评协〔2010〕215 号)(下称《指导意见》),又于 2015 年 12 月 31 日发布了《知识产权资产评估指南》(中评协〔2015〕82 号)(下称《指南》),对评估人员执行著作权评估业务提出了具体的要求和指导。

《指导意见》"第二条 本指导意见所称著作权资产,是指权利人所拥有或者控制的,能够持续发挥作用并且预期能带来经济利益的著作权的财产权益和与著作权有关权利的财产权益。

第十二条 著作权资产评估对象是指著作权中的财产权益以及与著作权有关权利的财产权益。

第十三条 著作权资产的财产权利形式包括著作权人享有的权利和转让或者许可他人使用的权利。许可使用形式包括法定许可和授权许可;授权许可形式包括专有许可、非专有许可和其他形式许可等。

第十四条 注册资产评估师执行著作权资产评估业务,应当明确著作权资产的权利形式。当评估对象为著作权使用权时,应当明确著作权使用权的具体许可形式和许可内容。

第十五条 著作权财产权利种类包括:复制权、发行权、出租权、展览权、表演权、放映权、广播权、信息网络传播权、摄制权、改编权、翻译权、汇编权以及著作权人享有的其他财产权利。

与著作权有关权利包括:出版者对其出版的图书、期刊的版式设计的权利,表演者对其表演享有的权利,录音、录像制作者对其制作的录音、录像制品享有的权利,广播电台、电视台对其制作的广播、电视所享有的权利以及由国家法律、行政法规规定的其他与著作权有关的权利。

第十七条 注册资产评估师执行著作权资产评估业务,应当要求委托方明确著作权评估对象的组成形式。著作权资产评估对象通常有下列组成形式:

（一）单个著作权中的单项财产权利；

（二）单个著作权中的多项财产权利的组合；

（三）分属于不同著作权的单项或者多项财产权利的组合；

（四）著作权中财产权和与著作权有关权利的财产权益的组合；

（五）在权利客体不可分割或者不需要分割的情况下，著作权资产与其他无形资产的组合。

本案例报告中评估对象和评估范围描述为："本项目的评估对象为 WXX 所委托评估的知识产权——计算机软件著作权'XK V1.0'中的财产权的市场价值。本项目的评估范围为知识产权——计算机软件著作权'XK V1.0'中的财产权。'XK V1.0'软件著作权为计算机软件著作权，登记证号：123456。"该描述过于简单，既未说明财产权利的范围，也未说明财产权利的形式或种类，对评估对象和评估范围对应的权益未清晰界定，影响对评估结论的准确理解。

《指导意见》"第十六条　注册资产评估师执行著作权资产评估业务，应当关注评估对象的基本状况以及在时间、地域和其他方面的限制条件，评估对象涉及的作品在著作权法中所属的作品类别，作品的发表状况、使用状态、登记情况以及著作权的保护期限。

第十八条　注册资产评估师执行著作权资产评估业务，应当关注著作权的法律状态。著作权的法律状态包括著作权权利人信息、权利人变更情况、著作权质押情况和涉及诉讼情况等。"

《指南》"第十七条　资产评估师执行知识产权资产评估业务，应当关注知识产权资产的基本情况：

（一）知识产权资产权利的法律文件、权属有效性文件或者其他证明资料；

（二）知识产权资产特征和使用状况，历史沿革以及评估与交易情况；

（三）知识产权资产实施的地域范围、领域范围、获利能力与获利方式，知识产权资产是否能给权利人带来显著、持续的可辨识经济利益；

（四）知识产权资产的法定寿命和剩余经济寿命，知识产权资产的保护措施；

（五）知识产权资产实施过程中所受到相关法律法规或者其他限制，知识产权资产转让、许可使用、出资、质押等的可行性；

（六）类似知识产权资产的市场价格信息；

（七）其他相关信息。"

本评估报告对评估对象基本情况介绍甚少，评估报告和说明中对软件著作权的性质、权利状况及限制条件描述不全面，没有说明软件著作权取得方式和权利范围，实施的地域限制范围、领域限制及法律法规限制条件，宏观经济和行业的前景等。与准则要求存在差距。使报告阅读人无法通过报告了解计算机软件著作权的开发背景，完成时间，权利人，财产权利类型，权利取得形式，是否存在质押及诉讼，是否已投入使用，应用领域，盈利模式和获利能力，市场上类似技术的价格等信息，难以令人对评估对象形成基本认识，继而会对评估结论的含义和效力产生疑问。

（二）评估准则依据有失效的文件，同时遗漏重要评估依据

《资产评估准则——无形资产》"第七条　注册资产评估师执行无形资产评估业务，应当遵守相关法律、法规以及资产评估基本准则，并考虑其他评估准则的相关规定"。

报告中的评估依据"《资产评估操作规范意见（试行）》（原国家国有资产管理局国资办发〔1996〕23号）"已于2011年依据"中国资产评估协会关于废止《资产评估操作规范意见（试行）》的通知（中评协〔2011〕165号）"废止。

对评估软件著作权需要依据的"《著作权资产评估指导意见》（中评协〔2010〕215号），《知识产权资产评估指南》（中评协〔2015〕82号）"却未提及。

缺少必要的法律法规依据，如保护著作权有关的《中华人民共和国著作权法》及实施条例、《计算机软件著作权保护条例》及《知识产权资产评估指南》"第三十四条　资产评估师应当知晓，知识产权出资，应当符合《公司法》《公司登记管理条例》《公司注册资本登记管理规定》等相关法律法规的要求"提到的公司法相关法律法规。

（三）未对评估对象的盈利模式进行分析，收益预测简单依据可研报告，重要参数的确定依据不够充分

《著作权资产评估指导意见》第二十三条　注册资产评估师运用收益法进行著作权资产评估时，应当根据著作权资产对应作品的运营模式合理估计评估对象的预期收益，并关注运营模式法律上的合规性、技术上的可能性、经济上的可行性。

（1）报告中对计算机软件著作权的实施企业未做介绍，对实施该著作权的盈利模式、配套资产也未进行说明，对著作权资产能否持续带来经济利益未加分析，预测中收入、成本、费用、增长率数据依据可研报告直接得出，依据不够充分。

（2）评估说明中"考虑到行业竞争、新产品更新换代速度等因素，预计该技术的预期收益年限从评估基准日算起为5年"。

《中华人民共和国著作权法》"第二十一条　公民的作品，其发表权、本法第十条第一款第（五）项至第（十七）项规定的权利的保护期为作者终生及其死亡后五十年，截止到作者死亡后第五十年的12月31日"。本案例报告中未见对行业竞争状况、新产品更新换代速度分析内容，简单确定收益期为5年依据不充分。

（3）评估说明中利润分成率的确定方法更适合专利权无形资产，软件著作权与专利权存在本质区别。在不明确盈利模式、未考虑计算机软件资产运营所需配套资产的前提下，依据定性分析确定分成率缺乏说服力。

五、总结与启示

本案例存在的主要问题显示评估人员对计算机软件著作权资产缺乏认识，对软件著作权资产涉及的权益理解不清晰，对影响资产价值的因素考虑不够全面。建议评估师加强对评估准则和相关法律、法规等专业知识的学习，不断提高专业胜任能力，为社会提供更专业的服务。

第三部分　单项资产评估案例

‖案例十六‖

HX 水电开发有限公司拟房地产抵押贷款项目评估案例

一、案例要点

本案例中评估机构对委估房地产采用了市场法进行评估。经查阅评估报告、评估说明、工作底稿，并与评估机构和评估师沟通，该项目有以下几方面值得商榷：

（1）该项目采用市场法进行评估，比较案例未选择评估基准日近期的而选择距评估基准日 6 个月以前的。

（2）在现场勘察、资料收集过程中未对委估对象及比较案例的产权状况、权利性质、土地使用期限进行详细调查、比较。

（3）不动产权利状况、土地使用期限、交易时间这些影响委估对象评估结果的修正因素均未在测算过程中考虑。

二、案例背景

该项目委托方、产权持有单位为 HX 水电开发有限公司，委托方拟将位于三亚市某开发区的一幢 547.33 平方米房地产用于抵押贷款，评估基准日为 2014 年 10 月 30 日，采用市场法进行评估，评估值为 26,149,238 元。

三、案例内容

评估报告中的主要内容如下，以下内容根据评估报告进行了编辑、处理。

（一）委托方、资产占有方简介

本次资产评估项目的委托方、产权持有单位为 HX 水电开发有限公司。

（二）评估目的

对 HX 水电开发有限公司拟房地产抵押贷款事宜涉及的位于三亚市某开发

区 547.33 平方米的一幢房地产市场价值进行评估，提供评估基准日市场价值参考意见。

（三）评估对象及范围

评估对象：HX 水电开发有限公司位于三亚市某开发区 547.33 平方米的一幢房地产。

评估范围：位于三亚市某开发区总建筑面积为 547.33 平方米的一幢房地产，土地房屋证号：F 房（2013）字第×××号。

（四）评估基准日

评估基准日为 2014 年 10 月 30 日。

（五）评估方法

根据委估资产的具体情况，对此类资产采用市场法进行评估。具体方法如下：

市场比较法的计算公式为：

案例修正价格 = 案例价格 × a × b × c × d × e

a = [（交易日期修正）/100]

b = [100/（交易情况修正）]

c = [100/（区域因数修正）]

d = [100/（个别因数修正）]

e = 使用年期修正系数

（六）评估案例——别墅

评估人员通过市场调查并查询有关房地产租售信息，因此经比较选择建筑规模、结构、用途、地理位置相近的三个比较实例。

比较案例一：三亚市鲁能三亚湾小区别墅，建筑面积 545 平方米，共 3 层，框架结构，毛坯房，建于 2009 年，鲁能三亚湾新城位于三亚市三亚湾海坡二线地，海虹路以西、新城路以北区域，美丽 MALL 是鲁能·三亚湾新城美丽城片区中央区的首期启动项目。作为美丽城中央区首期启动项目，建成后的美丽 MALL 将成为集世界风情酒吧街、时尚商业广场、休闲不夜城、酒店式公寓为一体的国际性主题文化休闲街区，为度假休闲生活提供缤纷多彩的视听饕餮享受。同时美丽 MALL 的社区内湖和三亚唯一的旱地音乐喷泉广场等多种景观休闲配套，更加为美丽 MALL 增添了万种风情。2014 年 4 月，房产交易公布价 49,900.00 元/平方米。

比较案例二：三亚市金鸡岭与三亚湾路口蓝海花园一期别墅：建筑面积 545 平方米，共 4 层，混合结构，毛坯房，建于 2007 年，小区建筑采用多层、小高层结合的布局，高低错落有致，楼间距适度，户户通风采光良好，保证阳光、海风及空气的自然畅通，轻松实现生活天地的最佳视野，海天共一色。2014 年 5 月，房产交易公布价 46,533.00 元/平方米。

比较案例三：三亚市鲁能三亚湾小区别墅，建筑面积 550 平方米，共 3 层，框架结构，毛坯房，建于 2009 年，鲁能三亚湾新城位于三亚市三亚湾海坡二线地，海虹路以西、新城路以北区域，美丽 MALL 是鲁能·三亚湾新城美丽城片区中央区的首期启动项目。作为美丽城中央区首期启动项目，建成后的美丽 MALL 将成为集世界风情酒吧街、时尚商业广场、休闲不夜城、酒店式公寓为一体的国际性主题文化休闲街区，为度假休闲生活提供缤纷多彩的视听饕餮享受。同时美丽 MALL 的社区内湖和三亚唯一的旱地音乐喷泉广场等多种景观休闲配套，更加为美丽 MALL 增添了万种风情。2014 年 4 月，房产交易公布价 49,800.00 元/平方米。

1. 确定比较因素条件指数表

评估人员依据收集到的各相关交易案例的基本情况，列示比较因素条件说明如表 1 所示。

表 1　比较因素条件说明

比较因素	评估对象与案例	评估对象	鲁能三亚湾别墅	蓝海花园一期别墅	鲁能三亚湾别墅
用途		住宅	住宅	住宅	住宅
土地级别		同一级别	同一级别	同一级别	同一级别
土地性质		出让	出让	出让	出让
交易方式		正常	正常	正常	正常
交易时间		2014 年 10 月	2014 年 4 月	2014 年 5 月	2014 年 4 月
单位售价（元/平方米）		待估	49,900.00	46,533.00	49,800.00
区域因素	交通便捷度	较好	较好	较好	较好
	繁华程度	较繁华	较繁华	较繁华	较繁华
	环境质量优劣度	较好	较好	较好	较好
	基础设施完善度	完善	完善	完善	完善
	公用设施配套情况	齐全	齐全	齐全	齐全
个别因素	临街状况、地势	较好	较好	较好	较好
	建筑结构	钢混	钢混	钢混	钢混

续表

比较因素	评估对象与案例	评估对象	鲁能三亚湾别墅	蓝海花园一期别墅	鲁能三亚湾别墅
个别因素	面积（平方米）	547.33	545	545	550
	层次	共4层	共3层	共4层	共3层
	平面布置	合理	合理	合理	合理
	工程质量	较好	较好	较好	较好
	物业管理	较好	好	较好	好
	文化氛围	较好	较好	较好	较好
	设备及装修	毛坯房	毛坯房	毛坯房	毛坯房
	朝向	较好	较好	较好	较好
	配套服务设施	较好	较好	较好	较好
	建筑物新旧程度（%）	90	92	90	92

2. 根据比较因素条件确定比较因素条件指数

根据比较因素条件确定比较因素条件指数，以待估房地产条件为100，将可比实例条件与之比较，根据上表所述情况，指数增加或减少。如表2所示。

表2 比较因素条件指数

比较因素	评估对象与案例	评估对象	鲁能三亚湾别墅	蓝海花园一期别墅	鲁能三亚湾别墅
	用途	100	100	100	100
	土地级别	100	100	100	100
	土地性质	100	100	100	100
	交易方式	100	100	100	100
	交易时间	100	100	100	100
	单位售价（元/平方米）	待估	49,900.00	46,533.00	49,800.00
区域因素	交通便捷度	100	100	100	100
	繁华程度	100	100	100	100
	环境质量优劣度	100	100	100	100
	基础设施完善度	100	100	100	100
	公用设施配套情况	100	100	100	100

续表

比较因素	评估对象与案例	评估对象	鲁能三亚湾别墅	蓝海花园一期别墅	鲁能三亚湾别墅
个别因素	临街状况、地势	100	100	100	100
	建筑结构	100	100	100	100
	面积	100	100	100	100
	层次	100	100	100	100
	平面布置	100	100	100	100
	工程质量	100	100	100	100
	物业管理	100	103	100	103
	文化氛围	100	100	100	100
	设备及装修	100	100	100	100
	朝向	100	100	100	100
	配套服务设施	100	100	100	100
	建筑物新旧程度	100	100	100	100

3. 根据比较因素指数计算比较因素修整系数

比较系数 = 待估房地产条件指数 ÷ 可比实例条件指数

表 3   比较因素条件修正系数

比较因素	评估对象与案例	评估对象	鲁能三亚湾别墅	蓝海花园一期别墅	鲁能三亚湾别墅
单位售价（元/平方米）		待估	49,900.00	46,533.00	49,800.00
	用途	100/100	100/100	100/100	100/100
	土地性质	100/100	100/100	100/100	100/100
	土地级别	100/100	100/100	100/100	100/100
	交易方式	100/100	100/100	100/100	100/100
	交易时间	100/100	100/100	100/100	100/100
区域因素	交通便捷度	100/100	100/100	100/100	100/100
	繁华程度	100/100	100/100	100/100	100/100
	环境质量优劣度	100/100	100/100	100/100	100/100
	基础设施完善度	100/100	100/100	100/100	100/100
	公用设施配套情况	100/100	100/100	100/100	100/100

比较因素	评估对象与案例	评估对象	鲁能三亚湾别墅	蓝海花园一期别墅	鲁能三亚湾别墅
个别因素	临街状况、地势	100/100	100/100	100/100	100/100
	建筑结构	100/100	100/100	100/100	100/100
	面积	100/100	100/100	100/100	100/100
	层次	100/100	100/100	100/100	100/100
	平面布置	100/100	100/100	100/100	100/100
	工程质量	100/100	100/100	100/100	100/100
	物业管理	100/100	100/103	100/100	100/103
	文化氛围	100/100	100/100	100/100	100/100
	设备及装修	100/100	100/100	100/100	100/100
	朝向	100/100	100/100	100/100	100/100
	配套服务设施	100/100	100/100	100/100	100/100
	建筑物新旧程度	100/100	100/100	100/100	100/100
比准价格			48,446.60	46,533.00	48,349.51

4. 确定比准价格

比准价格 = (可比案例一比准价 + 可比案例二比准价 + 可比案例三)

= (48,446.60 + 46,533.00 + 48,349.51) ÷ 3

= 47,776.00（元/平方米）（取整）

5. 评估结果

根据比准单价确定的评估单价，再乘以该物业的建筑面积，确定委估房地产的评估值。计算公式如下：

评估值 = 评估单价 × 建筑面积

= 47,776.00 元/平方米 × 547.33 平方米

= 26,149,238 元（合 2,614.92 万元）

四、案例点评

通过对该不动产抵押贷款项目评估报告、评估说明、工作底稿的通读、分析和判断，根据评估准则的要求，该报告中有以下几方面的处理方式值得商榷：

（1）该项目采用市场法进行评估，评估基准日为 2014 年 10 月 31 日，现场

勘察日为 2014 年 11 月 8 日，但选择的 3 个比较案例成交日期均为 2014 年 4 月。根据《资产评估准则——不动产》"第二十四条 用作参照物的交易实例应当具备下列条件：（二）成交日期与评估基准日接近"，三亚市房地产交易信息公开透明，很容易通过公开渠道获得评估基准日近期的交易信息，但该项目在现场勘察过程中不选择评估基准日或者现场勘察日近期的交易信息，而选择距评估基准日 6 个月以前的交易案例有悖于准则要求。

（2）根据《资产评估准则——不动产》"第二十二条 注册资产评估师采用市场法评估不动产时，应当收集足够的交易实例，收集交易实例的信息一般包括：（一）交易实例的基本情况，主要有名称、坐落、四至、面积、用途、产权状况、土地形状、土地使用期限、建筑物建成日期、建筑结构、周围环境等"。同时根据《资产评估准则——不动产》"第二十四条 用作参照物的交易实例应当具备下列条件：（一）在区位、用途、规模、建筑结构、档次、权利性质等方面与评估对象类似"。

在现场勘察、资料收集过程中未见对委估对象及比较案例的产权状况、权利性质、土地使用期限进行详细调查、比较，经过查看工作底稿、网上公开资料，评估报告中选择的 3 个比较案例与委估对象的产权状况、土地使用期限差距很大。

委估对象土地终止日期为 2042 年 11 月 30 日，如果该宗地为 70 年产权，启用日期应该为 1972 年 11 月 30 日，而 1972 年我国实行的是单一行政划拨用地制度，20 世纪 80 年代中期我国逐步实行土地有偿使用制度，因此，判断该宗地的使用年限不是 70 年。检查人员根据网上公开数据查找的资料，评估报告中选取的比较案例"三亚市鲁能三亚湾小区别墅"的土地使用年限为 70 年，比较案例的剩余使用年期长于委估对象。

根据《全国土地分类》（国土资发〔2001〕255 号文），城镇混合住宅用地指城镇居民以居住为主的住宅与工业或商业等混合用地，城镇单一住宅用地指城镇居民的普通住宅、公寓、别墅用地。委估对象对应的土地用途为"城镇混合住宅"，比较案例三亚市鲁能三亚湾小区别墅、蓝海花园一期别墅的土地用途为"住宅"，委估对象与比较案例在产权状况、权利性质有较大的差距。

因为委估对象与比较案例的产权状况、权利性质、土地使用期限有较大的差异，加之评估基准日与比较案例交易时间有六个月的时间差，所以评估报告中采用的比较案例不适用于该评估项目。

（3）评估估算过程中对评估参数的考虑不全面。

1）不动产所对应的土地剩余使用年限对于不动产的价值有较大的影响。评估说明中描述"需要对土地剩余使用年期进行修正"，但是在比较因素条件说明表未对土地剩余使用年期进行修正。

2）评估报告中描述委估对象证载土地用途为"城镇混合住宅"，准用年限为2042年11月30日，使用年限如果为70年，则土地启用日期应该为1972年11月31日，但是1972年我国还没有实行改革开放，也没有土地出让政策，因此，委估对象的土地启用日期不是1972年11月31日，土地使用年限也不是70年。评估报告中选择的比较案例三亚市鲁能三亚湾小区别墅、蓝海花园一期别墅用途为"住宅"土地使用权为70年，委估对象与比较案例在产权状况、权利性质、土地剩余年限方面有较大的差距，但在测算过程中未对这三项重要因素进行修正。

3）该项目的评估基准日为2014年10月31日，2014年全国房地产市场行情变动较大，三亚市也不例外。评估报告中选择的三个交易案例的交易日期距评估基准日有6个月以上的时间差距，6个月之间成交价格与评估基准日之间成交价格有一定的变化，而在比较因素条件指数表中未对交易时间进行修正。

综合以上因素，由于评估人员未对比较案例产权状况、权利性质、土地使用期限、交易时间这些影响委估对象评估结果的修正因素进行修正，所以影响评估结果的合理性。

五、总结与启示

不动产抵押贷款评估业务是一种传统的评估业务，评估理论相当成熟、评估操作程序有比较固定的模式、加之不动产交易市场信息容易获取，所以不动产评估是一种比较容易操作的评估业务。

该项目在评估过程中在现场勘察、资料收集、评定估算过程中出现了一些与评估准则要求有较大差距的处理方式，造成评估结果不准确。因此，评估人员应该加强评估准则的学习，增强风险意识。评估机构也应该完善内部复核制度，降低评估机构和评估师的执业风险。

‖案例十七‖
ZXY、ZYY 所拥有的名牌手表实物资产评估案例

一、案例要点

本案例中评估机构对 ZXY、ZYY 所拥有的名牌手表采用了成本法进行了评估。经查阅评估报告、评估说明、工作底稿，并与评估机构和评估师沟通，该项目有以下几方面还值得商榷：

（1）评估目的描述不清晰，评估报告描述"ZXY、ZYY 为了出国移民，须将各自名下所拥有的共 35 块名表于评估基准日的市场价值进行评估，未明确说明评估报告的具体评估目的"。

（2）评估报告中未列明具体评估准则，而不能用《基本准则》《评估报告》《评估程序》《珠宝首饰》等准则来代替。

（3）评估报告一般以人民币为计量币种，使用其他币种计量的，应当注明该币种与人民币的汇率，而本案例用外币——加元来表示评估结论，未注明该币种与人民币的汇率。

（4）评估报告采用成本法进行评估，成新率均按 100% 来确认的操作方式值得商榷。

二、案例背景

ZXY、ZYY 为了出国移民事宜，委托评估机构对 35 块名牌手表进行评估，以确认 35 块名牌手表在评估基准日的市场公允价值。评估基准日为 2014 年 7 月 16 日，评估价值类型为市场价值，评估方法选用成本法进行评估。

三、案例内容

评估报告中的主要内容如下，以下内容根据相关评估报告和工作底稿进行了编辑、处理。

（一）评估目的

ZXY、ZYY 因出国移民事宜，委托本评估机构对 35 块名牌手表进行评估，以确认 35 块名牌手表在评估基准日的市场公允价值。

（二）评估对象和评估范围

评估对象为 ZXY、ZYY 各自所拥有的资产，评估范围为 ZXY、ZYY 所拥有的 35 块名牌手表。

（三）价值类型及其定义

本项目资产评估的价值类型为市场价值。

市场价值是指自愿买方和自愿卖方在各自理性行事且未受任何强迫的情况下，评估对象在评估基准日进行正常公平交易的价值估计数。

（四）评估基准日

本项目资产评估评估基准日为 2014 年 7 月 16 日。

（五）评估方法

本次对名牌手表的评估采用成本法。

成本法是按现时条件下重新复制或购置一项全新状态的被评估资产所需要的费用，同时扣减各种损耗价值来确定被评估资产价值的方法。

成本法是资产评估的基本方法之一，它是从成本的角度衡量资产的价值，基本思路是重建或重置被评估资产，任何潜在的投资者在决定投资某项资产时，所愿意支付的价格不会超过构建该项资产的现行构建成本。

成本法是指首先估测被评估资产的重置成本，然后估测被评估资产已存在的各种贬损因素，并将其从重置成本中予以扣除而得到被评估资产价值的各种评估方法的总称。上述评估用公式可概括为：

资产评估价值 = 资产的重置成本 – 资产实体性贬值 – 资产功能性贬值 – 资产经济性贬值。

资产实体性贬值、资产功能性贬值、资产经济性贬值与资产的重置成本之比称为实体性贬值率、功能性贬值率及经济性贬值率，因此，上述公式可改写为：

资产评估价值 = 资产的重置成本 ［1 – （实体性贬值率 + 功能性贬值率 + 经济

性贬值率)〕

在评估实务中，通常将〔1－(实体性贬值率＋功能性贬值率＋经济性贬值率)〕称为成新率，因此，上述公式可变更为：

资产评估价值＝资产的重置成本×成新率

鉴于评估范围内的名牌手表具有收藏价值及升值潜力，本次评估根据名牌手表的特点及现状，成新率均按 100% 确认。

四、案例点评

(一) 评估报告载明的评估目的应当唯一，表述应当明确、清晰

《资产评估准则——评估报告》"第十七条　评估报告载明的评估目的应当唯一，表述应当明确、清晰"。《资产评估准则——评估报告》"第二十七条　评估报告的使用限制说明通常包括下列内容：①评估报告只能用于评估报告载明的评估目的和用途；②评估报告只能由评估报告载明的评估报告使用者使用"。

本案例因 ZXY、ZYY 出国移民事宜，对其各自名下所拥有的共 35 块名表于评估基准日的市场价值进行评估，评估目的不明确，评估报告最终用途不清楚，理论上讲，委托方可以用于其他任何需要的目的，这样就增加了评估机构和评估师的潜在风险，容易造成评估报告的滥用。因评估目的不同，所采用的评估标准和评估方法就可能不同，若评估目的表述不明确、清晰，可能造成评估标准和评估方法选择不适当，进而影响评估结果的合理性。

(二) 评估报告中运用准则依据不完整，部分适用本案例的准则依据未列示

《资产评估准则——评估报告》"第二十一条　评估报告应当说明评估遵循的法律依据、准则依据、权属依据及取价依据等"。

本案例中，运用资产评估准则体系描述为：《基本准则》《评估报告》《评估程序》《珠宝首饰》等；评估准则表述不完整，应表述出具体准则名称，基本准则应表述为《资产评估准则——基本准则》(财企〔2004〕20 号)，《资产评估职业道德准则——基本准则》(财企〔2004〕20 号)；《资产评估准则——评估报告》(中评协〔2007〕189 号)，《资产评估准则——评估程序》(中评协〔2007〕189 号)。

适用于本项目的准则还有：《资产评估准则——业务约定书》(中评协〔2007〕189 号，中评协〔2011〕230 号)、《资产评估准则——工作底稿》(中评协〔2007〕189 号)、《资产评估准则——利用专家工作》(中评协〔2012〕244 号)、《资产评估职业道德准则——独立性》(中评协〔2012〕248 号)等，但评估报告并未列示。

对于名牌手表的评估是适用于《资产评估准则——珠宝首饰》还是《资产评估准则——机器设备》，根据《资产评估准则——珠宝首饰》第二条本准则所称珠宝首饰，是指珠宝玉石和/或用于饰品制作的贵金属的原料、半成品及其制成品。《资产评估准则——珠宝首饰》第三条本准则所称珠宝首饰评估，是指注册资产评估师（珠宝）依据相关法律、法规和资产评估准则，在对珠宝首饰进行鉴定分级分析的基础上，对珠宝首饰的价值进行分析、估算并发表专业意见的行为和过程。从准则要求来看名牌手表评估属不属于用于饰品制作的贵金属的原料、半成品及其制成品，但名牌手表也有饰品作用，根据不同的场合，手表和衣服搭配可以增加人的自信与气质，提高人的品位，从这方面考虑名牌手表适用于《资产评估准则——珠宝首饰》准则，但报告只能由注册资产评估师（珠宝）出具。

《资产评估准则——机器设备》第二条　本准则所称机器设备是指人类利用机械原理以及其他科学原理制造的、特定主体拥有或者控制的有形资产，包括机器、仪器、器械、装置、附属的特殊建筑物等。《资产评估准则——机器设备》第三条　本准则所称机器设备评估是指注册资产评估师依据相关法律、法规和资产评估准则，对单独的机器设备或者作为企业资产组成部分的机器设备的价值进行分析、估算并发表专业意见的行为和过程。如果从机器设备定义来看，手表属于人类利用机械原理以及其他科学原理制造的、特定主体拥有或者控制的有形资产，如果从这个概念上看手表属于机器设备范畴，应适用于《资产评估准则——机器设备》准则，从本案例来讲，对于名牌手表不同于一般的机器设备，价值量大、专业性强，应用于《资产评估准则——珠宝首饰》更适合。

（三）评估报告一般以人民币为计量币种，使用其他币种计量的，应当注明该币种与人民币的汇率，而本案例用外币——加元来表示评估结论，未注明该币种与人民币的汇率

评估报告中描述"截至 2014 年 7 月 16 日评估基准日，委估 35 块名牌手表的总评估值为加币（CAD）335,773.00 元"。根据《资产评估准则——评估报告》第十条"评估报告应当使用中文撰写。需要同时出具外文评估报告的，以中文评估报告为准。评估报告一般以人民币为计量币种，使用其他币种计量的，应当注明该币种与人民币的汇率"。

（四）询价记录由委托方提供，评估人员并未核实，成新率均按 100% 确定值得考虑

（1）询价记录系委托方提供，询价记录表明为美国东部市场销售价格而非国内市场销售价格，同样一件商品，在国内、国外市场销售价格会因为法律、税收制度不一样，价格会有所差别，如果完全用国外商品价格作为国内市场价格欠妥，因为我们不知道该价格构成内容、是否含税，若评估人员对询价记录未经核实而直接运用，如果委托方提供的价格不实，会造成评估结论的正确性，加大了评估师的执业风险。

（2）《资产评估准则——珠宝首饰》第二十二条　注册资产评估师（珠宝）使用成本法时，应当：合理确定实体性贬值、经济性贬值和功能性贬值。报告中"鉴于评估范围内的名牌手表具有收藏价值及升值潜力，本次评估根据名牌手表的特点及现状，成新率均按 100%确认"，本案例未对 35 块手表状况进行分析，未分析名牌手表是否具有附加价值（如历史和文化价值、限量版等），并未介绍名牌手表的特殊之处，名牌手表的购买日期从 1992 年到 2013 年不等，机械手表一般根据质量区分为高、中、低三级，其使用寿命年限大致分为 30 年以上、15年以上、2 年以上，名牌手表大多属于高级，钟表行业判定其寿命年限多在 30年以上，且中间尚需多次维护保养，按谨慎原则，应合理确定实体性贬值、经济性贬值和功能性贬值，将成新率均定为 100%的做法值得商榷。

五、总结与启示

近几年来，我国居民收入水平持续提高，尤其是高收入群体不断扩大，对高档商品的消费力增强，需求量随之增加，人们对手表的需求已不仅限于计时的需要，而是集计时、多功能、时尚、价值成分于一体。特别是伴随居民消费品位的提升，对手表的单纯计时功能日趋淡化，更注重手表的品牌、质量、款式和档次，尤其是高档手表已成为富裕起来的人们显示身价的产品。对于名牌手表的评估，不同于一般资产的评估，首先要对高档手表市场进行研究，只有对市场了解透彻了，才能把握手表市场的发展趋势及市场需求，才能更好地把握手表的价值。手表的价值和手表的品牌、产地、设计、外观、机芯、材质、手表精度、历史故事（附加值）、各种认证密切相关，品牌鉴定是评估手表价值首先要考虑的问题，对于名牌手表不同的人对品牌价值感受不同、对事物见解不同甚至对美学认知不尽相同，这就意味着品牌具备无形的价值与丰富的内涵；手表的品牌档次评估需要具有专业知识和经验，一般评估师并不具有该方面的知识和技能，需要专家协助来判断名牌手表真伪和档次，然后根据手表设计、外观、机芯、材质、手表精度、历史故事（附加值）、各种认证来估算手表的市场价值。

业务洽谈时，应充分了解评估目的及资产的状况，本次评估是委托方为了出国移民，评估的具体目的并不清楚，是用于资产证明、纳税还是其他目的，报告并未明确，存在较大评估风险；工作底稿未对高档手表市场进行分析，亦未见专业人员对手表品牌真伪及档次进行鉴定，询价记录由委托方提供而未进行核对，委托方是利益的当事方，过分依赖委托方提供的数据，不加以核实验证，会加大评估师执业风险。对于特殊资产的评估，应加强学习，严格按照准则的要求来做，以降低评估师的执业风险。

‖案例十八‖

自然人 WLY 所有的土地及地上附着物
征地拆迁补偿项目评估案例

一、案例要点

本案例中评估机构对自然人 WLY 所有的土地及地上附着物采用了收益法进行评估。经查阅评估报告、评估说明、工作底稿，并与评估机构和评估师沟通，该项目有以下几方面值得商榷：

（1）土地使用者——WLY 全部获得土地补偿费用的处理方式值得商榷。

（2）评估方法未采用成本法的理由不充分。

（3）收益法测算过程中，茶树收益测算过程中参数的选取过程值得完善。

（4）收益法测算过程中，委估茶树重新种植达到成年期经营损失的计算过程值得商榷。

二、案例背景

该项目是自然人 WLY 拥有的茶园及地上附着物被征地拆迁，茶园的所有者 WLY 委托评估机构对其土地及地上附着物进行评估，确定其在评估基准日所表现的拆迁补偿价值。评估机构在接受茶园的所有者 WLY 的委托后，对土地及地上附着物的拆迁补偿价值进行了评估，并出具了评估报告。评估基准日为 2014 年 10 月 31 日，价值类型为拆迁补偿价值，评估方法为收益法。

三、案例内容

评估报告中的主要内容如下，以下内容根据评估报告进行了编辑、处理。

（一）委托方、产权持有者和委托方以外的其他评估报告使用者

1. 委托方和产权持有者简介

介绍了姓名、性别、民族、出生日期、住址、身份证号码等身份证信息。

2. 委托方以外的评估报告使用者

F 县政府、评估监管机构、其他国家法律法规规定的评估报告使用者。

（二）评估目的

本次评估是根据评估机构与委托方签订的资产评估业务委托约定书，对某人所有的土地及地上附着物进行评估，确定其在评估基准日所表现的拆迁补偿价值，为 F 县政府依法进行征地拆迁补偿提供价值参考依据。

（三）评估对象和评估范围

评估对象：本次评估对象为 WLY 所有的土地及地上附着物拆迁补偿价值求偿权。

评估范围：评估范围为 WLY 所有的土地及地上附着物，委估土地共 13.422 亩，其中地块一位于 X 村 XX 小组横垄里岭：10.71 亩，地块二位于 X 村 XX 小组长塘：2.712 亩，为 WLY 所有的村集体自留地；地上附着物主要为茶树和一眼灌溉水井灌溉设施、一套制茶设备和房屋基础。

纳入评估范围的资产和资产评估业务委托约定书约定的评估范围一致。

（四）价值类型及其定义

本次评估确定的价值类型为：拆迁补偿价值。

拆迁补偿价值的内涵：是指评估对象根据有关城市规划、建设和房地产管理等相关法律、法规关于拆迁补偿的具体规定和要求所具有的价值估计数额。

（五）评估基准日

评估基准日为 2014 年 10 月 31 日。

（六）评估方法

由于市场上没有可比的交易案例，故本项目不适用市场法；由于搜集到的技术历史资料不能反映评估对象在本项目评估目的下的价值，故本项目不适用成本法。

通过对此次委估资产的市场分析和市场调研，结合产权持有者委估资产历史情况、未来收益状况，我们认为采用收益现值法评估其价值更为科学合理。在具体运用该方法评估时，对未来收益额，以合理适当的折现率折现成现值并累加得出评估值。

收益现值法是通过估算被评估资产寿命期内预期收益并以适当的折现率折算成现值,以此确定委估资产价值的一种评估方法。

(七) 评估模型

$$V = \sum_{t=1}^{n} F_t \cdot (1 + i)^{-t} + T$$

式中,V 为委估资产拆迁补偿价值;F_t 为技术产品未来各年收益额;i 为折现率;n 为收益年限;t 为序列年值;T 为经营损失。

评估模型中各主要参数的选取:

土地、茶树和地上附着物价值。

(1) 委估资产的经济年限(n)。委估资产所占土地为村集体用地,使用年限为无限年期,同时考虑茶树的寿命收益年限为 100 年左右,本次根据往年管理情况和现有收益投入状况,确定收益年限为 97 年,自 1994 年到 2091 年。

(2) 收益额(F_t)。根据茶树的生长规律、评估人员调查的茶园产量状况等情况,确定被评估茶园的每年各期产量;根据市场调查,确定茶叶单价;通过了解当地人工水平,确认生产成本;对附属设施以资本性支出的方式估算。

(3) 折现率(i)。折现率的内涵是指与投资于委估专利相适应的投资报酬率。本次评估参照 2013 年《企业绩效评价标准值》,取林业行业投资报酬率平均值 7.7% 作为本次评估折现率。

(4) 经营损失。本次评估中,通过了解茶树生产周期,确定委估茶树重新种植达到成年期需 4 年,同时委估资产在 2013 年 6 月 27 日被占用,故按照历年平均利润 8 万元,确定 5.33 年的经营损失。

(5) 土地补偿价值。按照《关于调整全县新征地补偿标准的通知》(F 府字〔2011〕88 号),确定委估土地补偿价值。

四、案例点评

(一) 评估报告中将土地补偿费用全部归为土地使用者——WLY 所有的处理方式值得商榷

评估报告中描述"评估范围为 WLY 所有的土地及地上附着物,委估土地共 13.422 亩,为 WLY 所有的村集体自留地"。根据《中华人民共和国土地管理法》第八条规定"农村和城市郊区的土地,除由法律规定属于国家所有的以外,属于农民集体所有;宅基地和自留地、自留山,属于农民集体所有"。

WLY 在使用土地过程中应该与当地农民集体组织签订使用协议，在土地被征用过程中会发生相应的补偿费用，WLY 与当地农民集体组织共同分配补偿费用，将土地补偿费全部归于 WLY 的处理方式值得商榷。

（二）未采用成本法的理由不充分

评估报告中描述"由于收集到的技术历史资料不能反映评估对象在本项目评估目的下的价值，故本项目不适用成本法"。随着我国建设用地数量的快速增长，为了统一征地过程中的补偿标准，各地政府都出台了相应的文件，用来规范征地补偿标准。如果当地的征地补偿标准制订时间距评估基准日的时间较长，可以通过价格指数进行调整，如果通过价格指数仍然不能评估基准日的价格水平，可以不采用成本法进行评估。评估报告中不经分析、判断而以"收集到的技术历史资料不能反映评估对象在本项目评估目的下的价值"为理由，而不采用成本法的处理方式值得商榷。

（三）评估测算过程中采用的参数来源值得完善

（1）评估报告中描述"委估资产所占土地为村集体用地，使用年限为无限年期，同时考虑茶树的寿命收益年限为 100 年左右"。茶树的寿命比较长，寿命的长短会受到水土保持、环境因素、气候条件等众多因素的影响。收益年限是影响评估结果的重要参数，在选择收益年限过程中应该充分了解茶园的地理位置、气候条件、水文情况、环境因素，经过分析、判断后确定茶树的寿命收益年限。

（2）评估报告中描述"本次评估参照 2013 年《企业绩效评价标准值》，取林业行业投资报酬率平均值 7.7% 作为本次评估折现率"。根据《森林资源资产评估技术规范（试行）》第十六条"收益现值法是通过估算被评估森林资源资产在未来的预期收益，并采用适宜的折现率（一般采用林业行业投资收益率）折算成现值，然后累加求和，得出被评估资产价值的评估方法"。

2013 年《企业绩效评价标准值》对林业行业净资产收益率的统计为"优秀值 4.8%"，而评估报告中采用的折现率事实上是采用了"成本费用利润率良好值 7.7%"的数据，这样的处理方式值得考虑。

（四）经营损失计算的合理性值得考虑

评估报告中描述"通过了解茶树生产周期，确定委估茶树重新种植达到成年期需 4 年，同时委估资产在 2013 年 6 月 27 日被占用，故按照历年平均利润 8 万元，确定 5.33 年的经营损失"。被评估的茶园重新种植到成年期的期间不属于经营损失的计算范畴，再单独计算"重新种植至成年的利润"是否合理值得商榷。

五、总结和启示

由于我国农村和城市郊区的土地属于农民集体所有，农村土地使用者通常采用承包租赁的方式取得使用权，在征地拆迁过程中会涉及土地所有者、土地使用者、村民集体组织等多方利益主体，因此，农村征地拆迁补偿的问题，是一个复杂的问题。一般情况下，当地政府会制定相关补偿的针对性政策，评估机构在接受被拆迁人委托时，要根据《资产评估职业道德准则——基本准则》的要求做到勤勉尽责，应尽可能地在当地调查了解当地政府的针对性政策。

茶树属于林业资产，除了拥有一般资产的资产属性之外，还拥有很多生物属性，同时受到地理位置、气候条件、水文情况、环境等因素的影响，因此，在评估过程中还需要充分了解各种影响茶园经济收益的影响因素，才能准确地测算评估价值，从而更好地为经济行为服务。

‖案例十九‖
A 公司拟资产变更所涉及的国有土地使用权评估项目案例

一、案例要点

本案例评估目的是 A 公司拟等量置换土地使用权，对置换涉及的一宗地采用了市场比较法进行评估。案例对纳入评估范围的资产采用市场法评估时的现状进行了较为细致的描述，但在市场法应用中的案例情况介绍不清晰，案例因素修正中的部分参数考虑不周。

二、案例背景

根据 B 公司文件《B 公司关于 A 公司土地资产评估的批复》精神，A 公司拟进行国有土地使用权等量变更，为其资产变更提供价值参考依据。

三、案例内容

以下内容根据相关评估报告和评估说明进行了编辑、处理。

（一）评估报告的主要内容

1. 委托方和业务约定书约定的其他评估报告使用者概况（略）

2. 评估目的

根据 B 公司文件《B 公司关于 A 公司土地资产评估的批复》精神，A 公司拟进行国有土地使用权等量变更，为其资产变更提供价值参考依据。

3. 评估对象和评估范围

评估对象为截至评估基准日 A 公司的部分无形资产——土地使用权。

评估范围为 A 公司地处 LN 产业基地的国有土地使用权，国有土地使用权面积为 49,936.22 平方米，原始账面价值 4,206,103.47 元。

委托评估对象和评估范围与经济行为涉及的评估对象和评估范围一致。

上述土地没有办理《国有土地使用证》，A 公司提供了与 B 公司签订的《LN 产业基地国有土地使用权转让协议》[协议编号：（略）]。协议载明宗地位于 LN 产业基地；宗地总面积为 49,936.22 平方米；用途：工业用地；周边基础设施五通一平；土地使用权年期为 50 年。

经现场勘察，该宗地现为空地。协议中载明规划要求主体建筑物性质为厂房；附属建筑物性质为办公；建筑容积率不低于 0.6；建筑系数不低于 30%，办公及生活服务设施用地不得超过总用地面积的 7%。

4. 价值类型和定义

本次评估选用市场价值类型，市场价值是指自愿买方与自愿卖方在各自理性行事且未受任何强迫的情况下，估价对象在评估基准日进行正常公平交易的价值估计数额。

5. 评估基准日为 2015 年 7 月 31 日

6. 评估依据（略）

7. 评估方法

（1）评估方法的选择。根据国家资产评估的有关法规，遵循客观、独立、公正和科学的原则及其他一般公认的评估原则，对营口市公司评估范围内的国有土地使用权进行了必要的核查，查阅了有关文件及技术资料，实施了认为必要的程序。目前通常使用的评估方法为成本法、市场法、收益法，具体方法定义如下：

以下（略）。

（2）选取评估方法的理由。本次资产评估以持续经营和公开市场原则为前提，根据所能收集的资料及区域的实际情况采用适当的评估方法进行评估。

由于本次评估范围内的国有土地使用权用途为工业用地，评估人员根据本次评估目的及估价对象的实际情况，结合评估师收集到的资料及当地房地产市场的发育程度认为，当地同区域内同类土地交易案例较多，故本次采用市场法进行评估。

（3）评估方法——市场法应用。市场法是根据替代原则，将待估土地与类似土地实例进行对照比较，并依据后者已知的价格，参照该土地的交易情况、期日、区域及个别因素等差别，修正得出待估宗地在估价期日的地价的方法。其计算公式为：

$P = PB \times A \times B \times D \times E \times K$

8. 评估程序实施过程和情况

9. 评估假设 (略)

本次评估中，评估人员遵循了以下评估假设：

一般假设和限制条件 (节略)

……

本次评估假设被评估资产现有用途不变且企业持续经营；

……

特殊假设和限制条件

以下 (略)。

10. 评估结论

在实施了上述资产评估程序和方法后，在持续经营的前提下，A公司委估资产价值于评估基准日2015年7月31日的评估结果如下：

A公司委托评估无形资产——国有土地使用权账面价值420.61万元，评估价值为1,438.16万元，评估增值1,017.55万元，增值率241.92%。

增值原因为土地取得成本较低，故评估增值。

11. 特别事项说明 (略)

12. 评估报告使用限制说明 (略)

13. 评估报告日 (略)

(二) 评估说明的主要内容

1. 关于《资产评估说明》使用范围的声明 (略)

2. 企业关于进行资产评估有关事项的说明 (略)

3. 评估对象和评估范围 (略)

4. 资产核实情况总体说明 (略)

5. 评估技术说明

(1) 评估范围 (略)。

(2) 资产概况 (节略)。经评估人员现场勘察，该宗地现为空地。协议中载明规划要求主体建筑物性质为厂房；附属建筑物性质为办公；建筑容积率不低于0.6；建筑系数不低于30%，办公及生活服务设施用地不得超过总用地面积的7%。

本次评估设定的土地使用权性质为出让，为工业用地。开发程度工业设定为宗地外五通（通路、通电、通信、通上水、通下水）及宗地内场地平整。

地价定义：本次估价地价是指在上述设定的用途、开发程度、使用年限条件下，于评估基准日 2015 年 7 月 31 日的土地使用权价格，此价格包括土地取得费、土地开发费，包括土地增值收益等。

（3）评估过程（略）。

（4）评估方法。

1）评估方法确定。委估范围内的土地为工业用地，依据评估目的和资产构成的特点，本次评估采用市场法进行。

2）评估对象界定。本次评估对象为空地，地上没有建筑物。

3）评估方法介绍。本次资产评估以持续经营和公开市场原则为前提，根据所能收集的资料及区域的实际情况对土地使用权采用市场法进行评估。理由如下：该宗地为工业用地，市场交易案例较多，可以收集交易实例，故采用市场法进行评估。

4）评估对象描述。

第一，土地登记状况。土地没有办理《国有土地使用证》，宗地总面积为 49,936.22 平方米；用途是工业用地；周边基础设施五通一平；土地使用权年期为 50 年。

第二，土地权利状况。土地所有权：土地所有权为国家所有。

土地使用权：A 公司以出让方式取得《国有土地使用权》。

第三，土地利用状况。经现场勘察，该宗地现为空地。协议中载明规划要求主体建筑物性质为厂房；附属建筑物性质为办公；建筑容积率不低于 0.6；建筑系数不低于 30%，办公及生活服务设施用地不得超过总用地面积的 7%。

5）影响地价因素（略）。

6）评估方法——市场法应用（略）。

7）评估过程。

第一，比较实例的选择。通过收集的市场交易实例，从中选择与估价对象属于同一供需图、用途相同、交易时间估价基准日相近、地域上属邻近区域或类似区域的 3 个比较实例，如表 1 所示。

第二，因素选择。根据估价对象与可比实例的特点，本次估价选取的修正因素主要有：产业集聚规模、周围道路类型、距火车站距离、距高速公路距离、基础设施、城市规划、临街道路类型、临街状况、宗地形状、宗地面积等。

表 1 可比实例基本情况

项目	实例一	实例二	实例三
地块名称	铁水硫装置厂	蓄电池隔板厂	锂离子电池厂
交易单价	288.00	288.00	288.00
交易时间	2015 年 7 月 30 日	2015 年 3 月 30 日	2015 年 7 月 20 日
交易情况	正常	正常	正常
交易方式	挂牌	挂牌	挂牌
土地使用年限	50	50	50
用途	工业	工业	工业

第三，因素条件说明。估价对象与比较实例的各因素条件如表 2 所示。

表 2 比较因素条件说明

修正因素		委估对象	案例一	案例二	案例三
地块名称			铁水硫装置厂	蓄电池隔板厂	锂离子电池厂
交易时间		2015 年 7 月 31 日	2015 年 7 月 30 日	2015 年 3 月 30 日	2015 年 7 月 20 日
交易情况			正常	正常	正常
交易方式			挂牌	挂牌	挂牌
土地使用年限		50	50	50	50
用途		工业	工业	工业	工业
区域因素	产业集聚规模	产业集聚规模	较集中	较集中	较集中	较集中
	交通条件	周围道路类型	主干道	主干道	主干道	主干道
		距火车站距离	远	稍近	稍近	稍近
		距高速距离	远	稍近	稍近	稍近
	基本设施状况	基础设施	五通一平	五通一平	五通一平	五通一平
	环境质量优劣度	环境质量优劣度	较好	一般	一般	一般
	区域土地利用限制	区域土地利用限制	工业	工业	工业	工业
临街道路类型	临街道路类型	2 车道主干道	2 车道主干道	2 车道主干道	2 车道主干道
临街状况	临街状况	二面临街	二面临街	二面临街	二面临街
宗地形状	宗地形状	规则	规则	规则	规则
宗地面积	宗地面积	适中	适中	适中	适中

第四，编制比较因素条件指数。将各因素指标差异折算为反映价格差异的因素条件指数，并编制比较因素条件指数表，其中除交易情况修正、期日修正、年期修正和容积率外，其他因素以估价对象的指数为100，编制比较因素条件指数，如表3所示。

表3　比较因素条件指数

修正因素		委估对象	案例一	案例二	案例三
交易时间		100	100	100	100
交易情况		100	100	100	100
交易方式		100	100	100	100
土地使用年限		100	100	100	100
用途		100	100	100	100
区域因素	产业集聚规模　产业集聚规模	100	100	100	100
	交通条件　周围道路类型	100	100	100	100
	交通条件　距火车站距离	100	102	102	102
	交通条件　距高速距离	100	102	102	102
	基础设施　基础设施	100	100	100	100
	环境质量优劣度　环境质量优劣度	100	96	96	96
	区域土地利用限制　区域土地利用限制	100	100	100	100
临街道路类型　临街道路类型		100	100	100	100
临街状况　临街状况		100	100	100	100
宗地形状　宗地形状		100	100	100	100
宗地面积　宗地面积		100	100	100	100

第五，因素修正。在各因素条件指数表的基础上，进行比较实例的估价期日修正、交易情况修正、因素修正及年期修正，即将估价对象的因素条件指数与比较实例的因素条件进行比较，得到各因素修正系数，如表4所示。

表4　比较因素修正系数

修正因素	案例一	案例二	案例三
交易单价	288.00	288.00	288.00
交易时间	100/100	100/100	100/100
交易情况	100/100	100/100	100/100

修正因素			案例一	案例二	案例三
交易方式			100/100	100/100	100/100
土地使用年限			100/100	100/100	100/100
用途			100/100	100/100	100/100
区域因素	产业集聚规模	产业集聚规模	100/100	100/100	100/100
	交通条件	周围道路类型	100/100	100/100	100/100
		距火车站距离	100/102	100/102	100/102
		距高速口距离	100/102	100/102	100/102
	基本设施状况	基础设施	100/100	100/100	100/100
	环境质量优劣度	环境质量优劣度	100/96	100/96	100/96
	区域土地利用限制	区域土地利用限制	100/100	100/100	100/100
临街道路类型		临街道路类型	100/100	100/100	100/100
临街状况		临街状况	100/100	100/100	100/100
宗地形状		宗地形状	100/100	100/100	100/100
宗地面积		宗地面积	100/100	100/100	100/100
修正后价格（元/平方米）			288.35	288.35	288.35

第六，计算比准价格。根据上述分析，可比实例的修正后价格差别不大，可采用 3 个可比实例简单算术平均值作为估价对象的市场价值。

比准价格 =（288.35 + 288.35 + 288.35)/3

　　　　 = 288.00（元/平方米）（取整）

土地总价 = 288 元/平方米 × 49,936.22 平方米

　　　　 = 14,381,631.00（元）

四、案例点评

本案例采用市场法对土地使用权价值进行了评估。通过对评估报告、评估说明和评估底稿的检查发现，评估人员对评估依据未进行认真梳理，委估资产和对比案例的披露不详细，忽视了对委估资产和对比案例之间差异的对比分析。具体情况如下：

（1）评估依据中缺少《城镇土地估价规程》，根据该规程的相关规定，应针对不同用途土地的价格形成特征，选择适宜的两种以上评估方法，根据《资产评估

准则——不动产》"第十二条 注册资产评估师对不动产进行评估所采用的评估方法可以参考相关的国家标准","第二十二条 注册资产评估师执行不动产评估业务,应当根据评估对象特点、价值类型、资料收集情况等相关条件,分析市场法、收益法和成本法三种资产评估基本方法以及假设开发法、基准地价修正法等衍生方法的适用性,恰当选择评估方法",本次评估仅分析了基本方法的适用性,而未对其他衍生方法进行适用性分析,恰当选择评估方法。

(2)由于为单项土地使用权价值的评估,报告中对评估假设的描述是"假设被评估资产现有用途不变且企业持续经营",不符合《资产评估准则——不动产》"第十条 不动产评估应当在评估对象符合使用管制要求的情况下进行"。

(3)委估土地使用权具体情况披露不清晰,如出让协议签订于2013年,土地出让金已缴,但未披露截至评估基准日尚未取得土地证的原因;协议中的重要条款未见披露,如协议中明确对土地建设有限制和约定,出让金的缴纳,土地使用权的50年年限从何时开始,等等;不符合《资产评估准则——不动产》"第四十二条 无论单独出具不动产评估报告,还是将不动产评估作为评估报告的组成部分,注册资产评估师都应当在评估报告中披露必要信息,使评估报告使用者能够合理理解评估结论"。

(4)对比案例的详细情况披露不清,如区位、土地级别、面积等;与委估土地使用权进行对比时指数判断缺乏依据。

(5)对比因素中缺乏重要因素的对比,如交易方式上委估土地是协议出让,对比案例均为招拍挂,存在差异。

五、总结与启示

本案例中,评估人员在评估过程中就委估土地使用权进行了现场调查,对比案例的公示情况进行了了解,形成了一定的工作底稿,但忽视了对比案例和委估土地在交易方式上的重大差异。评估人员应该加强对《资产评估准则——不动产》《城镇土地估价规程》等准则的学习,对市场法中影响价值的重大差异做出识别,并对其进行修正。

‖案例二十‖
租赁土地使用权价值评估案例

一、案例要点

本案例中评估机构对租赁的土地使用权采用了收益现值法进行了评估。经查阅评估报告、工作底稿，并与评估机构和评估师沟通，该项目主要存在以下问题：

（1）评估对象混淆了土地租赁权与土地使用权的概念；

（2）土地租赁权的价值即承租人权益价值，应为有效租赁期内市场租金减去租赁合同约定租金差额的折现值。而非土地租金收入减去出租所发生的必要税费、成本及费用后的折现值；

（3）土地租赁权的有效期按50年计算，超过了合同法规定租赁合同的最长年限；

（4）采用市场法计算市场租金时，未明确租金内涵，无市场比较过程，市场租金的计算存在瑕疵；

（5）营业税税率有误；

（6）混淆了收益率与折现率的概念；

（7）评估依据中未分别列示法律依据、准则依据，且存在多个与项目的评估对象及目的不相关、已失效依据；

（8）工作底稿中无资产申报明细、现场勘查、询价等相关记录。

二、案例背景

委托方拟对其租赁土地在剩余租赁期内的土地使用权的未来收益价值进行评估，以确定委估租赁期内的土地使用权在评估基准日的市场公允价值，为其了解资产现状提供价值参考依据。

三、案例内容

以下内容根据相关评估报告和工作底稿进行了编辑、处理。

（一）委托方与产权持有单位：A 工厂

（二）评估目的

A 工厂委托××资产评估公司对其租赁土地在剩余租赁期内的土地使用权的未来收益价值进行评估，以确定委估租赁期内的土地使用权在评估基准日的市场公允价值，为 A 工厂了解企业资产现状提供价值参考依据。

（三）评估对象

A 工厂租赁的土地使用权。土地位于北京市 HD 区 YF 乡 YFT 村南，土地面积 6678 平方米（约 10 亩地），该宗土地内的已有建筑面积 5042.60 平方米。（检查人员注：该宗土地为集体土地，所有权人为 YFT 村村集体，2000 年 9 月 A 工厂与 YFT 村集体签订了租赁期 50 年的租赁合同，并一次性支付了 50 年的租赁款 100 万元）。

（四）评估范围

本次评估项目的范围是截至 2015 年 7 月 31 日这一时点，A 工厂租赁的土地使用权在剩余租赁期内的土地使用权未来收益价值。

（五）价值类型：市场价值

（六）评估依据

1. 主要法律法规

（1）国务院（第 91 号）令《国有资产评估管理办法》；

（2）财政部财企［2004］20 号财政部关于印发《资产评估准则——基本准则》和《资产评估职业道德准则——基本准则》的通知；

（3）财政部财会［2001］1051 号关于印发《资产评估准则——无形资产》的通知；

（4）国家国有资产管理局国资办发［1992］36 号文《国有资产评估管理办法实施细则》；

（5）国家国有资产管理局国资办发［1996］23 号文《资产评估操作规范意见（试行）》；

（6）财政部财评字［1999］91 号《关于评估报告基本内容与格式的暂行规定》；

（7）财政部令（第 14 号）《国有资产评估管理若干问题的规定》；

（8）财政部财企〔2001〕801 号财政部关于印发《国有资产评估项目核准管理办法》的通知；

（9）财政部财企〔2001〕802 号关于印发《国有资产评估项目备案管理办法》的通知；

（10）财政部财企〔2002〕8 号《关于改革国有资产评估行政管理方式加强资产评估监督管理工作的意见的通知》；

（11）国务院国有资产监督管理委员会（第 12 号）令《企业国有资产评估管理暂行办法》；

（12）《企业国有产权转让管理暂行办法》（国资委、财政部 2004 年 3 号令）；

（13）北京市财政局京财企〔2002〕660 号《北京市国有资产评估备案办法实施细则》；

（14）其他相关的法律法规。

2. 经济行为文件

《评估业务约定书》。

3. 产权证明文件

（1）A 工厂企业法人营业执照（副本）复印件；

（2）A 工厂《组织机构代码证》复印件；

（3）A 工厂与土地所有者签订的《合同书》复印件；

（4）A 工厂支付土地租赁款发票复印件（共 4 张）。

4. 取价标准依据

（1）资产占有方提供的原始会计报表、财务会计经营方面的资料，评估申报表以及有关原始会计凭证等财务资料；

（2）国家有关部门发布的统计资料和技术标准资料及价格信息资料，以及本评估机构收集的有关询价资料和取价参考资料等；

（3）《最新资产评估常用数据与参数手册》（中国统计出版社）；

（4）市场询价及其他与评估取价有关的资料。

5. 主要参考资料

（1）A 工厂《章程》复印件；

（2）A 工厂《开业验资报告》复印件；

（3）评估人员收集的其他有关资料。

（七）评估基准日：2015 年 7 月 31 日

（八）评估方法：收益现值法

评估方法如下：

评估公式：

$$P = a/r[1 - 1/(1 + r)^n]$$

式中，P 为不动产评估值；a 为不动产纯收益；r 为不动产收益率；n 为不动产使用年限或剩余收益年限。

1. 计算年总收益

委估宗地位于 BJ 市北五环至六环之间，距 HT 开发区不远，周边环境较好，适宜作为工业制造及仓储用地。根据评估人员调查，HD 区北四环至北六环周边地区的工业及仓储用地因地理位置及宗地条件不同，其租赁价格在 0.40~1.70 元/平方米·天，根据委估宗地的地理位置及委估宗地条件等因素综合考虑，评估人员确定委估宗地的出租价格为 0.60 元/平方米·天（房产面积）。

年总收益 = 0.60 元/平方米·天 × 5,042.60 平方米 × 365 天

= 1,104,329.40 元

2. 年总费用的计算

（1）税金：由于委估土地使用权是委托方以租赁方式取得的，不是房产的所有权人。因此不交房产税，而只交营业税及附加税。营业税按租金收入的 12% 计算，城建税按营业税的 7% 计算，教育费附加按营业税的 3% 计算，地方教育附加按营业税的 2% 计算。

营业税 = 1,104,329.40 元 × 12% = 132,519.53 元

城建税 = 132,519.53 元 × 7% = 9,276.37 元

教育费附加 = 132,519.53 元 × 3% = 3,975.59 元

地方教育附加 = 132,519.53 元 × 2% = 2,650.39 元

税金合计 = 132,519.53 元 + 9,276.37 元 + 3,975.59 元 + 2,650.39 元 = 148,421.87 元

（2）房屋年折旧费：根据《合同书》约定，A 工厂以 18 万元买断宗地内 1800 平方米房产 50 年的使用权，A 工厂又加固了旧厂房以及新建房屋共计支出了约 430 万元，因此固定资产原值共计 448 万元，因此确定折旧年限为 50 年，残值率为 0。委估土地剩余使用年限为 35 年零 2 个月。

年折旧费 = 房屋原值 × (1 - 残值率)/折旧年限

　　　　 = 4,480,000.00 元/50 年

　　　　 = 89,600.00 元

（3）房屋设备维修费：按租金收入的 2% 计算

维修费 = 1,104,329.40 元 × 2%

　　　 = 22,086.59 元

（4）其他费用：包括财产保险费和日常管理费等，按租金收入的 1.5% 计算

其他费用 = 1,104,329.40 元 × 1.5%

　　　　 = 16,564.95 元

（5）待摊费用：A 工厂支付 50 年土地租金为 100 万元，每年应摊销土地租金为：

待摊费用 = 1,000,000.00 元/50 年

　　　　 = 20,000.00 元

年总费用 = (1) + (2) + (3) + (4) + (5)

　　　　 = 296,673.40 元

3. 年纯收益

年纯收益 = (1) - (2) = 1,104,329.40 元 - 296,673.40 元 = 807,656.00 元

4. 不动产收益率

不动产收益率随土地租赁权的种类不同而不同，投资风险大的土地租赁权，其还原利率高，反之，风险越小，还原利率越低。

评估人员统计了 BJ 市同行业上市企业 2015 年第一季度固定资产收益率的加权平均值为 6.98%，由于 A 工厂委估的土地面积较小，投资租赁土地的开发资金规模不大，投资风险较小。而且，BJ 市厂房租赁行业的市场比较稳定，经营风险较低，综合确定其收益率为 7%。

5. 土地租赁权价格

$P = a/r[1 - 1/(1 + r)^n]$

　 $= 807,656.00 \text{ 元}/7\%[1 - 1/(1 + 7\%)^{35}]$

　 = 12,730,297.90 元

　 ≈ 1,273 万元（取整）

（九）假设条件

1. 一般假设

（1）假设评估基准日后被评估单位能够持续经营；

（2）假设评估基准日后被评估单位所处国家和地区的政治、经济和社会环境无重大变化；

（3）假设评估基准日后国家宏观经济政策、产业政策和区域发展政策无重大变化；

（4）假设和被评估单位相关的利率、汇率、赋税基准及税率、政策性征收费用等评估基准日后不发生重大变化；

（5）假设评估基准日后被评估单位的管理层是负责的、稳定的，且有能力担当其职务；

（6）假设被评估单位完全遵守所有相关的法律法规；

（7）假设评估基准日后无不可抗力对被评估单位造成重大不利影响。

2. 特殊假设

（1）假设评估基准日后被评估单位采用的会计政策和编写本评估报告时所采用的会计政策在重要方面保持一致；

（2）假设评估基准日后被评估单位在现有管理方式和管理水平的基础上，经营范围、方式与目前保持一致；

（3）假设评估基准日后被评估单位的现金流入为平均流入，现金流出为平均流出；

（4）本评估报告评估结论在上述假设条件下在评估基准日时成立，当上述假设条件发生较大变化时，签字注册资产评估师及本评估机构将不承担由于假设条件改变而推导出不同评估结论的责任。

（十）评估结论

在实施上述资产评估程序和方法后，委估资产在评估基准日 2015 年 7 月 31 日之评估结果如下：

评估值为 1,273 万元。

四、案例分析

（一）评估对象的确定存在概念不清

报告中评估对象为 A 工厂租赁的土地使用权。实际 A 工厂仅拥有该宗土地的租赁权，评估对象混淆了土地租赁权与土地使用权的概念。

土地租赁权是指通过契约从土地所有权人或土地使用权人处获得的土地占有权、狭义的土地使用权和部分收益权。与土地使用权相比土地租赁权没有土地的处分权。

资产的价值与资产的权利是息息相关的，因此准确的确定评估对象才能准确确定资产价值。

（二）评估结论与评估对象不匹配

土地租赁权的价值内涵为承租人因租赁价格低于市场租金而享有的承租人权益价值，应为有效租赁期内市场租金减去租赁合同约定租金差额的折现值。报告中的评估方法：土地租金收入减去出租所发生的必要税费、成本及费用后的折现所得的为房地合一的租赁权价值。

（三）评估参数的确定

1. 剩余租赁期的确定

该宗土地的租赁合同自 2000 年 9 月签订生效截至本案例的评估基准日已经 14.83 年。《合同法》第二百一十四条规定："租赁期限不得超过二十年。超过二十年的，超过部分无效。"因此截至基准日，A 工厂仅合法拥有该宗土地租赁权的剩余租赁期为 5.17 年，本案例按照 35.17 年计算剩余土地租赁期与合同法规定不符。

2. 市场租金的计算

委估宗地位于 BJ 市北五环至六环之间，距 HT 开发区不远，周边环境较好，适宜作为工业制造及仓储用地。根据评估人员调查，HD 区北四环至北六环周边地区的工业及仓储用地因地理位置及宗地条件不同，其租赁价格在 0.40~1.70 元/平方米·天，根据委估宗地的地理位置及委估宗地条件等因素综合考虑，评估人员确定委估宗地的出租价格为 0.60 元/平方米·天（房产面积）。

采用市场法计算市场租金时，未明确租金内涵，无市场比较过程，市场租金的计算存在瑕疵。

3. 营业税税率 12%，与税法规定的营业税率不符

（四）评估依据的选择，未分别列示法律依据、准则依据，且评估依据中列示了国有资产管理的法律文件、《资产评估准则——无形资产》、财政部财评字［1999］91号《关于评估报告基本内容与格式的暂行规定》等本项目不适用或已失效的依据，评估人员未充分理解依据与评估对象的相关性

（五）工作底稿无资产申报明细、现场勘查、评估作价等相关记录

五、 总结与启示

（1）《资产评估准则——评估程序》已对评估过程中的必要工作进行了系统性的归纳，评估人员如能严格履行，就会大幅度降低评估过程中存在的风险。

（2）评估师除了熟悉资产评估准则以外，还应熟悉与评估对象相关的各种法律、法规规定。以准确确定评估对象，选择合适的评估方法与评估参数。

‖案例二十一‖
涉案房地产评估案例

一、案例要点

本案例中评估机构对房产和土地使用权采用了成本法和基准地价系数修正法进行了评估。经查阅评估报告、评估说明、工作底稿，并与评估机构和评估师沟通，该项目主要存在以下问题：

(一) 评估报告中的问题

(1) 报告内容不符合《资产评估准则——评估报告》的规定，仍为已失效的《资产评估报告基本内容与格式的暂行规定》中规定的内容。

(2) 未披露房产和土地使用权产权瑕疵和法律纠纷。

(3) 未披露假设宗地为出让商业4级地的合理依据。

(4) 评估依据中存在已失效的法规。

(5) 房产前期费中的"质量监督费"评估基准日时已取消。

(二) 工作底稿中的问题

(1) 业务约定书内容不完整，缺少委托方的住所、签约时间、评估基准日及委评资产清单。

(2) 缺少现场勘察记录。

(3) 底稿中未见评估人员到当地土地管理局调查核实所评土地权属、面积、等级等登记信息记录。

(4) 底稿中未见工程造价定额、取费标准等房产评定估算依据以及基准地价内涵及影响地价因素，修正指标等资料。

二、案例背景

JN公安局在审理某案中，需对涉案所涉及的土地使用权和房产进行评估，评估基准日为 2015 年 7 月 1 日，评估结论为 4,707.08 万元。

三、案例内容

以下内容根据相关评估报告和工作底稿进行了编辑、处理。

（一）委托方及以外的评估报告使用者概况

委托方为 JN 公安局，委托方以外的其他报告使用者为本次评估目的对应的经济行为所涉及的相关单位及相关备案部门。

（二）评估目的

本次评估是为 JN 公安局了解委托评估的房地产的市场价值提供价值参考依据。

（三）评估对象和评估范围

本次评估对象为评估基准日 2015 年 7 月 1 日某涉案所涉及的房地产。评估范围为 HT 公司的房产和土地使用权。

（四）价值类型及其定义

根据本次评估目的，确定本次评估的价值类型为市场价值。

市场价值是指自愿买方和自愿卖方在各自理性行事且未受任何强迫的情况下，评估对象在评估基准日进行正常公平交易的价值估计数额。

（五）评估基准日

本项目评估基准日为 2015 年 7 月 1 日。

（六）评估依据

1. 行为依据

资产评估委托函。

2. 法规依据

（1）国务院令 1991 第 91 号《国有资产评估管理办法》；

（2）国家国有资产管理局国资办发 ［1992］36 号《国有资产评估管理办法施行细则》；

（3）国办发 ［2001］102 号国务院办公厅转发财政部《关于改革国有资产评估行政管理方式加强资产评估监督管理工作的意见》的通知；

（4）国务院 2003 年第 378 号令《企业国有资产监督管理暂行条例》；

（5）财政部第 14 号令《国有资产管理若干问题的规定》；

（6）国务院国资委第 12 号令《企业国有资产评估管理暂行办法》；

（7）国务院国资委、财政部第 3 号令《企业国有产权转让管理暂行办法》；

(8) 中国资产评估协会中评协 [1996] 3 号关于发布《资产评估操作规范意见 (试行)》的通知；

(9) 财政部财评字 [1999] 91 号关于印发《资产评估报告基本内容与格式的暂行规定》的通知；

(10) 财政部财企 [2004] 20 号关于印发《资产评估准则——基本准则》和《资产评估职业道德准则——基本准则》的通知；

(11)《中华人民共和国城市房地产管理法》(1994 年 7 月 5 日)；

(12)《中华人民共和国土地管理法》(2004 年 8 月 28 日第十届全国人民代表大会常务委员会第十一次会议第二次修正)；

(13) 中评协 [2007] 189 号《资产评估准则——评估报告》；

(14) 其他相关法律、法规、通知文件等。

3. 产权依据

(1) 资产评估委托函；

(2) 土地使用权证；

(3) 组织结构代码证书；

(4) 其他相关资料。

4. 取价依据

(1) 市场询价资料；

(2)《房地产估价规范》(中华人民共和国国家标准 GB/T 50291—1999)；

(3)《基本建设财务管理规定》(财建 [2002] 394 号)；

(4)《中国人民银行贷款利率表》；

(5)《全国统一建筑工程工期定额》(建设部建标 [2000] 38 号)；

(6)《全国资产评估价格信息》；

(7) 基准地价信息资料。

5. 参考资料及其他

(1) 委托方提供的委托评估物品明细表；

(2)《资产评估常用数据与参数手册》。

(七) 评估方法

评估人员通过认真分析委托方提供的资料并进行了实地勘察，根据评估对象的特点和实际情况，经过综合分析，决定采用资产基础法（成本法）和基准地价系数修正法对评估对象进行评估。

成本法是在求取评估房产的价格时，以开发或建造评估房产或类似房产所需耗费的各项必要费用之和为基础，再加上正常的资金成本来确定评估房产价格的一种评估方法。

基准地价是不同土地级别内土地的平均低价水平，由于各宗土地区位条件、个别条件的差异，使得宗地的地价存在差异，通过对地块区域因素、个别因素等进行修正求取土地价格的方法即基准地价系数修正法。

（八）评估程序实施过程和情况（略）

（九）评估假设

本次评估是建立在以下假设和限制条件下的：

1. 一般性假设和限制条件

（1）本评估结论是反映评估对象在本次评估目的下确定的市场价值，没有考虑将来可能存在的抵押或转让相关的交易税费等对评估价值的影响，也未考虑国家宏观经济政策发生变化、有关法规政策变化以及遇有自然力或其他不可抗力对资产价格的影响；

（2）本次评估的房地产，我们对其进行了现场全面勘察，是基于完好假设条件下进行的；

（3）受条件限制，在本次现场清查时，对委估资产勘察只能在静态下进行，本次评估假设达到可使用状态的资产能正常使用；

（4）假设国家现行的信贷、利率、汇率及市场行情无重大变化；

（5）假设无人力不可抗拒因素造成的重大不利影响。

2. 特殊性假设和限制条件

（1）委托方提供的文件资料真实、合法、完整；

（2）委托方和我们勘察鉴定的作为样本的资产能够充分代表全部资产的情况；

（3）评估明细表所列资产真实、完整，不存在重复和遗漏。

（十）评估结论

在评估基准日 2015 年 7 月 1 日，委估房地产的市场价值为 4,707.08 万元，具体评估汇总情况如表 1 所示。

（十一）特别事项说明

以下为在评估过程中已发现可能影响评估结论但非评估人员执业水平和能力所能评定估算的有关事项（包括但不限于）：

（1）评估报告的分析和结论是在恪守独立、客观和公正原则基础上形成的，

表1 资产评估汇总

单位：平方米，元

序号	资产类别	数量	基本情况	评估值
1	构筑物	150.00	使用中	82,172.83
2	土地使用权	266,666.66		46,988,584.75
合计				47,070,757.58

仅在假设和限定条件下成立；

（2）本次评估的房地产，我们对其进行了现场全面勘察，是基于完好假设条件下进行的；

（3）评估基准日后、评估报告有效期内，若资产数量或价格发生变化，应根据原评估方法对资产额进行相应调整。若资产价值类型或价格标准发生变化并对资产评估值产生明显影响时，委托方应及时聘请相关评估机构重新确定评估值；

（4）此评估结果是反映评估对象在本次评估目的下，确定的市场价值，没有考虑将来可能存在的抵押或转让相关的交易税费等对其评估价值的影响，也未考虑国家宏观经济政策发生变化、有关法规政策变化以及自然或其他不可抗力对资产价格的影响；

（5）对纳入评估范围内的房地产的权属状况已作关注；

（6）本报告评估值不作为实价交易价格的保证；

（7）评估报告只能用于载明的评估目的，因使用不当造成的后果与签字注册资产评估师及其所在评估机构无关。

（十二）评估值估算过程

1. 房产价值的测算过程

用成本法计算评估构筑物的价格时，采用如下公式：

构筑物价值 = 重置成本 × 成新率

其中：重置成本 = 建安工程费 + 前期费用 + 资金成本

案例：小砖房

（1）建安工程费。根据评估人员掌握的该房产的资料，结合乌兰察布市工程造价定额、取费标准，参考当地同类房产的造价水平，计算确定该房产的建安工程费为325.29元/平方米，如表2所示。

表2 土建工程造价计算

序号	工程或费用名称	计算公式	费率（%）	金额（元）
1	直接费（含临时设施、现场经费）			29,400.00
2	企业管理费	1×5.7%	5.70	1,675.80
3	利润	（1+2）×7%	7.00	2,175.31
4	税金	（1+2+3）×3.4%	3.40	1,130.54
5	工程造价	（1+2+3+4）		34,381.64

表3 给排水、采暖、电气、动力等安装工程造价计算

序号	项目名称	取费程序	取费标准（%）	金额（元）
1	直接费			3,528.00
2	其中：人工费			705.60
3	临时设施费	2×费率	21.00	148.18
4	现场经费	2×费率	27.00	190.51
5	直接费合计	1+3+4		3,866.69
6	企业管理费	2×费率	48.00	338.69
7	利润	（5+6）×费率	7.00	294.38
8	税金	（5+6+7）×费率	3.40	152.99
9	工程造价	（5+6+7+8）		4,652.75

（2）前期工程费。

表4 前期费用及其他费用

序号	费用名称	取费基数	费率（%）	金额（元）
1	城市基础设施建设费	120	200.00	24,000.00
2	建设单位管理费	投资额	2.00	780.69
3	标底编制费	投资额	0.15	58.55
4	公证签证、执照费	投资额	1.50	585.52
5	工程监理费	投资额	0.80	312.28
6	勘察设计费	投资额	3.30	1,288.13
7	合同预算审查费	投资额	0.50	195.17
8	未中标企业投标书编制补偿费	投资额	0.10	39.03
9	质量监督费	投资额	2.50	975.86
	合计			28,235.23

（3）资金成本。假设该房产正常建设期为1年，且资金均匀投入，资金利息按银行一年期贷款利率4.85%计算，则：

资金成本 =（建安工程费 + 前期工程费）× 4.85% × 0.5

    = 1,631.29（元）

（4）房产重置成本。综合（1）~（3）项，房产重置成本 = 68,900.91（元）。

（5）房产的成新率。房产成新率的测算采用使用年限法和打分法两种方法，并以打分法为主，最后综合确定房产成新率。

1）理论成新率。该房产于2013年12月31日取得房屋所有权证，商业用途房屋经济使用年限为40年，至评估基准日已使用1.5年，尚可使用38.5年，则计算得出理论成新率为96.24%。

2）现场勘察鉴定成新率。

表5　成新率

项目	标准分	评估分	鉴定成新率（%）
一、结构部分	100	95	66.5
1. 基础	25	25	
2. 承重结构	25	25	
3. 墙体	15	14	
4. 屋面	20	18	
5. 地面	15	13	
二、装饰部分	100	95	14.25
1. 顶棚	20	18	
2. 内粉饰	25	24	
3. 外粉饰	25	24	
4. 门窗	30	29	
三、设备部分	100	94	14.1
1. 水卫	40	38	
2. 电照	30	28	
3. 采暖	30	28	
合计			94.85

3）综合成新率。

综合成新率 ＝ 理论成新率 × 0.4 ＋ 现场勘查成新率 × 0.6

$\quad\quad\quad\quad\quad\quad = 95.41\%$

（6）房产评估值。

房产评估值 ＝ 房产重置成本 × 综合成新率

$\quad\quad\quad\quad = 68,900.91\ 元 × 95.41\%$

$\quad\quad\quad\quad = 65,738.36\ 元$

2. 土地使用权价值的测算过程

土地价格采用基准地价系数修正法评估。计算公式为：

宗地地价 ＝ 适用的基准地价 × 期日修正系数 × 年期修正系数 × 因素修正系数 × 容积率修正系数 × 容积率

依据委托方提供的讯问笔录及评估人员掌握的相关资料，本次估算假设该宗地以出让方式取得确定评估价值；若该宗地以非出让方式取得，应扣除该土地出让金后确认其评估价值。

（1）宗地基准地价。评估的土地所处区域为乌兰察布市凉城县，该宗地实际用途为丧葬用地，依据现有基准地价资料该宗地属于商业用地范畴，故本次按商业用地 4 类土地 260 元/平方米进行估算。

（2）期日修正系数。乌兰察布市现行基准地价于 2011 年 12 月公布，至评估基准日，间隔 3.5 年时间，由于无法获得当地地价增长指数数据，公司采用全国地价增长率和呼和浩特市地价增长率综合进行修正，期日修正系数为 1.314。

（3）年期修正系数。根据国家规定，商业用地使用年限为 40 年，依据委托方提供的资料该宗土地于 2013 年取得，已使用 2 年，年期修正系数公式为：

年期修正系数 $= \{1 - [1/(1+r)^n]\}/\{1 - [1/(1+r)^m]\}$

式中，r 为土地还原利率，取 4.85%；n 为宗地剩余使用年限，38 年；m 为综合用地法定最高出让年限，40 年。

年期修正系数 $= 0.9824$

（4）因素修正系数。

（5）容积率及容积率修正系数。由于该宗地容积率为 0.50，小于 1，无须进行容积率修正。

表6 因素修正

影响因素	修正系数	权重（%）
商业繁华度	30	33
交通便捷度	26	25
区域土地利用方向	8	5
临街宽度和深度	6	5
临街道路状况	6	8
宗地形状及可利用程度	5	3
公共服务设施状况	6	5
基础设施状况	10	10
自然和人文环境状况	8	6
综合修正系数	105	
修正系数合计	1.05	

（6）宗地地价。

宗地单价 = 260 元/平方米 × 1.314 × 0.9824 × 1.05 × 0.5

          = 176.21 元/平方米

宗地地价 = 176.21 元/平方米 × 266,666.66 平方米

          = 46,988,584.75 元

若非出让方式取得该宗地，应扣除相应的土地出让金，则该宗地评估价值为 28,193,150.85 元。

3. 房地产价值测算

房地产价值 = 土地使用权价值 + 房产价值

          = 46,988,584.75 元 + 82,172.83 元

          = 47,070,757.58 元

四、案例点评

本案例为公安局委托的涉诉资产评估，当事人正在收监，企业没有财务人员留守，评估明细表各项信息是在律师陪同下根据当事人的口述，由评估人员所填，所有资料均没有签字和盖章。所评房产和土地使用权均没有权证，房产由于面积较小进行了测量，土地面积只是根据当事人的口述确定了评估的面积，底稿中也未见土地面积测绘报告等面积确定材料。所评土地为陵园用地，评估人员按

四级商业地确定用地类型，底稿中未见有土地类型确定依据。

（一）评估报告中的问题

（1）评估报告内容不符合《资产评估准则——评估报告》的规定，仍为已失效的《资产评估报告基本内容与格式的暂行规定》中规定的内容，如重大期后事项、法律效力、报告提出日期等。不符合《资产评估准则——评估报告》第十五条规定："评估报告正文应当包括：（一）委托方、产权持有者和委托方以外的其他评估报告使用者；（二）评估目的；（三）评估对象和评估范围；（四）价值类型及其定义；（五）评估基准日；（六）评估依据；（七）评估方法；（八）评估程序实施过程和情况；（九）评估假设；（十）评估结论；（十一）特别事项说明；（十二）评估报告使用限制说明；（十三）评估报告日。"

（2）评估报告及说明中未披露土地还原利率取 4.85%的依据。

（3）评估依据中存在已失效的法规。如，《资产评估操作规范意见（试行）》《资产评估报告基本内容与格式的暂行规定》。

（4）房产前期费中的"质量监督费"基准日时已取消，正常建设期取 1 年与建筑面积仅为 120 平方米的砖混房屋不符，导致评估结果存在偏差。不符合《资产评估准则——评估程序》第二十四条规定，"注册资产评估师应当根据评估业务具体情况对收集的评估资料进行必要分析、归纳和整理，形成评定估算的依据"。

（5）单项资产评估，描述评估方法为资产基础法不符合准则要求。

（6）报告未披露房产和土地使用权产权瑕疵和法律纠纷，未披露假设宗地为出让商业 4 级地的重要假设合理依据。不符合《资产评估准则——评估报告》第二十六条规定："评估报告的特别事项说明通常包括下列内容：产权瑕疵、未决事项、法律纠纷……"

（二）工作底稿中的问题

（1）业务约定书内容不完整，缺少委托方的住所、签约时间、评估基准日及委评资产清单，公安局另外出具的委托函未见评估基准日。不符合《资产评估准则——业务约定书》第七条的规定："业务约定书应当包括下列基本内容：（一）评估机构和委托方的名称、住所；……（三）评估对象和评估范围；（四）评估基准日；……（十）签约时间。"

（2）涉诉案件委评资产的基本信息不充分，没有委托方、相关当事方提供的资产评估申报明细表，没有权属证明，评估人员根据公安局对嫌疑人的讯问笔录记录的大致信息填报，对委评构筑物进行了现场勘察、测量，建成时间的确定由被评估单位留守人员进行陈述确定，但底稿中没有留下相关的测量、询问证据。

（3）假设所评土地为商业四级地，未收集相关依据归入底稿；土地的取得日期、面积以讯问笔录为基础，评估人员进行了丈量，但底稿中未归集评估人员丈量记录。

（4）底稿中未见评估人员到当地土地管理局调查核实所评土地权属、面积、等级等登记信息记录，土地现场作业表评估人员未签字。

上述（2）、（3）、（4）项不符合《资产评估准则——评估程序》第十七条至第十九条规定，"第十七条注册资产评估师执行资产评估业务，应当根据评估业务具体情况对评估对象进行适当的现场调查。

第十八条　注册资产评估师应当要求委托方提供涉及评估对象和评估范围的详细资料。

注册资产评估师应当要求委托方或者产权持有者对其提供的评估明细表及相关证明材料以签字、盖章或者其他方式进行确认。

第十九条　注册资产评估师应当通过询问、函证、核对、监盘、勘察、检查等方式进行调查，获取评估业务需要的基础资料，了解评估对象现状，关注评估对象法律权属"。

（5）底稿中未见工程造价定额、取费标准等房产评定估算依据以及基准地价内涵及影响地价因素、修正指标等资料。不符合《资产评估准则——评估程序》第二十三条规定："注册资产评估师收集的评估资料包括直接从市场等渠道独立获取的资料，从委托方、产权持有者等相关当事方获取的资料，以及从政府部门、各类专业机构和其他相关部门获取的资料。评估资料包括查询记录、询价结果、检查记录、行业资讯、分析资料、鉴定报告、专业报告及政府文件等形式。"

五、总结与启示

由于涉案项目的特殊性，项目委托、现场勘察、搜集资料等评估程序都存在一定的限制，如何做好这类项目，是评估行业和公检法机关共同努力的方向。对此，评估人员应尽量做到以下几点：

（1）对于评估过程中受到的限制，要在报告中如实披露评估程序受限情况、处理方式及其对评估结论的影响。如果程序受限对评估结论产生重大影响或者无法判断其影响程度的，不得出具资产评估报告。

（2）评估假设的设定不是任意的，评估师不得随意设定没有依据、不合情理的评估假设，应科学合理地使用评估假设。

‖案例二十二‖

核实 BT 先生家庭资产价值项目评估报告评估案例

一、案例要点

本案例中评估机构对 BT 先生家庭资产价值采用了资产基础法进行了评估。经查阅评估报告、评估说明、工作底稿，并与评估机构和评估师沟通，该项目主要存在以下问题：

（1）评估基准日的选取存在问题，基准日不存在的资产纳入了评估范围；

（2）理财产品的评估测算值得商榷；

（3）现场调查程序值得完善，尤其境外资产未进行核查。

二、案例背景

委托方 BT 先生欲核实其家庭资产于评估基准日 2015 年 12 月 31 日的价值，委托 ABC 评估机构进行价值评估。评估收费 0.3 万元。

三、案例内容

以下内容根据相关评估报告和工作底稿进行了编辑、处理。

（一）委托方与产权持有者

委托方为 BT 先生，产权持有方为 BT 先生。

（二）评估目的

对 BT 先生的家庭资产进行评估，提供委估资产截至评估基准日的市场价值，为 BT 先生核实家庭资产价值提供参考依据。

（三）评估对象

BT 先生的家庭资产。

（四）评估范围

评估范围为截至 2015 年 12 月 31 日 BT 先生拥有的房产、车辆、股权投资及信托理财产品等。

1. 房产

（1）中国境内房产：位于 SH×××小区，建筑面积 60.41 平方米，产权证号（略）。

（2）中国境外房产：位于 MG×××街×××号，建筑面积 3,858.05 平方米。

2. 车辆

车牌号为海×××神行者 2 越野车 1 辆。

3. 股权投资

（1）中国境内企业：HRKJ 股份有限公司（股票代码略），持股数量 12,345,678 股；

（2）中国境外企业：YG*******Inc，投资成本 150.00 万美元，投资日期 2012 年 12 月 12 日。

4. 信托理财产品

（1）BJGJXT 有限公司推出的"XS 财富 2014001 号集合资金信托计划"理财产品，认购日期为 2014 年 3 月 28 日，认购金额为 8,000,000.00 元；

（2）BJGJXT 有限公司推出的"BJXTWJ 资本 2015019 信托计划"理财产品，认购日期为 2015 年 12 月 20 日（注：底稿"BJXTWJ 资本 2015019 信托计划"认购签署日期，"合格投资人资格确认登记表"签署日期以及"BJXTWJ资本 2015019 信托计划"缴款凭证日期均为 2016 年 2 月 3 日），认购金额为 5,000,000.00 元。

（五）价值类型：市场价值

（六）评估基准日：2015 年 12 月 31 日

（七）评估方法

本次评估所涉及的资产包括：交易性金融资产、长期股权投资、房产、车辆等，本次评估根据不同类型的资产分别采用市场法或成本法评估。

具体评估方法介绍：

1. 交易性金融资产

根据交易性金融资产（信托理财产品）的类型、投资期限、收益方式，2015年 12 月 31 日应取得的收益已变现，对该交易性金融资产按照投资成本确定评估价值。

2. 股权投资

（1）对中国境内企业的投资，由于被投资企业为深圳证券交易所上市公司，其评估值根据 2015 年 12 月 31 日该只股票收盘价及持股数量确定评估价值。

（2）对境外企业的投资，由于无法取得被投资企业的相关资料，本次评估按照该投资的外币实际成本及评估基准日中国人民银行授权中国外汇交易中心公布的人民币汇率中间价确定评估价值。

3. 房产

（1）对中国境内房产：委估房产位于 SH，房地产开发市场完善，市场交易活跃，适宜采用市场法测算委估房产价值。

市场法（或称市场比较法），首先选择市场近期销售的与待估房地产类似的房屋建筑物作为参照物，从时间因素、交易因素、区域因素、个别因素等方面找出待估房地产与每个参照物之间的差异。然后据此对参照物的交易价格进行调整，综合分析确定委估房产的评估价值。其方法如下：

......

（2）对中国境外房产：位于 MG 房产，按照外币购置成本及评估基准日中国人民银行授权中国外汇交易中心公布的人民币汇率中间价计算确定评估值。

4. 车辆

考虑到 SH 地区汽车保有量及二手汽车的交易市场较其他地区活跃，本次评估选用市场法对委估车辆进行评估。

市场法是根据公开市场上与被评估对象类似的或可比的参照物的价格来确定被评估对象的价格。

......

（八）特别事项说明

......

本次评估中所涉及的中国境外房产和中国境外投资，由于客观原因无法进行实地勘察和获取被投资方的相关资料，评估值按照购置房产和长期股权投资的外币金额，根据中国人民银行授权中国外汇交易中心发布的 2015 年 12 月 31 日人民币汇率中间价计算确定。

......

四、案例分析

核实 BT 先生家庭资产价值项目比较简单，相关资产产权清晰。该项目的主要问题体现在项目承接、清查核实以及评估测算环节。

（一）项目承接

根据报告特别事项的披露："本次评估中所涉及的中国境外房产和中国境外投资，由于客观原因无法进行实地勘察和获取被投资方的相关资料。"经问询，客观原因主要是考虑出国费用问题。

根据《资产评估准则——评估程序》第六条"注册资产评估师通常执行下列基本评估程序：（一）明确评估业务基本事项；（二）签订业务约定书；（三）编制评估计划；（四）现场调查；（五）收集评估资料；（六）评定估算；（七）编制和提交评估报告；（八）工作底稿归档"。因此，在项目"明确评估业务基本事项"接受委托阶段，评估机构应当知晓评估范围内的资产基本情况，才能够签订业务约定书。该项目评估收费 0.3 万元。由收费金额可以看出，对于项目承接时就未考虑"中国境外房产和中国境外投资""现场调查"程序执行。本案例在项目承接时对评估程序的执行重视程度值得商榷。

（二）清查核实

（1）本案例底稿中均取得了各项资产形成的原始资料。但"BJXTWJ 资本 2015019 信托计划"理财产品，底稿显示："BJXTWJ 资本 2015019 信托计划"认购签署日期，"合格投资人资格确认登记表"签署日期以及"BJXTWJ 资本 2015019 信托计划"缴款凭证日期均为 2016 年 3 月 4 日。而本次评估基准日为 2015 年 12 月 31 日。日期情况说明评估基准日"BJXTWJ 资本 2015019 信托计划"尚未投资。将尚未投资的理财产品作为评估基准日的家庭理财资产值得商榷，或在评估基准日的选取上值得考虑。

（2）虽然底稿中获取了资产中各项资产的原始取得资料，除国内房产、车辆外，未对其他资产在评估基准日的存在性进行核实查验。

对于国内投资，可以通过《国家企业信用信息公示系统》查询是否存在，对于持股比例可以通过询证核实。

对于理财产品，可通过发行单位"信托计划信托事务管理报告"等公告进行理财产品状况的调查。对于理财产品的真实性可通过询证、问询的方式进行核实。

根据《资产评估准则——工作底稿》第十一条 操作类工作底稿的内容因评

估目的、评估对象和评估方法等不同而有所差异，通常包括以下内容：（一）现场调查记录与相关资料，包括：委托方提供的资产评估申报资料，现场勘察记录，函证记录，主要或者重要资产的权属证明材料，与评估业务相关的财务、审计等资料，其他相关资料；（二）收集的评估资料，包括：市场调查及数据分析资料，相关的历史和预测资料，询价记录，其他专家鉴定及专业人士报告，委托方及相关当事方提供的说明、证明和承诺，其他相关资料；（三）评定估算过程记录，包括：重要参数的选取和形成过程记录，价值分析、计算、判断过程记录，评估结论形成过程记录，其他相关资料。

综上，从工作底稿中反映出，该项目资产清查核实程序是值得完善的。

（三）评估测算问题

本案例对于理财产品按原始取得成本作为评估值值得商榷。

俗话说"投资有风险，理财须谨慎"。本案例未对理财产品"信托计划"运行情况，投资项目运行情况，信托资金运用规范性，有无可影响投资项目正常运行的事项等进行了解，该做法值得考虑。

同时，根据发行单位的《XS 财富 2014001 号集合资金信托计划分配公告》（2016 年 4 月 6 日）该理财产品"信托计划"于 2014 年 4 月 1 日成立，信托合同的约定，每满 1 年向受益人核算信托利益。该公告公布了"年化收益率""核算区间"［信托份额本次分配核算区间为 2015 年 4 月 1 日（含）至 2016 年 4 月 1 日（不含）计 366 天］。因评估基准日在核算区间内，对于该事项行业内通常考虑已明确的核算区间起始日至评估基准日持有期的收益。按成本计算评估值导致其不合理。

五、总结与启示

（1）通过对本案例的检查，充分说明了本案例对评估程序准则执行有欠缺。《资产评估准则——评估程序》已对评估过程中的必要工作进行了系统性的归纳，《资产评估准则——工作底稿》也对应收集的相关核实、调查资料进行了列举，评估人员如能严格履行，就会大幅度降低评估过程中存在的风险。

（2）评估师除了熟悉资产评估准则以外，还应熟悉评估对象的特点，以便核实；对收集到的资料进行分析整理，保证评估结果的合理性和准确性。

‖ 案例二十三 ‖
BJDWY 房屋租赁价格项目

一、案例要点

本案例评估对象是房屋租赁价格，评估人员采用成本法确定评估结论。通过对该项目的评估报告、评估说明、工作底稿的通读、分析和判断，根据评估准则的要求，该报告中有以下几方面的处理方式与评估准则的要求存在一定差距。

（1）本案例报告未按照《资产评估准则——评估报告》要求的格式和内容编写，各要素内容披露不完整。

（2）本案例评估方法的适用性分析不充分。

（3）本案例工作底稿中仅留存评估人员对评估对象现场勘察时拍摄的照片，但未形成房屋使用现状的勘察记录；报告选用的评估方法是重置成本法，但底稿及评估说明中均未见房屋重置价格的计算过程及相关参数依据。

（4）由于房地合一不可分割的特性，房屋租赁价格是指土地及其地上房屋合一的租金，本案例报告以估价对象所占用土地为划拨土地为理由，估价不考虑地租因素，评估结论的完整性有待商榷。

二、案例背景

本案例的委托方是 BJDWY，企业性质为全民所有制，评估对象是 BJDWY 西南门外平房和部分楼房；评估基准日为 2016 年 10 月 20 日。评估目的是对 BJDWY 西南门外房屋的租赁价格进行估价，为 BJDWY 提供租赁价格参考。评估人员采用了成本法进行评估。

三、案例内容

报告名称：BJDWY 西南门外房屋租赁价格。

以下内容根据相关评估报告、评估说明和工作底稿进行了编辑、处理。

（一）委托方

BJDWY

（二）估价方（略）

（三）估价对象

1. 估价对象基本情况

估价对象房屋位于 BJDWY 西南门外，建成于 1994 年。总建筑面积 5,501.40 平方米，其中平房建筑面积为 4,330.40 平方米，共 287 间房屋；楼房建筑面积为 1,170 平方米，共 39 间房屋。规划用途为公园用地，现平房主要用途为办公，临街的楼房主要用途为商业。

2. 区位与交通状况

BJDWY 交通便利，地理位置优越。

3. 权属状况

根据委托方提供的有关资料，上述房屋占地已办理《国有土地使用证》（具体参见备查文件），土地使用者：BJDWY，权证编号：×××，地号：×××，图号：×××。同时，上述房屋也已办理《房屋所有权证》（具体参见备查文件），所有权人：BJDWY，所有权性质：全民，权证编号：×××，地号：×××。

4. 建筑物结构和装修情况

（1）估价对象建筑构造状况。平房结构类型为砖混结构，屋面采用预制大型钢筋混凝土屋面板，其中特殊多功能厅屋面采用绿色圆形屋顶。内外墙采用机制砖。建筑层高：约 3~8 米，建筑耐火等级：二级，建筑防水等级：屋面Ⅱ级，建筑设计使用年限：50 年。楼房结构类型为砖混结构，屋面采用预制大型钢筋混凝土屋面板。内外墙采用机制砖。建筑层高：约 3.5 米，建筑耐火等级：二级，建筑防水等级：屋面Ⅱ级，建筑设计使用年限：50 年。

（2）公共部位装修及设备标准。平房及楼房外墙饰面刷绿色及白色防水涂料。室外广场铺地砖，路面为沥青路面。平房入口大门为铝合金框玻璃门（带避风阁），各层走廊地面为 600×600 米黄色玻化地砖，吊顶为石膏板吊顶，墙面抹灰喷白。

公共设施配置有常规的水、电、动力照明、通信系统、消防系统。

（3）室内装修标准。已出租的房间由承租方自行装修，普遍为中高档装修，门窗均为铝合金。

（四）估价目的

对 BJDWY 西南门外房屋的租赁价格进行估价，为 BJDWY 提供租赁价格参考。

（五）估价时点

2016 年 10 月 20 日。

（六）价值类型及其定义

根据评估目的和委估房地产的特点，本次资产评估业务对市场条件及评估对象的使用等并无特别限制和要求，因此本次评估所选取的评估价值类型是市场价值。市场价值是指自愿买方和自愿卖方，在各自理性行事且未受任何强迫的情况下，评估对象在估价时点进行正常公平交易的价值估计数额。

本次估价结果为 BJDWY 西南门外房屋作为办公和商业用途在估价时点的现时市场租赁价格。

（七）估价原则（略）

（八）估价依据

（1）中华人民共和国国家标准 GB/T 50291—2015《房地产估价规范》；

（2）中国资产评估协会制定的《资产评估准则——不动产》；

（3）全国人大常委会、国务院、建设部、国土资源部以及北京市人民政府有关部门颁布的有关法律、法规和政策文件；

（4）原城乡建设环境保护部颁发的《房屋完损等级评定标准》；

（5）委托方提供的与本次估价相关的其他资料；

（6）我评估公司掌握的北京市房地产市场的有关资料及估价人员实地勘察、调查所获取的资料。

（九）估价方法

评估方法的选择：

资产评估基本方法包括市场法、收益法和成本法。具体评估时需根据评估对象、价值类型、资料收集情况等相关条件，分析三种资产评估基本方法的适用性，恰当选择一种或多种资产评估基本方法。

估价人员在认真分析所掌握的资料并对估价对象近邻类似房地产进行实地勘察、调查后，根据上述估价对象的特点，遵照国家有关法律、法规、房地产估价规范，经过反复研究，确定对上述估价对象的租赁价格采用成本法进行测算。

成本法的基本含义是：以建造估价对象房地产所需的各项必要费用之和为基础，再加上正常的利润和应缴纳的税金来求其计算价格。然后从成本抵偿的角度出发，估算其租金价格。

之所以采用上述方法，主要是出于以下考虑：

估价对象各项成本、费用能够量化测算，因此采用成本法比较适宜。

估价对象比较特殊，附近区域不具备相应的租赁价格比较案例，所以本次评估不适合采用市场法；同时，市场上也无类似房地产的收入与费用可做参照，因此也不适合采用收益法。

（十）评估假设前提和限制条件（略）

（十一）估价结果

估价人员根据估价目的，遵循估价原则，按照国家规定的技术标准和估价程序，在对估价对象进行了实地勘察、了解当地房地产租赁市场行情以及认真分析现有资料的基础上，采用成本法，经过周密测算，并结合估价经验与对影响估价对象租赁价格因素的分析，得出在估价时点 2016 年 10 月 20 日。

西南门外房屋的年租金为 389.29 万元。

（十二）估价作业日期

2016 年 10 月 20~26 日。

（十三）有效期

本估价报告所示估价结果的有效期从估价时点算起为一年，即 2016 年 10 月 20 日至 2017 年 10 月 19 日。估价时点后，有效期内当资产价格标准发生变化，并对估价价格已产生了明显影响时，委托方应及时聘请评估机构重新估价。如果使用本估价结果的时间与估价报告有效日期相差 1 年或以上，我们对此结果造成的损失不负任何责任。

（十四）特别事项说明（略）

（十五）估价报告提出日期

本估价报告提交日期为：2016 年 10 月 26 日。

（十六）估价测算过程

成本法评估房屋租赁价格，主要考虑以下八项因素：折旧费、维修费、管理费、利息、税金、保险费、地租和利润。由于估价对象所占用土地为划拨土地，因此此次估价不考虑地租因素。

1. 年折旧费的确定

经估价人员测算，平房单方重置价格约 9,350 元/平方米，平房的重置成本可确定为 9,350 元/平方米 × 4,330.40 平方米 = 40,489,240 元；楼房单方重置价格约 12,000 元/平方米，楼房的重置成本可确定 12,000 元/平方米 × 1,171 平方米 =14,052,000 元。耐用年限以建筑经济使用年限 50 年计算，残值率为 0，则年折旧费可确定为：

$$(40,489,240 + 14,052,000)/50$$

$$= 54,541,240.00 / 50$$

$$= 1,090,824.80 元$$

2. 年维修费的确定

根据该类型物业的一般运营费用和评估人员的经验测算，年维修费用取年折旧费用的 80%，则：

年维修费 = 年折旧费 × 80% = 1,090,824.80 × 80% = 872,659.84 元

3. 年管理费

年管理费按年租金收入的 25% 计算，则：

年管理费 = 年租金收入 × 25%

4. 年税金

税金为房产税，为年租金收入的 12%，则：

年税金 = 年租金收入 × 12%

5. 年利息

以年折旧费、年维修费之和为计息数，利率取同期一年期贷款利率 4.35%，则：

年利息 = (1,090,824.80 + 872,659.84) × 4.35% = 85,411.58 (元)

6. 年保险费

按房屋重置成本的 0.2% 计算，则：

年保险费 = 54,541,240.00 × 0.2% = 109,082.48 (元)

7. 年利润

利润率按照北京市租赁物业平均利润率 15% 计取，则

年利润 = (1,090,824.80 + 872,659.84) × 15% = 294,522.70 (元)

年租金为上述 1~7 项之和：

年租金 = (1,090,824.80 + 872,659.84 + 85,411.58 + 1,109,082.48 + 294,522.70) ÷ (1 − 25% − 12%) ≈ 3,892,859.36 (元) (约为 389.29 万元)。

四、案例点评

根据评估准则的要求，该报告中有以下几方面的处理方式与评估准则的要求存在一定差距。

（一）评估报告未按照《资产评估准则——评估报告》要求编写

本案例报告声明中表述：我们在执行资产评估业务中，遵循相关法律法规和资产评估准则，恪守独立、客观和公正的原则；并对评估结论合理性承担相应的法律责任。

《资产评估准则——评估报告》规定评估报告正文应包括十四项要素，本案例评估报告正文包括十五项要素，与准则要求不相符，如表1所示。

表1　要素对比

评估准则要求	本案例评估报告
一、委托方、产权持有者和委托方以外的其他评估报告使用者	一、委托方
二、评估目的	二、估价方
三、评估对象和评估范围	三、估价对象
四、价值类型及其定义	四、估价目的
五、评估基准日	五、估价时点
六、评估依据	六、价值类型及其定义
七、评估方法	七、估价原则
八、评估程序实施过程和情况	八、估价依据
九、评估假设	九、估价方法
十、评估结论	十、评估假设前提和限制条件
十一、特别事项说明	十一、估价结果
十二、评估报告使用限制说明	十二、估价作业日期
十三、评估报告日	十三、有效期
十四、注册资产评估师签字盖章、评估机构盖章和法定代表人或者合伙人签字	十四、特别事项说明
	十五、估价报告提出日期

而且，各要素中未按资产评估准则的要求披露内容：如未披露产权持有者、评估报告使用人；评估对象和评估范围阐述不清晰；评估依据中未披露资产评估准则；未披露评估程序实施过程和情况；未披露评估报告使用限制说明等。

（二）本案例工作底稿中现场调查核实记录欠缺

《资产评估准则——工作底稿》第十一条中规定："操作类工作底稿的内容因评估目的、评估对象和评估方法等不同而有所差异，通常包括以下内容：

（1）现场调查记录与相关资料，包括：委托方提供的资产评估申报资料，现场勘查记录，函证记录，主要或者重要资产的权属证明材料，与评估业务相关的财务、审计等资料，其他相关资料。

（2）收集的评估资料，包括：市场调查及数据分析资料，相关的历史和预测资料，询价记录，其他专家鉴定及专业人士报告，委托方及相关当事方提供的说明、证明和承诺，其他相关资料。"

本案例中，评估人员未收集委托方盖章确认的《评估申报表》，也未见根据《评估申报表》做全面清查盘点表，对评估范围内资产的存在性和完整性进行核实过程有所欠缺，虽然拍摄委估房屋照片，但未与评估对象形成明确对应，未对房屋的使用状况形成具体勘察记录。

（三）评估方法选择分析不充分

《资产评估准则——不动产》"第二十二条　注册资产评估师执行不动产评估业务，应当根据评估对象特点、价值类型、资料收集情况等相关条件，分析市场法、收益法和成本法三种资产评估基本方法以及假设开发法、基准地价修正法等衍生方法的适用性，恰当选择评估方法"。

报告中在对评估对象的区域分析中提到"BJDWY 位于×××，地处 BJ 繁华地带。交通便利，地理位置优越""评估结果为确定评估对象作为办公和商业用途在估价时点的现时市场租赁价格"。

BJ 市的房地产租赁市场事实上是发育充分、交易活跃的市场，评估报告中却未对区域房地产租赁市场交易情况进行必要的调查，对市场法的适用性未进行充分分析、说明，而选择成本法一种方法进行评估，方法选择分析不够充分。

（四）BJDWY 西南门外平房单方重置价格 9,350 元/平方米；楼房 12,000元/平方米，未说明重置价格计算过程依据

评估对象概况介绍中，平房、楼房均为普通装修，但重置单价偏高，说明中未给出具体测算过程；评估人员答复该数值是造价人员估算，但未见相关测算底

稿或房屋建造相关资料。

《资产评估准则——评估报告》"第二十四条 注册资产评估师应当根据评估业务具体情况对收集的评估资料进行必要分析、归纳和整理，形成评定估算的依据"。

《资产评估职业道德准则——基本准则》"第二十一条 注册资产评估师执行资产评估业务，可以聘请专家协助工作，但应当采取必要措施确信专家工作的合理性"。

评估人员直接采用造价人员的估算结果作为评估过程中的重要参数，未收集该数据测算底稿，也未对数据合理性进行分析，做法欠妥。

（五）本案例以估价对象所占用土地为划拨土地为理由，估价不考虑地租因素，评估结论的完整性有待商榷

本案例评估说明中表述：成本法评估房屋租赁价格，主要考虑以下八项因素：折旧费、维修费、管理费、利息、税金、保险费、地租和利润。由于估价对象所占用土地为划拨土地，因此此次估价不考虑地租因素。

房屋租赁价格是指土地及其地上房屋合一的租金，本案例报告评估目的及评估范围中均未明确是否仅含地上物部分，而评估师以估价对象所占用土地为划拨土地为理由，判定本次估价不考虑地租因素，评估结论的完整性有待商榷。

五、总结与启示

房屋租赁评估在资产评估中是相对较为简单的评估，评估技术也已非常成熟，尤其是在房地产租赁市场非常活跃的 BJ，大量的出租案例更适用于本评估项目，但评估人员选取了利用专家意见、以工程造价确定重置成本的技术路径，使其对本身出具的评估报告结论的合理性也无法提出有力支持。

一个评估项目，评估目的决定评估对象和评估范围，评估对象和评估范围又决定评估的价值内涵及评估结论。报告中评估目的、评估对象和评估范围均未明确是否仅含地上物部分，而评估师仅依据估价对象所占用土地为划拨土地，就确定本次估价不考虑地租因素，评估假设明显不合理，从而使报告结论的合理性和完整性受到影响。

从该案例来看，评估师对该类评估业务的专业胜任能力有所欠缺。这是中小机构普遍存在的问题，受评估专业人员较少限制，无法做到各项业务都精通。因此，建议中小评估机构在承担评估业务时要充分考虑评估人员的专业胜任能力，减少因不擅长导致的评估风险；同时，在今后的工作中加强资产评估准则和评估专业知识的学习，熟练掌握各类评估技术方法的应用，不断提高业务质量，增强评估行业的公信力。

AS国企拟处置报废固定资产评估项目评估案例

一、案例要点

本案例中评估机构对拟处置的报废固定资产采用了市场法和成本法进行了评估。经查阅评估报告、评估说明、工作底稿，并与评估机构和评估师沟通，该项目主要存在以下问题：

（1）本评估报告为国企拟处置报废固定资产，未见国有资产管理部门的批文。

（2）本评估报告价值类型为残余价值，值得商榷。

（3）残余价值采用成本法及成本法计算公式，值得商榷。

二、案例背景

评估对象（评估范围）为AS国企拟处置的报废固定资产，价值类型为残余价值，评估基准日为2016年4月15日。

三、案例内容

以下内容根据相关评估报告、评估说明和工作底稿进行了编辑、处理。

（一）委托方、被评估单位和业务约定书约定的其他评估报告使用者概况（略）

（二）为处置资产事宜提供价值参考

（三）评估对象与范围

评估对象（评估范围）为某国企拟处置的报废固定资产。

（四）价值类型及其定义

本次评估采用残余价值作为选定的价值类型，具体定义如下：

残余价值是指资产在不能继续正常使用的情况下，机器设备及其零部件拆零变现或可回收利用金属的回收价值。

（五）评估基准日

本项目资产评估基准日为 2016 年 4 月 15 日。

（六）评估依据

经济行为依据：签订的《资产评估服务合同》。

（七）评估方法

评估的基本方法包括收益法、市场法和成本法。由于报废固定资产没有收益，不能采用收益法；故采用市场法、成本法进行评估。根据本次评估的特定目的及被评估报废固定资产的特点，根据现场收集资料情况，对于部分无法获得可回收材料重量的机器设备，采用成本法，以账面原值作为评估原值，取残值率 3%~5% 作为成新率，相乘后得出评估价值；对于部分可获得可回收材料重量的设备，按照拆解后可回收材料重量乘以可回收材料市场价格，采用市场法计算确定评估价值。

本次评估采用的基本计算公式为：

评估价值 = 账面原值 × 残值率

评估价值 = 报废设备或报废固定资产拆解得到不同的材料重量 × 可回收的不同材料市场价格

报废设备、物资评估值 = 市场可回收废品价格（元/台，元/重量单位）× 报废设备、物资数量（重量）

（八）评估程序实施过程和情况（略）

（九）评估假设（略）

四、案例点评

（一）本评估报告为国企拟处置报废固定资产，应取得国有资产管理部门的批文

《企业国有资产评估报告指南》第十三条"评估报告应当说明本次资产评估的目的及其所对应的经济行为，并说明该经济行为获得批准的相关情况或者其他经济行为依据。而本报告评估依据中无国有资产管理部门处置批文，评估附件中也未见国有资产管理部门处置批文，处置国有资产仅仅以评估业务约定书作为经济行为文件"。

（二）本评估报告价值类型为残余价值，值得商榷

《企业国有资产评估报告指南》第十五条"评估报告应当说明市场价值及其定义。选择市场价值以外的价值类型，应当说明选择理由及其定义。"首先本报告未见国有资产管理部门处置批文故无法根据批文的处置方式确定价值类型，其次本报告评估范围和特别事项说明中均未见实物资产物理状态描述，最后评估方法中选用非市场价值也未见选取理由，未描述设备是否不能继续使用就选用了残余价值，而且即使报废，市场价值类型同样适用。

（三）残余价值采用成本法及成本法计算公式，值得商榷

《资产评估准则——机器设备》第二十二条"注册资产评估师运用成本法评估机器设备时，应当：（一）明确机器设备的重置成本包括购置或者购建设备所发生的必要的、合理的成本、利润和相关税费等。注册资产评估师应当合理确定重置成本的构成要素"。首先本报告中成本法计算公式为：评估价值＝账面原值×残值率，即：重置成本为账面原值，该公式值得商榷。同时，残余价值是指资产在不能继续正常使用的情况下，机器设备及其零部件拆零变现或可回收利用金属的回收价值，成本法计算结果与价值类型不符。

五、总结与启示

对于资产处置为目的的评估报告，因其项目特点属于单项资产评估，且被评估资产往往处于闲置、损毁、拆除等状态，故经常被冠以"简单""小报告"等名头，有些机构甚至将这类报告交由评估助理完成，只是根据报告模板简单修改，就会造成如今天案例一样的隐患。

资产处置项目还是存在一定风险的，首先这类项目大都为国企委托，故存在国有资产流失的大风险；其次待处置资产往往不便于清点数量（重量）或判断其是否能正常使用，进而加大评估机构风险，如果这时评估机构重视程度不够，派遣的评估人员经验欠缺，往往就会造成"小报告大风险"。

第四部分　其他资产评估案例

BLNY 能源控股有限公司商誉减值测试涉及的 ZYRX 焦化有限公司股东全部权益价值评估案例

一、 案例要点

该评估报告是为委托方编制年度财务报告进行商誉减值测试提供价值参考而出具的资产评估价值咨询报告，评估方法为收益法。通过对该减值测试为目的的价值咨询报告内容、工作底稿的通读、分析和判断，根据评估准则的具体要求，该报告中在以下几方面的处理方式值得商榷：

（1）工作底稿不完整。对于评定估算过程中重要参数的选取和形成，价值分析、计算、判断过程，评估结论形成过程等记录及其他相关资料缺乏连贯性。

（2）评估对象的表述不清晰。本项目的评估对象为"ZYRX 焦化有限公司于评估基准日的股东全部权益"。在执行会计准则规定的包括商誉在内的各类资产减值测试涉及的评估业务时，对应的评估对象可能是单项资产，也可能是资产组或资产组组合。

（3）本次评估对象申报的资产中，无形资产——采矿权对评估对象的评估价值影响较大。本次评估采用收益法评估，其中煤炭销售单价是收益预测的最主要参数，单价的确定不符合准则要求。

（4）评估报告没有披露本次与前次评估相同或类似资产或负债时采用的评估方法是否一致。

二、 案例背景

委托方为 BLNY 能源控股有限公司，被评估单位为 ZYRX 焦化有限公司，评估基准日为 2013 年 12 月 31 日，采用收益法进行评估，为 BLNY 能源控股有限公司编制年度财务报告进行商誉减值测试提供价值参考。

三、案例内容

评估报告中的主要内容如下，以下内容根据评估报告进行了编辑、整理。

（一）委托方、产权持有单位及其他评估报告使用者

委托方为 BLNY 能源控股有限公司，被评估单位为 ZYRX 焦化有限公司。

ZYRX 焦化有限公司成立于 1999 年 10 月，注册资本 4500 万元。

2003 年，为响应政府节能、环保的号召，调整企业产业结构，ZYRX 焦化有限公司关闭了当时正在生产的 60 万吨洗煤厂和 60 万吨焦化厂。同年，在申请取得 D 煤矿探矿权后，在继续对勘察区进行勘探的同时，ZYRX 焦化有限公司开始进行新建 D 煤矿 300 万吨/年的矿井的筹建工作。D 煤矿取得了国家发改委的项目建设立项的批复，并被列为省市重点建设项目。

2009 年 10 月，ZYRX 焦化有限公司取得了国土资源部颁发的 D 煤矿采矿许可证。

2012 年 5 月，ZYRXLNY 能源控股有限公司收购了 ZYRX 焦化有限公司 51% 股权，同时 ZYRX 焦化有限公司注册资本变更为人民币贰亿元整。变更后，ZYRX 焦化有限公司的股东结构情况如下（至评估基准日的股权结构没有变化）：

表 1　股东结构情况

序号	股东单位名称	出资额（万元）	持股比例（%）
1	BLNY 能源控股有限公司	10,200.00	51
2	ZYRX 焦化有限公司	9,800.00	49
3	合计	20,000.00	100

本项目的委托方 BLNY 能源控股有限公司持有被评估单位 ZYRX 焦化有限公司 51%股权。本评估咨询报告使用者为委托方 BLNY 能源控股有限公司。

（二）评估目的

BLNY 能源控股有限公司因财务报告之需要拟对商誉进行减值测试。评估机构受 BLNY 能源控股有限公司的委托，对商誉减值测试涉及的 ZYRX 焦化有限公司股东全部权益于评估基准日的市场价值进行评估，为 BLNY 能源控股有限公司编制年度财务报告进行商誉减值测试提供价值参考意见。

（三）评估对象及范围

ZYRX 焦化有限公司于评估基准日的股东全部权益。

ZYRX 焦化有限公司与本次股权价值评估相关的全部资产与负债，即公司整体资产。ZYRX 焦化有限公司主营业务明确且单一，原材料供应具有相对独立性，同时产品直接与市场衔接，由市场定价，符合资产组的相关条件，因此本次评估将公司整体资产认定为一个资产组，并以该资产组为基础进行相关商誉的减值测试。

ZYRX 焦化有限公司于评估基准日的全部资产与负债，即评估基准日经某会计师事务所审计后的财务报表所反映的全部资产及负债，具体情况如表 2 所示。

表 2　资产（负债）情况

资产（负债）类型	账面金额（元）
流动资产	63,914,088.84
非流动资产	1,301,928,214.17
其中：可供出售金融资产	
长期股权投资	6,004,081.99
投资性房地产	
固定资产	846,927,583.15
工程物资	
在建工程	363,831,785.78
固定资产清理	
无形资产	46,564,763.25
开发支出	
长期待摊费用	
递延所得税资产	
其他非流动资产	38,600,000.00
资产总计	1,365,842,303.01
流动负债	935,267,320.85
非流动负债	348,654,802.45
负债总计	1,283,922,123.30
净资产	81,920,179.71

本次评估对象申报的资产中，无形资产——采矿权对评估对象的评估价值影响较大，该采矿权的相关情况如下：

（1）采矿权人：ZYRX 焦化有限公司。

（2）矿山名称：ZYRX 焦化有限公司的 D 煤矿。

（3）生产规模：300 万吨/年。

（4）采矿权历史沿革及矿区开发利用现状。

ZYRX 焦化有限公司于 2001 年 1 月申请在某省煤炭井田进行煤炭详查，并于 2003 年 1 月 21 日取得探矿权。

国土资源部于 2007 年 4 月 26 日以国土资储备字〔2007〕××号文出具了"关于《省某煤炭井田煤炭勘探报告》矿产资源储量评审备案证明"。经评审备案的资源储量为 29,267 万吨。

2009 年 6 月 26 日，取得国家发改委《关于 ZYRX 焦化有限公司 D 煤矿项目核准的批复》。

2009 年 10 月 12 日，取得了国土资源部核发的采矿许可证。

2010 年 6 月 23 日，取得《省发展和改革委员会关于 ZYRX 焦化有限公司 D 煤矿建设项目初步设计的批复》。

2010 年 11 月 23 日，取得了省煤炭工业厅《关于 ZYRX 焦化有限公司 D 煤矿新建项目开工建设的批复》。

2011 年 11 月，取得了省煤炭工业厅对《某省 ZYRX 焦化有限公司 D 煤矿补充勘探地质报告》的批复。批复的资源储量为 37,225 万吨，另估算了 8 号煤层高硫煤资源储量 2,622 万吨。批复先期开采资源储量为 33,087 万吨，另估算了 8 号煤层先期开采资源储量为 1,857 万吨。

2012 年 10 月 31 日，取得了国家能源局对 D 煤矿分期建设有关事宜给予批复，同意 D 煤矿分期建设，总规模 3.0Mt/a，一期规模 1.2Mt/a。

截至评估基准日，D 煤矿仍处于项目建设当中，其中生产能力为 120 万吨/年的一期工程的基建工程基本已经完成，拟于 2014 年 11 月完成联合试运转并竣工投产。

（四）评估基准日

本次评估基准日为减值测试日，即 BLNY 能源控股有限公司 2013 年度财务报告日 2013 年 12 月 31 日。

（五）评估方法

1. 评估方法的选择

根据《以财务报告为目的的评估指南（试行)》（以下简称《评估指南》），资产评估师执行以财务报告为目的的评估业务时，应当根据评估对象、价值类型、资料收集情况和数据来源等相关条件，参照会计准则有关计量方法的规定，分析收益法、市场法和成本法三种资产评估基本方法的适用性，恰当选择一种或多种资产评估基本方法。

另外，根据《评估指南》，会计准则规定的资产减值测试不适用成本法。因此，本次评估不适用成本法进行评估。

根据《企业会计准则第 8 号——资产减值》，可回收金额应当根据资产的公允价值减去处置费用后的净额和资产预计未来现金流量的现值两者之间较高者确定。

本次评估委托方对委估的评估对象没有销售意图，不存在销售协议价格，评估对象也无活跃交易市场，同时也无法获取同行业类似资产交易案例，故本次评估无法靠估计委估资产组的市场价值（公允价值）减去处置费用后的净额，即不适合用市场法对评估对象进行评估。

根据《企业会计准则第 8 号——资产减值》，无法靠估计资产组的公允价值减去处置费用后的净额时，应当以该资产组预计未来现金流量的现值作为其可收回价值，即采用收益法对评估对象进行评估。

综上所述，本次评估采用收益法对评估对象于评估基准日的市场价值进行评估。

2. 收益法简介

收益法是指通过估测被评估资产未来预期收益的现值来判断资产价值的各种评估方法的总称。

采用收益现值法评估的基本思路是：任何资产（包括企业和股权）的价值是其产生的未来现金流量的现值。

本次评估运用企业自由现金流量折现模型评估 ZYRX 公司权益价值，是用公司的资产价值减去债务价值。企业价值和债务价值等于它们相应的折现现金流量，折现率反映这些现金流量的风险。

（1）公式介绍。根据本次选定的评估模型，确定计算公式如下：

$$经营性资产价值 = \sum_{t=1}^{n} \frac{企业现金流量_t}{(1+加权平均资本成本)^t}$$

全部股东价值＝企业经营性资产价值＋溢余资产价值＋非经营性资产价值－债务价值

企业现金流量是企业全部现金流入扣除成本费用和必要的投资后的剩余部分，它是企业在一定期间内可以提供给所有投资人（股东和债权人）的税后现金流量。

（2）估算现金流。根据本次选取的评估模型，自由现金流量是营业活动产生的税后现金流量。

自由现金流量＝息税前利润×（1－所得税率）＋折旧及摊销－资本性支出－营运资本追加额

（3）预测期。预测期限取决于自由现金流量的持续年数。本次评估以 D 煤矿的预计服务年限 63 年及一期工程建设期 0.92 年综合确定经营期限 63.92 年。

（六）评估过程中的主要事项及结论

1. 销售收入

正常年产品销售收入＝年原煤销量×原煤不含税销售价格

（1）产品销售价格选取原则。据《矿业权评估参数确定指导意见》（CMVS30800–2008），矿产品价格确定应遵循以下基本原则：①确定的矿产品计价标准与矿业权评估确定的产品方案一致；②确定的矿产品市场价格一般应是实际的，或潜在的销售市场范围市场价格；③不论采用何种方式确定的矿产品市场价格，其结果均视为对未来矿产品市场价格的判断结果；④矿产品市场价格的确定，应有充分的历史价格信息资料，并分析未来变动趋势，确定与产品方案口径相一致的、评估计算的服务年限内的矿产品市场价格。

据《矿业权评估指南》，矿业权价款评估中，产品销售价格应根据资源禀赋条件综合确定，一般采用当地平均销售价格，原则上以评估基准日前的三个年度内的价格平均值或回归分析后确定评估计算中的价格参数。对产品市场价格波动大、服务年限较长的大中型矿山，可向前延长至 5 年。企业进行产权交易、抵押、融资等，可以根据企业的会计报表中的价格资料，参照上述原则或经合理预测确定价格参数。

（2）当地煤炭市场行情。D 煤矿井田位于河东煤田中段，LL 矿区南部，煤质与 LL 矿区主焦煤煤质接近。经了解，近年 LL 地区主焦煤平均含税销售单价（坑口价）在 580~1,200 元/吨之间。LL 地区主焦煤平均含税销售单价（坑口价）走势情况如图 1 所示。

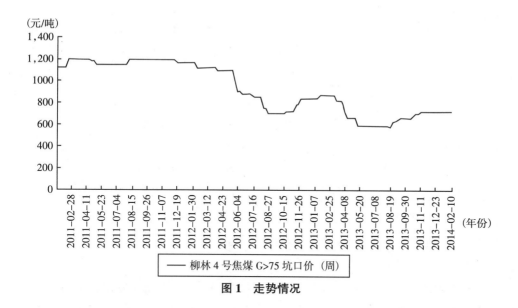

图1　走势情况

（3）ZYRX焦化有限公司实际售价：ZYRX焦化有限公司2011年以来的工程煤销售统计数据，含税销售单价在480~1150元/吨之间。造成销售单价存在巨大差异的原因为当前ZYRX焦化有限公司所销售的原煤为工程煤，而工程煤的矸石含量极不稳定。

（4）评估选用产品售价：从焦煤当前市场情况来看，本轮焦煤价格下跌主要由下游需求不振与去焦煤库存并行导致的煤矿销售恶化所致。下游焦钢受产成品库存压制价格下跌，本轮累计降幅已达240元，尽管焦煤集团近期下调部分精煤车板价40~50元/吨，但焦煤总体降幅不及焦炭，可能继续跟跌。高产品库存同样压制煤焦企业生产，高炉产能利用率和焦企开工率继续下滑，炼焦煤生产性需求依然较为萎靡。目前库存风险释放较为充分，独立焦化厂库存已回落至相对低位，后期去库存压力较小。受焦钢价格下行影响，跌幅较小，调价较慢的炼焦煤仍可能补跌，但是，原材料去库存对价格的影响会逐步淡化。

另外，国务院出台的《国务院关于化解产能严重过剩矛盾的指导意见》，其中对化解钢铁行业产能过剩问题明确提出，"压缩钢铁产能总量8,000万吨以上"。同时结合环境保护部、发展改革委、工业和信息化部、财政部、住房城乡建设部、能源局六大部委曾联合印发的《京津冀及周边地区落实大气污染防治行动计划实施细则》：河北省到2017年底，钢铁产能压缩淘汰6000万吨以上；天津市到2017年底，行政辖区内钢铁产能控制在2000万吨以内；山西省到2017

年底，淘汰钢铁落后产能 670 万吨；山东省到 2015 年底，淘汰炼钢产能 2,257 万吨，钢铁产能压缩 1,000 万吨以上，控制在 5,000 万吨以内。即仅京津冀及周边地区压缩产能的目标量之和，便接近了国务院提出的全国压缩 8000 万吨产能的目标量。

随着钢铁行业产能过剩问题的逐步解决，势必将提振钢铁产量上升，进而提升焦煤的需求量，进而带来价格上的逐步回升。

综上所述，本次评估在分析近年焦煤市场现状及未来趋势之后，2014 年 12 月售价取当前实际售价 650 元/吨，折合不含税售价 556.00 元/吨。2015~2017 年，在钢铁产能过剩未解决之前，预计未来三年焦煤价格仍将有小幅补跌。2018~2022 年，随着钢铁产能的释放，焦煤价格逐步回升至前期水平。

2. 成本费用的预测

虽然 ZYRX 焦化有限公司 2013 年已经有生产成本的统计数据，但考虑到其为试运转期间，产能并未达产，可参考性不大。故本次评估采用的经营成本是根据 2010 年 4 月的《初步设计》及采矿权评估有关规定确定的。

依据《矿业权评估参数确定指导意见》（CMVS30800-2008），经营成本采用总成本费用扣除折旧、折旧性质的维简费、井巷费用、摊销费和利息支出确定。本评估项目，总成本费用采用"费用要素法"计算，由材料费、燃料及动力费、职工薪酬、修理费、地面塌陷补偿费、安全生产费用、折旧费、维简费、井巷工程基金、土地租赁费、三项基金（矿山环境恢复治理资金、煤矿转产发展基金、煤矿可持续发展基金）、矿产资源补偿费、土地复垦费、财务费用、其他支出组成。

3. 企业所得税预测

自 2008 年 1 月 1 日起，ZYRX 焦化有限公司企业所得税的税率为 25%。

4. 折现率的确定

本次评估采用资本资产加权平均成本模型（WACC）确定折现率 r：

$$r = r_d \times w_d + r_e \times w_e$$

5. 经营性资产价值测算过程与结果

自由现金流（FCFC）= 税后净利润 + 折旧与摊销 + 利息费用（扣除税务影响后）- 资本性支出 - 营运资金变动

将企业未来预期收益进行折现求和，即得到经营性资产价值。

6. 溢余资产、非经营性资产和负债价值

鉴于 ZYRX 焦化有限公司当前处于建设期，评估基准日审计后资产负债表反映的流动资产及负债主要为基建过程中产生的债权债务及工程煤等，与 ZYRX 焦化有限公司未来正常生产经营不具有关联性，因此本次评估对该部分流动资产及负债全作为溢余或非经营性资产予以加回；评估基准日 ZYRX 焦化有限公司有一笔长期股权投资，投资日期距基准日较近，该长期股权投资单位尚未开始运营，本次评估作为非经营性资产予以加回。

7. 有息负债

评估基准日 ZYRX 焦化有限公司存在有息负债。

8. 股东权益价值计算

股东权益价值＝经营性资产自由现金流量现值＋非经营性资产价值－有息负债

9. 评结果

经收益法评估，评估基准日 2013 年 12 月 31 日，委估的 ZYRX 焦化有限公司股东全部权益，在持续经营的前提下，以为 BLNY 能源控股有限公司编制年度财务报告进行商誉减值测试提供价值参考为目的之市场价值为 920,894.00 万元。

四、案例点评

根据评估报告、评估工作底稿的内容，并与评估师、评估机构进行沟通后，经过分析、判断，认为该评估项目有以下几方面值得商榷：

（一）底稿规范性方面

（1）《评估准则——评估程序》第二十九条"注册资产评估师应当根据相关法律、法规、资产评估准则和评估机构内部质量控制制度，对评估报告及评估程序执行情况进行必要的内部审核"、《评估准则——工作底稿》第十四条"工作底稿应当反映内部审核过程。审核人在审核工作底稿时，应当书面表示审核意见并签字"、《评估机构业务质量控制指南》第四十二条"评估机构应当设置专门部门或者专门岗位实施评估业务的内部审核，内部审核的政策和程序应当确保未经审核合格的事项不进入下一程序"、《矿业权评估项目工作底稿规范》（CMVS11000-2010）规定了涉及"矿业权评估项目工作底稿应当反映内部审核过程记录，审核人在审核工作底稿时应当书面表示审核意见并签字"。经与评估师现场访谈了解到，该报告履行了评估机构的内部审核及风险控制程序，但工作底稿中并未形成书面审核意见及存档，值得完善。

（2）《评估准则——评估程序》第十八条"注册资产评估师应当要求委托方提供涉及评估对象和评估范围的详细资料，注册资产评估师应当要求委托方或者产权持有者对其提供的评估明细表及相关证明材料以签字、盖章或者其他方式进行确认"、第二十三条"评估资料包括查询记录、询价结果、检查记录、行业资讯、分析资料、鉴定报告、专业报告及政府文件等形式"、《评估准则——工作底稿》第十一条"收集的评估资料，包括：市场调查及数据分析资料，相关的历史和预测资料，询价记录，其他专家鉴定及专业人士报告，委托方及相关当事方提供的说明、证明和承诺，其他相关资料；评定估算过程记录，包括重要参数的选取和形成过程记录，价值分析、计算、判断过程记录，评估结论形成过程记录，其他相关资料"。

本项目的工作底稿中收益预测方面的支持性资料明显缺乏。本次减值测试项目采用收益法评估，评估报告的主要内容及评定估算过程在评估报告中均有体现，但工作底稿中对于评定估算过程中重要参数的选取和形成，价值分析、计算、判断过程，评估结论形成过程等记录及其他相关资料缺乏连贯性，工作底稿不完整，值得完善。

（二）报告规范性方面

1. 商誉减值测试的基本要求

商誉作为企业的一项资产，是指企业获取正常盈利水平以上收益（即超额收益）的一种能力，是企业未来实现的超额收益的现值，具体表现为在企业合并中购买企业支付的买价超过被购买企业净资产公允价值的部分。

资产减值是指资产的可收回金额低于其账面价值所形成的价值的减少，资产减值意味着现时资产预计给企业带来的经济利益比原来入账时所预计的要低。当资产发生减值时，按照谨慎性原则的要求，应该按降低后的资产价值记账，以释放风险，因此会计上对资产减值进行确认和计量的实质就是对资产价值的再确认、再计量。对于商誉而言，往往面临着可能发生减值的问题，经常需要对商誉的价值进行再确认、再计量。需要说明的是，对于包括商誉在内的资产减值的会计确认和计量问题，并不是基于传统会计中对实际发生的交易的确认和计量，而是更多地立足于眼前，着眼于未来，只要造成资产价值减少的迹象已经存在，只要资产价值的减损能够予以可靠的计量，只要对于决策具有相关性，就应当确认该资产价值的减少。

企业合并所形成的商誉，至少应当在每年年度终了时进行减值测试。商誉应当结合与其相关的资产组或者资产组组合进行减值测试。相关的资产组或者资产组组合应当是能够从企业合并的协同效应中受益的资产组或者资产组组合，不应当大于企业所确定的报告部分。

对于已经分摊商誉的资产组或资产组组合，不论是否存在资产组或资产组组合可能发生减值的迹象，每年都应当通过比较包含商誉的资产组或资产组组合的账面价值与可收回金额进行减值测试。

2. 本次商誉减值测试报告中值得商榷的事项

（1）评估对象表述还值得完善不清晰。《以财务报告为目的的评估指南（试行）》第二十条规定"注册资产评估师应当知晓，在执行会计准则规定的包括商誉在内的各类资产减值测试涉及的评估业务时，对应的评估对象可能是单项资产，也可能是资产组或资产组组合。其中，固定资产减值测试一般以资产组的形式出现；商誉减值测试主要以资产组或资产组组合出现"。而本次评估将评估对象定义为股东全部权益价值，是企业整体价值，而企业的整体价值是包括流动资产、固定资产、可确指及不可确指的无形资产、商誉等在内全部资产综合作用下的市场价值。

（2）收益预测中的销售单价的合理性值得研究。本次评估对象申报的资产中，无形资产——采矿权对评估对象的评估价值影响较大。ZYRX 焦化有限公司股东全部权益价值的评估主要采用收益法评估，其中煤炭销售单价是收益预测的最主要参数。

矿产品市场供求关系是矿产品市场价格的决定因素，矿产品市场需求取决于国际、国内两个市场，其需求量取决于经济发展的速度、水平、阶段等多方面。《矿业权评估参数确定指导意见》也明确了矿产品市场价格确定的基本方法，指导意见建议使用定性分析法和定量分析法确定矿产品市场价格。

定性分析法是在获取充足市场价格信息的基础上，运用经验对价格总体趋势的运行方向作出基本判断的方法；定量分析法是在获取充足市场价格信息的基础上，运用一定的预测方法，对矿产品市场价格作出的数量判断。定量分析的方法通常有：回归分析预测法、时间序列分析预测法。

《矿业权评估指南》中对矿业权销售价格的确定方式有明确的规定"一般采用当地的平均销售价格，原则上以评估基准日前的三个年度内的价格平均值或回归分析后确定评估计算中的价格参考。对于市场产品价格波动大、服务年限较长的大中型矿山，可向前延长至 5 年。对小型矿山，可以采用评估基准日当年价格的平均值"。

本价值评估咨询报告没有采用定量分析的方法确定煤炭销售价格。根据报告中对煤炭价格的确定过程介绍，本次减值测试项目采用了定性分析法确定销售价格，具体分析如下：

报告中介绍：近年来煤炭销售价格波动较大，被评估企业所在地区前三年含税单价在 580~1,200 元/吨。"本次评估在分析近年焦煤市场现状及未来趋势之后，2014 年售价取当前实际不含税销售单价，2015~2017 年，在钢铁产能过剩未解决之前，预计未来三年焦煤价格仍将有小幅补跌，2018~2022 年，随着钢铁产能的释放，焦煤价格逐步回升至前期水平"。

预测价格如表 3 所示。

表 3　预测价格

项目＼年份	2014	2015	2016	2017	2018	2019	2020	2021	2022
不含税单价（元）	556	500	475	461	532	613	707	815	940
增减变化（%）		-10	-5	-3	15	15	15	15	15

从以上归纳统计得出的销售价格可见，2014 年售价按当年实际不含税单价确定，2015 年在 2014 年的基础上销售单价下降 10%，2016 年环比下降 5%，2017 年环比下降 3%；2018 年起，预计销售单价逐年上涨 15%，连续上涨 5 年后，至 2023 年煤炭价格保持稳定不再变动。

根据矿井生产能力的大小，我国把矿井划分为大、中、小三类：

大型矿井：生产能力 120、150、180、240、300、400、500 及 500 万吨/年以上，300 万吨/年及其以上矿井又称为特大型矿井。

中型矿井：45、60、90 万吨/年。

小型矿井：生产能力 9、15、21、30 万吨/年。

ZYRX 焦化有限公司主要资产 D 煤矿为 300 万吨/年的矿井，300 万吨及其以上矿井划分为特大型矿井，根据指南的要求，对于大中型矿山，可采用评估基准日前的 3 年或 5 年的价格平均值或回归分析的方法确定销售价格。而本次价值评估对预测期煤炭销售价格是按评估基准日当年的工程煤的实际销售价格，未来年度预测考虑煤炭价格有较大的波动，煤炭销售单价的确定存在三个问题：

首先，对于价格波动大服务年限长的矿井没有按评估基准日前的三年或五年的价格平均值确定销售单价，不符合《矿业权评估指南》中"原则上以评估基准日前的三个年度内的价格平均值或回归分析后确定评估计算中的价格参考。对于市场产品价格波动大、服务年限较长的大中型矿山，可向前延长至 5 年"的规定。

其次，本次预测期销售单价的确定，是在分析了当地煤炭市场行情、企业工程煤的实际销售单价、结合评估机构对市场行情及行业状况的分析后，确定预测期的销售单价是一个先降后涨的变动趋势。该变动趋势的确定带有人为主观判断的因素，且未能提供权威专业部门或组织的分析预测资料。

最后，在当前煤炭价格波动较大的情况下，对于每年都要进行的商誉减值测试项目来说，每次的商誉减值测试报告如果不遵循统一的评估定价原则和判断标准，则评估结果无法客观地反映当期包括商誉在内的股东权益价值的真实性，失去了为商誉减值测试提供价值参考的意义。对于以减值测试为目的的价值评估应以评估基准日前几年的销售价格的平均值来确定销售单价，能够比较合理地反映煤炭价格的波动，为商誉减值测试提供合理的参考依据。

（3）评估报告中未披露与前次评估报告中评估方法是否一致。《以财务报告为目的的评估指南（试行）》第四十四条"评估报告应当披露本次与前次评估相同或类似资产或负债时采用的评估方法是否一致；当出现不一致时，应描述相应的变动并说明变动的原因"。本价值咨询报告中没有披露本次与前次评估方法的一致性，尤其对于每年都要进行的商誉减值测试项目，评估方法、定价原则的一致性尤为重要。

五、总结与启示

该评估报告的形式、内容基本符合《资产评估准则》《企业国有企业资产评估报告指南》《以财务报告为目的的评估指南（试行）》《矿业权评估指南》等准则和指南的要求，但涉及收益预测的具体参数、评估对象的表述存在一定问题，而这些问题又是事关商誉减值测试报告使用的有效性和确定的减值额准确性的重要问题。

随着资本市场日趋活跃，企业兼并重组越来越多，由此带来的以编制财务报告为目的的商誉减值测试评估项目也随之增多。《以财务报告为目的的评估指南（试行）》虽已实施多年，但该类报告在以往的报告体量中仍然较少，评估实践中各评估机构及评估业务人员对此类项目的评估处理方式也存在不同，对评估指南的学习、理解和执行还有一定差距，需要我们结合具体业务认真学习和提高。

案例二十六

GXBB 林场拟了解其林木资产市场价值项目评估案例

一、案例要点

本案例评估目的是对委估林木资源资产在评估基准日的市场价值进行评估，为产权持有单位的会计计量提供价值参考。评估人员针对不同林种、不同林龄的林木资产分别采用了重置成本法、收获现值法、市场价倒算法等进行评估，进而确定委估林木资产的市场价值。

评估人员基本能够按照评估准则的要求进行执业，履行了必要的评估程序。在评估过程中，对纳入评估范围资产的清查核实引用了专业第三方出具的专业核查报告，对不同林种、林龄的评估分别采用各自适用的方法评估，值得评估师借鉴和参考。但对诸如评估报告格式、相关准则的运用等细节方面仍需完善和提高。

二、案例背景

GXBB 林场拟对委估林木资源资产在评估基准日的市场价值进行评估，为产权持有单位的会计计量提供价值参考。经了解，该事项已完成。

评估基准日为 2014 年 12 月 31 日。

三、案例内容

以下内容根据相关评估报告和评估说明进行了编辑、处理。

（一）评估报告的主要内容

1. 委托方和业务约定书约定的其他评估报告使用者概况（略）

2. 评估目的

委托方对林木资源资产后续计量采用公允价值计量，需了解评估基准日林木资产的市场价值。本次评估目的是对委估林木资源资产在评估基准日的市场价值（公允价值）进行评估，为评估单位的会计计量提供价值参考。

3. 评估对象和评估范围

本次评估对象为委托双方共同确认的，GXBB 林场拥有土地经营权的林地上具有林木使用权的人工造林的林木资产。

评估范围为 GXBB 林场拥有林木使用权的林木资产，分场内、场外两部分。林场经营林地总面积 37,225.72 公顷，蓄积为 1,810,941.00 立方米，其中场内经营林地面积 22,516.72 公顷（包括交地不交木部分林地），场外经营林地面积 14,709.00 公顷。场内为 10 个分场；场外为分布在 33 个镇（乡、林场）和 2 个县级林场的林木资产。GXBB 林场林业调查规划设计队出具的《GXBB 林场森林资源资产实物量更新报告》，本次林木资产的评估是在此调查报告的基础上进行的。

按照评估目的和委托双方约定，竹子和起源为天然的以及林木使用权归个人所有的林木资产不纳入本次评估范围。

4. 价值类型和定义

参照评估有关的法规，遵循客观、独立、公正和科学的原则及其他一般的公认评估原则，对评估范围内的资产进行了必要的核实和鉴定，查阅了有关文件及资料，实施了认为必要的其他程序，在此基础上，根据评估目的和资产状况，确定评估的价值类型为市场价值。

市场价值：是指自愿买方和自愿卖方在各自理性行事且未受任何强迫的情况下，评估对象在评估基准日进行正常公平交易的价值估计数额。

本次评估中的市场价值等同于会计准则中的公允价值。在会计准则中公允价值的定义为：在公允价值计量下，资产和负债按照在公平交易中，熟悉情况的交易双方自愿进行资产交换或者债务清偿的金额计量。

5. 评估基准日为 2014 年 12 月 31 日

6. 评估依据

本次评估的依据主要包括资产评估经济行为、法律法规、评估准则、权属、取价等依据，具体如下：

（1）经济行为依据。评估机构与委托方签订的《资产评估业务约定书》。

（2）法律法规依据。

1）《中华人民共和国森林法》；

2）《森林资源资产评估管理暂行规定》（财企［2006］529号）；

3）《森林资源资产评估技术规范（试行）》（国资发［1996］59号）；

4）《国有资产评估管理办法》（国务院第91号令，1991年）；

5）《企业国有资产评估管理暂行办法》［国务院国有资产监督管理委员会令第12号（2005年8月25日）］；

6）《中华人民共和国公司法》（2005年10月27日第十届全国人民代表大会常务委员会第十八次会议修订）；

7）国务院办公厅转发财政部关于改革国有资产评估行政管理方式加强资产评估监督管理工作意见的通知（国办发［2001］102号）；

8）中华人民共和国财政部令（第14号）《国有资产评估管理若干问题的规定》；

9）中华人民共和国主席令第5号《中华人民共和国企业国有资产法》（2008年10月28日）。

（3）相关准则依据。

1）《资产评估准则——基本准则》和《资产评估职业道德准则——基本准则》（财企［2004］20号）；

2）《注册资产评估师关注评估对象法律权属指导意见》（中国注册会计师协会，2003）；

3）《资产评估准则——评估报告》；

4）《资产评估准则——森林资源》；

5）《企业会计准则——生物资产》（财会［2006］3号）；

6）《以财务报告为目的评估指南（试行）》。

（4）权属依据。

1）林权证；

2）相关承包合同、协议。

（5）数量、质量核查及取价依据。

1）《广西区直13家国有林场森林资源数据更新操作细则》；

2）GXBB林场林业调查规划设计队出具的《GXBB林场森林资源资产实物量

更新报告》;

3）评估人员收集的被评估单位当地市场询价、参数资料记录；

4）委托方提供的委估林木资产相关财务资料；

5）国家有关部门公布的统计资料和技术标准资料及其他有关资料。

7. 评估方法

根据国家国有资产管理局和原林业部 1996 年 12 月颁布的《森林资源资产评估技术规范（试行）》规定，结合速生林的实际情况，对不同林种不同龄组分别采用不同的评估方法进行评估。

（1）用材林。对于桉树，林分年龄 1~3 年的按成本法计算；4 年以上按市场倒推法计算；没有蓄积量的小班按成本法计算。对于松树、杉树、阔叶树：幼龄林采用重置成本法；中龄林采用收获现值法；近熟林、成熟林、过熟林采用市场倒推法。没有蓄积量的小班按成本法计算。

1）重置成本法。重置成本法，即按现时的工价及生产水平重新营造一片与被评估用材林资产相当的资产所需的成本费用，作为被评估用材林资产的评估值。其计算公式为：

$$E_n = K \sum_{i=1}^{n} C_i (1 + P)^{n-i+1}$$

式中，E_n 为林木资产评估值；C_i 为第 i 年以现行工价及生产水平为标准计算的生产成本，包括投入工资、物资、地租及管理费等；K 为林分质量调整系数；P 为折现率；n 为林分年龄。

2）收获现值法。收获现值法，即预测林分到达主伐年龄时的木材产量，利用市场价倒算法测算出立木的价值并将其折成现值，然后再扣除评估基准日到主伐前预计要进行各项经营措施成本的折现值，将其价格剩余部分作为被评估林木资产的评估值。其计算公式为：

$$E_n = K \frac{A_u + D_a(1 + P)^{u-a} + D_b(1 + P)^{n-b} + \cdots\cdots}{(1 + P)^{u-n}} - \sum_{i=n}^{u} \frac{C_i}{(1 + P)^{i-n+1}}$$

式中，E_n 为林木资产评估值；K 为林分质量调整系数；A_u 为标准林分 U 年主伐时的纯收入（指木材销售收入扣除采运成本、销售费用、管理费用、有关税费、木材经营的合理利润后的部分）；D_a、D_b，…为标准林分第 a、b…年的间伐纯收入；C_i 为第 i 年的营林生产成本；u 为经营期；n 为林分年龄；P 为折现率。

3）市场倒推法。市场倒推法评估，即将被评估林木采伐后所得林木的市场销售总收入，扣除木材经营所消耗的成本（含有关税费）及应得的利润后，剩余的部分作为林木资产评估价值。其计算公式为：

$$E_n = W - C - F$$

式中，E_n 为林木资产评估值；W 为销售总收入；C 为木材经营成本（采运成本、销售费用、管理费用、财务费用及有关税费等）；F 为木材经营合理利润。

（2）经济林。产前期的经济林采用重置成本法；始产期及盛产期采用收益现值法；衰产期采用剩余价值法。

1）重置成本法，即按现时的工价及生产水平重新营造一片与被评估经济林资产相当的资产所需的成本费用，作为被评估经济林资产的评估值。其计算公式为：

$$E_n = K \sum_{i=1}^{n} C_i (1 + P)^{n-i+1}$$

式中，E_n 为第 n 年的经济林资源资产评估值；K 为经济林林木质量调整系数；C_i 为第 i 年以现时工价及生产经营水平为标准计算的生产成本，主要包括各年度投入的工资、物质消耗和地租等；n 为经济林年龄；P 为折现率。

2）始产期经济林采用收获现值法，其计算公式为：

$$E_n = K \times \left(\sum_{i=n}^{m} \frac{B_i}{(1+P)^{i-n+1}} + E_m \times \frac{(1+P)^{u-m} - 1}{P \times (1+P)^{u-n}} \right)$$

式中，B_i 为始产期各年的纯收益；E_m 为盛产期的平均年纯收益；u 为经济寿命年数；u－m 为盛产期年数；n 为待评估林分的年龄；m 为盛产期的开始年；K 为经济林林分质量调整系数。

3）盛产期经济林采用收获现值法。盛产期是经济林资源资产获取收益的阶段，在这一阶段林木生长主要是生殖生长，经济林产品产量相对较为稳定，因而其资产的评估值计算公式为：

$$E_n = A_u \times \frac{(1+P)^{u-n} - 1}{P \times (1+p)^{u-n}}$$

式中，E_n 为经济林资源资产评估值；A_u 为盛产期内每年的纯收益值；u 为经济寿命期；n 为经济林林木年龄。

4）衰产期经济林采用剩余价值法评估。衰产期经济林的产量明显下降，一年不如一年，继续经营将是高成本低收益，甚至出现亏损，因此必须及时采伐更新。在这个阶段的经济林资源资产用剩余价值法进行评估。特别是乔木树种的经济林中，其剩余价值主要是木材的价值。其计算公式为：

$$E_n = W - C - F$$

式中，E_n 为林木资产评估值；W 为木材销售总收入；C 为木材经营成本（采运成本、销售费用、管理费用、财务费用及有关税费等）；F 为木材经营合理利润。

8. 评估程序实施过程和情况（略）

9. 评估假设（略）

10. 评估结论

11. 特别事项说明（略）

12. 评估报告使用限制说明（略）

13. 评估报告日（略）

（二）评估说明的主要内容

1. 关于评估说明使用范围的声明（略）

2. 企业关于进行资产评估有关事项的说明（略）

3. 评估对象和评估范围（略）

4. 资产核实情况说明

核查由 GXBB 林场林业调查规划设计队负责外业调查和内业工作。

GXBB 林场林业调查规划设计队，参照《广西壮族自治区森林资源规划设计调查技术方法》（2008 年版）和《广西壮族自治区伐区调查设计技术规程》（桂林政发〔2001〕167 号）的有关技术标准制定了森林资源资产的核查方案，组织了20 名林业工程技术人员于 2015 年 1 月 1 日至 20 日对 GXBB 林场的 2014 年底森林资源实物量更新清单上的林地和林木进行了现场核查。

经过内业工作出具了《GXBB 林场森林资源资产核查报告》。评估人员对相关产权资料进行了必要的查验，以确认产权是否清晰。本次评估以核查机构出具的调查报告和森林资源资产实物量清单（小班因子表）为依据进行评估。

5. 林木资产评估技术说明

（1）评估方法。根据国家国有资产管理局和原林业部 1996 年 12 月颁布的《森林资源资产评估技术规范（试行）》规定，结合速生林的实际情况，对不同林种不同龄组分别采用不同的评估方法进行评估。

1）用材林。对于桉树，林分年龄 1~3 年的按成本法计算；4 年以上按市场倒推法计算。对于松树、杉树、阔叶树：幼龄林采用重置成本法；中龄林采用收获现值法；近熟林、成熟林、过熟林采用市场倒推法。没有蓄积量的按成本法计算。

第一，重置成本法。重置成本法，即按现时的工价及生产水平重新营造一片与被评估用材林资产相当的资产所需的成本费用，作为被评估用材林资产的评估值。其计算公式为：

$$E_n = K \sum_{i=1}^{n} C_i (1 + P)^{n-i+1}$$

式中，E_n 为林木资产评估值；C_i 为第 i 年以现行工价及生产水平为标准计算的生产成本，包括投入工资、物资、地租及管理费等；K 为林分质量调整系数；P 为折现率；n 为林分年龄。

第二，收获现值法。收获现值法，即预测林分到达主伐年龄时的木材产量，利用市场价倒推算法测算出立木的价值并将其折成现值，然后再扣除评估基准日到主伐前预计要进行各项经营措施成本的折现值，将其价格剩余部分作为被评估林木资产的评估值。其计算公式为：

$$E_n = K \frac{A_u + D_a (1 + P)^{u-a} + D_b (1 + P)^{n-b} + \cdots}{(1 + P)^{u-n}} - \sum_{i=n}^{u} \frac{C_i}{(1 + P)^{i-n+1}}$$

式中，E_n 为林木资产评估值；K 为林分质量调整系数；A_u 为标准林分 U 年主伐时的纯收入（指木材销售收入扣除采运成本、销售费用、管理费用、有关税费、木材经营的合理利润后的部分）；D_a、D_b、$\cdots$ 为标准林分第 a、b、$\cdots$ 年的间伐纯收入；C_i 为第 i 年的营林生产成本；U 为经营期；n 为林分年龄；P 为折现率。

第三，市场倒推法。市场倒推法评估，即将被评估林木采伐后所得林木的市场销售总收入，扣除木材经营所消耗的成本（含有关税费）及应得的利润后，剩余的部分作为林木资产评估价值。其计算公式为：

$$E_n = W - C - F$$

式中，E_n 为林木资产评估值；W 为销售总收入；C 为木材经营成本（采运成本、销售费用、管理费用、财务费用及有关税费等）；F 为木材经营合理利润。

2）经济林。产前期的经济林采用重置成本法；始产期及盛产期采用收益现值法；衰产期采用剩余价值法。

第一，重置成本法，即按现时的工价及生产水平重新营造一片与被评估经济林资产相当的资产所需的成本费用，作为被评估经济林资产的评估值。其计算公式为：

$$E_n = K \sum_{i=1}^{n} C_i (1 + P)^{n-i+1}$$

式中，E_n 为第 n 年的经济林资源资产评估值；K 为经济林林木质量调整系数；C_i 为第 i 年以现时工价及生产经营水平为标准计算的生产成本，主要包括各年度投入的工资、物质消耗和地租等；n 为经济林年龄；P 为折现率。

第二，始产期经济林采用收获现值法，其计算公式为：

$$E_n = K \times \left\{ \sum_{i=n}^{m} \frac{B_i}{(1+P)^{i-n+1}} + E_m \times \frac{(1+P)^{u-m} - 1}{P \times (1+P)^{u-n}} \right\}$$

式中，B_i 为始产期各年的纯收益；E_m 为盛产期的平均年纯收益；u 为经济寿命年数；u - m 为盛产期年数；n 为待评估林分的年龄；m 为盛产期的开始年；K 为经济林林分质量调整系数。

第三，盛产期经济林采用收获现值法。盛产期是经济林资源资产获取收益的阶段，在这一阶段林木生长主要是生殖生长，经济林产品产量相对较为稳定，因而其资产的评估值计算公式为：

$$E_n = A_u \times \frac{(1+P)^{u-n} - 1}{P \times (1+p)^{u-n}}$$

式中，E_n 为经济林资源资产评估值；A_u 为盛产期内每年的纯收益值；u 为经济寿命期；n 为经济林林木年龄。

第四，衰产期经济林采用剩余价值法评估。衰产期经济林的产量明显下降，一年不如一年，继续经营将是高成本低收益，甚至出现亏损，因此必须及时采伐更新。在这个阶段的经济林资源资产用剩余价值法进行评估。特别是乔木树种的经济林中，其剩余价值主要是木材的价值。其计算公式为：

$$E_n = W - C - F$$

式中，E_n 为林木资产评估值；W 为木材销售总收入；C 为木材经营成本（采运成本、销售费用、管理费用、财务费用及有关税费等）；F 为木材经营合理利润。

（2）评估技术经济指标。根据实地调查资料、相关标准及合同，经分析过滤确定本次评估采用的经济技术指标和参数如下：

1）营林成本。用材林营林成本包括造林成本、抚育成本、管护成本，采用现时的工资和物价标准，参考广西壮族自治区的营林生产成本水平并结合资产占有方现行的营林生产成本进行测算，各树种各年营林成本如表1所示。

表 1 用材林营林生产成本表

单位：元/亩

树种	第1年	第2年	第3年	第4年	……	至主伐期
场内桉植苗	887.00	292.00	262.00	90.00	90.00	90.00
场外桉植苗	987.00	292.00	262.00	90.00	90.00	90.00
场内桉人促	398.00	277.00	171.00	90.00	90.00	90.00
场外桉人促	498.00	277.00	171.00	90.00	90.00	90.00
场内桉萌生	398.00	277.00	171.00	90.00	90.00	90.00
场外桉萌生	498.00	277.00	171.00	90.00	90.00	90.00
松	817.00	308.00	253.00	90.00	90.00	90.00
杉木	812.00	308.00	253.00	90.00	90.00	90.00
阔叶树	853.00	308.00	253.00	90.00	90.00	90.00
竹子	250.00	20.00	20.00	20.00	20.00	20.00

2）林分生长过程预测。本次评估主要采用委估资产更新后林场的生长量数据，并参照广西壮族自治区相应树种的平均生长量水平，选用多种非线模型进行拟合，从中选取拟合效果较好的模型来预测林分生长过程，并以此作为确定相关参数之参照物。

3）折现率的测算。森林资源资产评估中采用的折现率含无风险利率及风险利率两部分。其中，无风险利率，我们在沪、深两市选择评估基准日距到期日剩余期限十年以上的长期国债的年到期收益率的平均值，经过汇总计算取值为4.31%，即无风险利率4.31%。营林生产的风险主要由造林失败、火灾、旱灾、冻灾、病虫害、风灾等自然灾害及人畜破坏产生，根据委估资产所在区域营林生产情况，风险率确定为2.69%。

折现率 p = 4.31% + 2.69% = 7%

4）林地等级的划分。利用地位指数确定小班的立地等级，是林业上广泛采用的立地等级划分的主要方法之一。本次委估的林木资产所坐落的林地与所选参照物接近，故本次评估涉及林地等级的均视为与参照物一致。

5）用材林龄组划分及主伐年龄 U 的确定以及经济林生产期的划分。按广西壮族自治区林业局《广西壮族自治区林木采伐管理办法》（桂林政发〔2013〕16号）有关规定确定用材林龄组划分。考虑广西用材林的具体情况，杉树 U 值为16，松树为 16，阔叶树为 16。并将用材林中不是幼龄林却无蓄积量的林分调整为幼龄林。

6）标准林分主伐时的纯收入 A_u 的确定。

A_u ＝ 销售总收入 － 木材经营成本 － 木材经营合理利润

第一，销售总收入的确定。

市场倒推法下：销售总收入 ＝ 林木蓄积量 × 出材率 × 市场销售单价。

收获现值法下：销售总收入 ＝ 每亩出材量 × 有林面积（亩）× 销售单价。

林木蓄积量：标准林分主伐时的每亩蓄积量按设计院提供的计算模型计算得出。委估资产每亩蓄积量通过林木资产更新报告计算得出，具体见《GXBB 林场森林资源规划设计调查报告》。

出材率：桉树 75%；松树 65%；杉树 70%；阔叶树 60%。是根据当地历年经验数据得出。

市场倒推法下：出材量 ＝ 林木蓄积量 × 相应的树种出材率。

收获现值法下：出材量 ＝ 每亩出材量 × 小班有林地面积。

市场销售单价：木材销售价格参照评估基准日委估资产所在区域价格行情进行确定。

第二，木材经营成本的确定。木材经营成本包括采集成本、运输成本、检尺调拨费、销售费用、管理费用、税费，根据广西壮族自治区的平均水平和企业提供的相关资料确定。C 木材经营利润根据广西壮族自治区实际平均水平确定，成本按 2.2% 计算。

表 2 用材林出材率、市场价及采伐成本、利润率

树种	出材率（%）	平均每亩出材量（立方米）	2014 年底综合平均单价（元/方）	场内采伐成本（元/立方）	场外采伐成本（元/立方）	成本利润率（%）
桉植苗	75	6.00	730.00	203	213	2.20
桉人促	75	6.00	730.00	203	213	2.20
桉萌生	75	6.00	730.00	203	213	2.20
松	65	8.00	830.00	226	236	2.20

续表

树种	出材率 (%)	平均每亩 出材量 (立方米)	2014 年底 综合平均单价 (元/方)	场内 采伐成本 (元/立方)	场外 采伐成本 (元/立方)	成本利润率 (%)
杉木	65	10.00	1,138.00	256	266	2.20
阔叶树	60	5.50	622.00	200	210	2.20
竹子	60	6.90	200.00	60	70	2.20

7）间伐纯收入 D_a、D_b、…的确定。根据委估资产情况和资产占有方的经营措施，委估资产此后将不进行间伐，故不存在此项收入。

8）收获现值法中第 i 年营林生产成本 C_i 的确定。收获现值法中的 C_i 指委估资产在评估基准日后的营林生产成本，该各年成本根据委估资产所在地通常采用的经营措施，并结合资产占有方的经营计划进行确定。见前述营林生产成本表。

9）林分质量调整系数 K 值的确定。林分质量调整系数 K 值的确定考虑了林分的生长状况、立地质量和地利等级及林分健康状态，$K = K1 \times K2 \times K3 \times K4$。

第一，K1、K2 的确定方法。K1、K2 通常以现实林分中主要生长状态指标（株数、树高、胸径、蓄积）与参照林分的生长状态指标相比较后确定。

a. 成本法评估中 K1、K2 的确定方法。本次评估的幼龄林分别以株数保存率 r 和平均树高两项指标确定 K2 和 K1。本次评估中，桉树 K1：当一般情况下，r ≥ 85% 时，K2 = 1；K1 = 现实林分平均高/同龄参照林分平均高。

b. 收获现值法评估中 K1、K2 的确定方法。本次收获现值法评估中，K1 以林分单位面积蓄积指标确定。

K1 = 现实林分单位面积蓄积 ÷ 参照林分单位面积蓄积。在有林地面积很少，而且模拟结果不能反映实际情况，数值不合理的情况下，不再采用生长模型进行预测，K 值取 1。

由于在确定出材率时，我们根据预测的主伐年龄的胸径来确定各个小班的出材率，并在木材的价格确定时已考虑了此因素，因此，此处的胸径系数 K2 均为 1。

第二，K3 的确定方法。K3 反映立地质量，本次委估林木资产的立地质量与参照物的标准林分相当，故 K3 为 1.0。

第三，K4 的确定方法。K4 反映地利等级，即评估对象与参照对象交通运输条件的差异，本次委估的林木资产地利等级，在计算纯收入时已考虑了此因素，所以其 K4 值取 1.0。

10）经济林营林生产成本 C_i 的确定。经济林营林成本包括造林成本、抚育成本、管护成本，采用现时的工资和物价标准，参考广西壮族自治区的营林生产成本水平并结合资产占有方现行的营林生产成本进行测算。各树种各年营林成本如表 3 所示。

表 3 2014 年经济林营林成本明细

单位：元/亩

成本项目	第 1 年	第 2 年	第 3 年	第 4 年	……	至经济期末
八角	576.00	214.00	199.00	230.00	230.00	230.00
荔枝	600.00	243.00	213.00	245.00	245.00	245.00
杨梅	600.00	243.00	213.00	245.00	245.00	245.00
板栗	600.00	243.00	213.00	245.00	245.00	245.00
龙眼	600.00	243.00	213.00	245.00	245.00	245.00
棕	600.00	243.00	213.00	245.00	245.00	245.00

11）经济林各年纯收入（Bi、Em、Au）的计算方法。

年纯收入 = 亩产量 × 单价 × 面积 − [亩产量 × 面积 × 单位收获成本（元/公斤）+ 面积 × 单位种植成本（元/亩）] × （1 + 成本利润率）

式中，各树种的盛产期产量参考广西壮族自治区的生产水平并结合资产占有方的生产情况计取；各树种的始产期的产量按照盛产期的产量，按照盛产期的开始年向前推算每年减少 10%；衰产期的产量，根据广西当地的实际情况，八角按照盛产期的产量向后推算每年减少 10%。其他树种衰产期已没有经济价值，不予考虑。

成本利润率为 2.2%。售单价、单位收获成本采用现时的工资、物价标准，参考广西壮族自治区的营林生产水平并结合资产占有方的生产情况计算。如表 4 所示。

表 4 经济林亩产量、市场价及种植成本及利润率

树种	盛产期产量（公斤/亩）	2013 年底综合平均单价（元/公斤）	收获成本（元/公斤）	种植成本（元/亩）	2013 年底衰产期综合销售单价（元/吨）	成本利润率（%）
八角	350.00	5.00	0.80	230.00	300	2.20

续表

树种	盛产期产量 （公斤/亩）	2013 年底 综合平均单价 （元/公斤）	收获成本 （元/公斤）	种植成本 （元/亩）	2013 年底衰产期 综合销售单价 （元/吨）	成本利润率 （%）
荔枝	500.00	5.00	0.40	245.00		2.20
杨梅	500.00	5.00	0.40	245.00		2.20
板栗	500.00	5.00	0.40	245.00		2.20
龙眼	500.00	5.00	0.40	245.00		2.20
棕	500.00	5.00	0.40	245.00		2.20

12）不同经营方式的评估值计算。林场经营方式分为独立经营和合作（联合）经营两种，独立经营部分 100%计算评估值；合作（联合）经营部分按分成比例计算评估值。

（3）评估案例。

1）用材林幼龄林评估案例。

（例）选取 BB 林云飞分场六吊林区 1 林班 10 小班为计算案例。该小班为植苗，桉，小班面积 17.9 公顷，有林面积 17.9 公顷，林分年龄 1 年，幼龄林。

该案例林木价值计算过程如下：

$$K = K1 \times K2 \times K3 \times K4$$
$$= 1 \times 1 \times 1 \times 1$$
$$= 1$$

$$E_n = K \sum_{i=1}^{n} Ci(1 + P)^{n-i+1}$$
$$= 887 \times 17.9 \times 15 \times (1 + 7\%)$$
$$= 254.831.00 （元）（取整）$$

2）用材林近、成、过熟林评估案例。

（例）选取 BB 林场三育林场石村工区 12 林班 8 小班为计算案例。该小班树种为桉，苗植，总面积 17.9 公顷，小班有林面积 17.9 公顷，林分年龄 5 年，成熟林，小班蓄积 1,698 立方米，出材率 75%。

该案例林木价值计算过程如下：

$$E_n = W - C - F$$

$$E_n = 小班蓄积 \times 出材率 \times [市场单价 - 单位采伐成本 \times (1 + 成本利润率)] \times$$

收入分成比例

$$= 1,698 \times 75\% \times [730 - 203 \times (1 + 2.2\%)] \times 1$$

$$= 664,926 \text{（元）}$$

3）用材林中龄林评估案例。

（例）选取 BB 林场马子分场勒竹头工区 4 林班 19 小班为计算案例。该小班树种为松，苗植，总面积 6.4 公顷，小班 6.4 公顷，林分年龄 7 年，中龄林，每亩出材量 8 立方米。

该案例林木价值计算过程如下：

$$E_n = K \frac{A_u}{(1 + P)^{u-n}} - \sum_{i=n}^{u} \frac{C_i}{(1 + P)^{i-n+1}}$$

$$K = K1 \times K2 \times K3 \times K4$$

$$= 1 \times 1 \times 1 \times 1$$

$$= 1$$

$$E_n = \{1 \times [(832 \times 8 \times 6.4 \times 15) - (226 \times 8 \times 6.4 \times 15) \times (1 + 2.2\%)] / (1 + 7\%)^9\} -$$

$$(90/1.07 + 95/1.07^2 + 90/1.07^3 + 97/1.07^4 + 90/^5 + 90/1.07^6 +$$

$$90/1.07^7 + 90/1.07^8 + 90/1.07^9)$$

$$= 189,384 \text{（元）}$$

4）经济林盛产期评估案例。

（例）选取 BB 林场射广分场三宝工区 11 林班 18 小班为计算案例。该小班树种为八角，总面积 6.6 公顷，小班有林面积 6.6 公顷，林分年龄 46 年，盛产期。

该案例林木价值计算过程如下：

$$E_n = A_u \times \frac{(1 + P)^{u-n} - 1}{P \times (1 + p)^{u-n}}$$

$$E_n = \{(350 \times 5 \times 15.9 \times 15) - [(15.9 \times 15 \times 230 + 15.9 \times 15 \times 350 \times 0.8) \times$$

$$(1 + 2.2\%)]\} \times \{[(1 + 7\%)^4] - 1\} / [7\% \times (1 + 7\%)^4]$$

$$= 412,052 \text{（元）}$$

四、案例点评

本案例为林木资源资产后续计量采用公允价值计量提供价值参考，评估人员对不同林龄、不同林种的林木分别采用不同的方法评估，在市场调查以及重要参数的选取方面不符合准则规定之处建议做如下完善措施：

（一）报告中的问题

（1）报告标题为"GXBB 林场拟了解其林木资产市场价值项目资产评估报告书"，标题中的经济行为与评估目的中表述的不一致。

（2）评估依据：①经济行为依据列为"评估机构与委托方签订的《资产评估业务约定书》"不妥，不符合《企业国有资产评估报告指南》第 17 条"（一）经济行为依据应当为有效批复文件以及可以说明经济行为及其所涉及的评估对象与评估范围的其他文件资料"；②准则依据：缺少《资产评估准则——利用专家工作》，《资产评估准则——森林资源》名称错误，应为《资产评估准则——森林资源资产》；③数量、质量核查及取价依据中列示"2. GXBB 林场林业调查规划设计队出具的《GXBB 林场森林资源资产实物量更新报告》"和报告中其他地方出现的文件不一致。

（3）评估结论披露不充分，未描述账面值、增值率及增值原因。

（4）评估程序："本阶段主要工作是：……并根据资产评估操作规范的要求和我公司资产评估工作的需要，向委托方及被评估单位布置资产评估申报表，协助委托方及被评估单位进行资产评估的填报工作……"资产评估操作规范已废止。

（5）采用收益法评估的盛产期经济林未说明收益期的来源，从评估技术说明看，案例 4 的林分已 46 年，处于盛产期，剩余年限 4 年，未分析说明 50 年盛产期的原因。

（6）采用市场价倒算法测算近、成、过熟林的用材林时，未说明收入分成比例来源，且评估方法市场价倒算法阐述错误。

1）采用市场法评估时，杉木的出材率据当地历年经验数据得出为 70%，而后面计算时，杉木的出材率用的是 65%。

2）市场价倒算法测算近、成、过熟林时，木材经营成本应当包括采伐成本、运输成本、检尺调拨费、销售费用、管理费用、税费等，在具体测算时，只算了采伐成本，没有说明未算其他成本的原因。

3）收益法评估盛产期经济林时，预测盛产期产量数据未说明理由；

4）盛产期经济林的平均单价使用的是 2013 年底的综合单价，距离基准日较远，应当使用 2014 年底的综合平均单价。

5）盛产期经济林测算过程中，成本利润率的口径包括了收获成本和管护成本，而市场价倒算法评估近、成、过熟林和收获现值法评估中龄林时，成本利润率的口径只有直接采伐成本，没有包含管护成本，在评估时成本利润率用的都是2.2%，并未说明两者成本利润率口径不一致的理由。

6）经济林盛产期评估案例中，案例中列出的八角总面积为 6.6 公顷，小班有林地面积 6.6 公顷，实际测算时用的是 15.9 公顷。

7）报告中"并将用材林中不是幼龄林却无蓄积量的林分调整为幼龄林"，未说明是如何调整的。

（7）林地等级的划分阐述全部与参照地块接近值得商榷。林地等级是林地的个性因素，与林地自然经营条件有直接关系，林地的差异性较大。

（8）出材率是依据各树种不同胸径查相关出材率表，不同胸径出材率差异较大，采用平均标准值得商榷。GX 地区有 《GX 速丰桉数表》《林业调查手册》，对不同树种不同径级有出材率表，需查表使用。

（9）报告附件缺少专业机构核查报告。

（二）底稿中的问题

（1）本项目中，评估人员仅对权属进行查验，未见对专业核查报告的独立性与专业性进行判断。

（2）市场倒算法测算成、过熟林时，木材价格、经营成本及利润率的测算资料不充分。

（3）收获现值法测算中龄林时，营林成本、折现率的测算资料不充分。

另外，收获现值法测算中龄林时，预测主伐时各树种标准林分每亩蓄积量依据不充分。

收益法测算经济林时，预测盛产期产量未说明理由，且测算资料不充分。

（4）重置成本法测算幼龄林时，营林成本测算资料不充分。

五、总结与启示

本案例中，评估人员在评估过程中就不同的林种、不同的林龄采用不同的方法评估值得大家学习，但也出现了一些和评估准则不相契合的明显低级的问题。评估人员应该加强对《资产评估准则——评估报告》《资产评估准则——森林资产》《资产评估准则——利用专家工作》等准则的学习，合理利用专家工作，扬长避短，规避自己的执业风险。